Jérémie Bentham

TRAITÉS
DE LÉGISLATION

CIVILE ET PÉNALE

TOME III

Elibron Classics
www.elibron.com

Elibron Classics series.

ISBN 1-4212-4542-6 (paperback)
ISBN 1-4212-4541-8 (hardcover)

This Elibron Classics Replica Edition is an unabridged facsimile of the edition published in 1820 by Bossange, Père et Fils; Rey et Gravier, Paris.

TRAITÉS

DE LÉGISLATION

CIVILE ET PÉNALE.

Imprimerie de COSSON, rue Garencière, n° 5.

TRAITÉS
DE LÉGISLATION
CIVILE ET PÉNALE;

OUVRAGE EXTRAIT DES MANUSCRITS

DE M. JÉRÉMIE BENTHAM,

JURISCONSULTE ANGLOIS;

PAR ÉT. DUMONT,

MEMBRE DU CONSEIL REPRÉSENTATIF DE GENÈVE.

SECONDE ÉDITION,

REVUE, CORRIGÉE ET AUGMENTÉE.

TOME TROISIÈME.

A PARIS,

CHEZ BOSSANGE, PÈRE ET FILS, LIBRAIRES, RUE DE TOURNON, N° 6 *bis*.
REY ET GRAVIER, LIBRAIRES, QUAI DES AUGUSTINS.

1820.

TABLE DES CHAPITRES

DU TOME TROISIÈME.

PANOPTIQUE.

PROMULGATION DES LOIS.

—PROMULGATION DES RAISONS DES LOIS.

DE L'INFLUENCE DES TEMPS ET DES LIEUX EN MATIÈRE DE LÉGISLATION.

FIN DE LA TABLE DU TOME TROISIÈME ET DERNIER.

L'AUTEUR a composé sur ce sujet trois volumes in-12 qui ont été imprimés, mais non publiés: ils étoient composés de fragmens, d'additions et de corrections successives, selon que ses vues s'étoient développées, et que de nouvelles recherches lui avoient fourni de nouveaux documens.

Ce mémoire en fut extrait en forme de discours, et il fut envoyé par M. Bentham, en 1791, à M. Garran de Coulon, membre de l'assemblée législative, et d'un comité pour la réforme des lois criminelles: sur son rapport, l'assemblée ordonna l'impression de ce mémoire, mais les événemens ne lui laissèrent pas le loisir de s'en occuper.

Le directoire du département de Paris, où il y avoit une si grande réunion d'esprit public et de lumières, distingua bientôt ce projet dans la foule de ceux qui lui étoient offerts pour la réforme des prisons et des hôpitaux.

Il parut aller au-delà de ceux qui avoient obtenu jusqu'à présent le plus d'approbateurs, soit sous le rapport de l'économie, soit sous celui de la sûreté publique : il offroit une garantie toute nouvelle pour la garde et la tenue des prisonniers et pour l'efficacité des moyens de réforme. Aussi son adoption fut-elle unanime, et l'on prenoit des mesures pour le mettre en exécution, lorsque le département lui-même fut entraîné dans le renversement de la constitution et de la monarchie.

Une fatalité semble attachée à ce plan. En Angleterre, où l'on est lent à décréter, mais persévérant à exécuter, ce même panoptique a été approuvé par le ministère. Il y a eu un bill du parlement pour approprier la somme nécessaire à sa construction; il y a eu un second bill pour l'achat des terres, et malgré ces deux bills, il n'y a rien de fait : des difficultés légales de plusieurs espèces, mais dont aucune ne tient au plan même, se sont élevées; et l'auteur en est au même point qu'au premier jour, à l'exception du temps et des frais perdus dans la malheureuse poursuite de cet objet.

J'ai conservé ici le mémoire tel que je l'avois rédigé pour l'assemblée nationale, avec quelques additions sur l'administration intérieure des prisons. Je ne suis entré dans les détails, ni pour la construction de l'édifice, ni pour les travaux dont on peut occuper les prisonniers. Le premier de ces objets appartient aux architectes; l'autre est particulièrement l'affaire des entrepreneurs. Je cherche à ne rien omettre de ce qui peut intéresser les hommes d'état; mais si on en vient à l'exécution, il faudra consulter l'ouvrage original.

« Voulez-vous, disoit M. Bentham, dans
» sa lettre à M. Garran, voulez-vous savoir
» à quel point est montée ma persuasion de
» l'importance de ce plan de réformation, et
» sur les grands succès qu'on en peut atten-
» dre? Laissez-moi construire une prison sur

» ce modèle, et je m'en fais geôlier : vous
» verrez, dans le mémoire même, que ce
» geôlier ne veut point de salaire, et ne coû
» tera rien à la nation. Plus j'y songe, plus
» ce projet me paroît de ceux dont la première
» exécution devroit être dans les mains de
» l'inventeur. Si chez vous on pense de même
» à cet égard, peut-être qu'on ne repugneroit
» pas à se prêter à ma fantaisie. Quoi qu'il
» en soit, mon livre renferme les instruc-
» tions les plus nécessaires pour celui qui en
» seroit chargé ; et comme ce gouverneur de
» prince dont parle Fontenelle, j'ai fait mon
» possible pour me rendre inutile. »

D'après le témoignage de plusieurs observateurs dignes de foi, on peut croire que les prisons de Philadelphie ont atteint un degré de perfection qu'on jugeoit à peine possible. Pourroit-on en conclure que ces établissemens doivent être pris pour modèles? Non, sans doute. Pour obtenir ailleurs les mêmes effets, il faudroit d'abord transporter l'instrument même qui les opère, c'est-à-dire, cette société religieuse, cette espèce de chartreux protestans, qui met dans toutes ses entreprises un zèle, une patience, une persévérance que rien ne lasse, et un esprit de corps qui dédommage de toutes les privations. Il ne faut pas oublier que les geôliers européens ne sont pas des quakers, et que loin de porter dans cette profession une bienveillance sublime, la plupart n'y perdent que trop les sentimens de l'humanité la plus commune.

Une autre circonstance bien importante montre la nécessité de recourir à d'autres moyens : je parle du *nombre* des prisonniers. On sait que l'indigence proprement dite est presque inconnue dans les États-Unis d'Amérique; il en est plusieurs où un mendiant est un objet de curiosité. Les délits en conséquence y sont bien rares et bien peu variés. Or, le régime domestique ou paternel qui peut réussir avec un petit nombre de prisonniers, ne seroit pas proportionné à des établissemens où l'on rassemble des milliers d'hommes infectés de toutes les espèces de levains qui fermentent dans nos grandes capitales.

PANOPTIQUE.

MÉMOIRE

Sur un nouveau principe pour construire des Maisons d'inspection, et nommément des Maisons de force.

Établissement proposé pour garder des Prisonniers avec plus de sûreté et d'économie, et pour opérer en même temps leur réformation morale, avec des moyens nouveaux de s'assurer de leur bonne conduite, et de pourvoir à leur subsistance après leur élargissement.

Si l'on trouvoit un moyen de se rendre maître de tout ce qui peut arriver à un certain nombre d'hommes, de disposer tout ce qui les environne, de manière à opérer sur eux l'impression que l'on veut produire, de s'assurer de leurs actions, de leurs liaisons, de toutes les circonstances de leur vie, en sorte que rien ne pût échapper ni contrarier l'effet désiré, on ne peut pas douter qu'un moyen de cette espèce ne fût un instrument très-énergique et tres-utile que les gouvernemens pourroient appliquer à différens objets de la plus haute importance.

L'éducation, par exemple, n'est que le résultat de toutes les circonstances auxquelles un enfant est exposé. Veiller à l'éducation d'un homme, c'est veiller à toutes ses actions, c'est le placer dans une position où on puisse influer sur lui comme on le veut, par le choix des objets dont on l'entoure et des idées qu'on lui fait naître.

Mais comment un homme seul peut il suffire à veiller parfaitement sur un grand nombre d'individus? Comment même un grand nombre d'individus pourroit-il veiller parfaitement sur un seul? Si l'on admet, comme il le faut bien, une succession de personnes qui se relaient, il n'y a plus d'unité dans leurs instructions, ni de suite dans leurs méthodes.

On conviendra donc facilement qu'une idée aussi utile que neuve seroit celle qui donneroit à un seul homme un pouvoir de surveillance qui jusqu'à présent a surpassé les forces réunies d'un grand nombre.

C'est là le problème que croit avoir résolu M. Bentham, par l'application soutenue d'un principe bien simple. — De tant d'établissemens auxquels ce principe pourroit être appliqué avec plus ou moins d'avantages, les maisons de force lui ont paru mériter de fixer d'abord les regards du législateur. Importance, variété et difficulté, voilà les raisons de cette préférence. Pour faire l'application successive du même principe à tous ces autres établissemens, on n'auroit qu'à dépouiller celui-ci de quelques-unes des précautions qu'il exige.

Introduire une réforme complète dans les prisons, s'assurer de la bonne conduite actuelle et de l'amendement des prisonniers, fixer la santé, la propreté, l'ordre, l'industrie dans ces demeures, jusqu'à présent infectées de corruption morale et physique, fortifier la sécurité publique en diminuant la dépense au lieu de l'augmenter, et tout cela *par une simple idée d'architecture*, tel est l'objet de son ouvrage.

L'extrait que nous allons soumettre à vos lumières est tiré de l'original anglois qui n'a point encore été rendu public, et suffira pour faire juger de la nature et de l'efficacité des moyens qu'on y emploie.

Que doit être une prison? Un séjour où l'on prive de leur liberté des individus qui en ont abusé, pour prévenir de nouveaux crimes de leur part, et pour en détourner les autres par la terreur de l'exemple. C'est de plus une maison de correction où l'on doit se proposer de réformer les mœurs des personnes détenues, afin que leur retour à la liberté ne soit un malheur ni pour la société ni pour elles-mêmes.

Les plus grandes rigueurs des prisons, les fers, les cachots, ne sont employés que pour s'assurer des prisonniers. Quant à la réformation, on l'a généralement négligée, soit par une indifférence barbare, soit parce qu'on a désespéré d'y réussir. Quelques essais en ce genre n'ont pas été heureux. Quelques projets ont été abandonnés parce qu'ils demandoient des avances considérables. Les prisons, jusqu'à présent, ont été un séjour infect et horrible, école de tous les crimes et entassement de toutes les misères, que l'on ne pouvoit visiter qu'en tremblant, parce qu'un acte d'humanité étoit quelquefois puni par la mort, et dont les iniquités seroient encore consommées dans un profond mystère, si le généreux Howard, qui est mort en martyr après avoir vécu en apôtre, n'avoit réveillé l'attention publique sur le sort de ces malheureux, dévoués à tous les genres de corruption par l'insouciance des gouvernemens.

Comment établir un nouvel ordre de choses? Comment s'assurer, en l'établissant, qu'il ne dégénérera pas?

L'*inspection* : voilà le principe unique, et pour établir l'ordre et pour le conserver; mais une inspection d'un genre nouveau, qui frappe l'imagination plutôt que les sens, qui mette des centaines d'hommes dans la dépendance d'un seul, en donnant à ce seul homme une sorte de présence universelle dans l'enceinte de son domaine.

Construction du panoptique.

Une maison de pénitence, sur le plan que l'on vous propose, seroit un bâtiment circulaire; ou plutôt, ce seroient deux bâtimens emboîtés l'un dans l'autre. Les appartemens des prisonniers formeroient le bâtiment de la circonférence sur une hauteur de six étages : on peut se les représenter comme des cellules ouvertes du côté intérieur, parce qu'un grillage de fer peu massif les expose en entier à la vue. Une galerie à chaque étage établit la communication;

chaque cellule a une porte qui s'ouvre sur cette galerie.

Une tour occupe le centre : c'est l'habitation des inspecteurs ; mais la tour n'est divisée qu'en trois étages, parce qu'ils sont disposés de manière que chacun domine en plein deux étages de cellules. La tour d'inspection est aussi environnée d'une galerie couverte d'une jalousie transparente, qui permet aux regards de l'inspecteur de plonger dans les cellules, et qui l'empêche d'être vu ; en sorte que d'un coup d'œil il voit le tiers de ses prisonniers, et qu'en se mouvant dans un petit espace, il peut les voir tous dans une minute. Mais, fût-il absent, l'opinion de sa présence est aussi efficace que sa présence même.

Des tubes de fer-blanc correspondent depuis la tour d'inspection centrale à chaque cellule ; en sorte que l'inspecteur, sans aucun effort de voix, sans se déplacer, peut avertir les prisonniers, diriger leurs travaux, et leur faire sentir sa surveillance. Entre la tour et les cellules, il doit y avoir un espace vide, un puits annulaire qui ôte aux prisonniers tout moyen de faire des entreprises contre les inspecteurs.

L'ensemble de cet édifice est comme une ruche dont chaque cellule est visible d'un point central. L'inspecteur, invisible lui-même, règne comme un esprit ; mais cet esprit peut au besoin donner immédiatement la preuve d'une présence réelle.

Cette maison de pénitence seroit appelée *Panoptique,* pour exprimer d'un seul mot son avantage essentiel, *la faculté de voir d'un coup d'œil tout ce qui s'y passe.*

Avantages essentiels du Panoptique.

L'avantage fondamental du panoptique est si évident, qu'on est en danger de l'obscurcir en voulant le prouver. Être incessamment sous les yeux d'un inspecteur, c'est perdre en effet la puissance de faire le mal, et presque la pensée de le vouloir.

Un des grands avantages collatéraux de ce plan, c'est de mettre les sous-inspecteurs, les subalternes de tout genre, sous la même inspection que les prisonniers : il ne peut rien se passer entre eux qui ne soit vu par l'inspecteur en chef. Dans les prisons ordinaires, un prisonnier vexé par ses gardiens n'a aucun moyen d'en appeler à l'humanité de ses supérieurs; s'il est négligé ou opprimé, il faut qu'il souffre; mais dans le panoptique, l'œil du maître est partout; il ne peut point y avoir de tyrannie subalterne, de vexations secrètes. Les prisonniers, de leur côté, ne peuvent point insulter ni offenser les gardiens. Les fautes réciproques sont prévenues, et, dans la même proportion, les châtimens deviennent rares.

L'administration de la justice intérieure est susceptible dans cet établissement d'une perfection sans exemple. Les délits seront connus au moment même où ils prennent naissance. L'accusé, le plaignant, les témoins, les juges, tous sont présens : la procédure, la sentence et l'exécution peuvent avoir lieu, sans précipitation, sans injustice, dans l'intervalle de quelques minutes. Les peines peuvent être d'autant moins sévères que leur certitude est plus grande; et cette certitude même rendra les délits bien rares.

Voyez les règlemens qui ont été faits, soit en Angleterre, soit ailleurs, pour les hôpitaux, pour les maisons de travail, et pour les prisons; règlemens qui annoncent des vues d'humanité et de sagesse, et dans lesquels on voit une intention sincère de prévenir les inconvéniens attachés à ces différentes retraites. Vous y voyez partout une inquiétude manifeste, une crainte continuelle que les devoirs ne soient négligés. Les employés doivent aller fréquemment dans les salles: ils doivent fréquemment recevoir les plaintes. — Le directeur est tenu d'inspecter les individus, d'aller au moment où il n'est pas attendu, de les voir au moins une fois par semaine. Différens gouverneurs sont chargés de visiter, d'interroger, de se faire présenter les habillemens, les alimens, d'observer la propreté, la tenue, les heures du travail, etc. Ces règlemens respectables dans leur objet ne prouvent qu'une tentative infructueuse à beaucoup d'égards pour obtenir avec de grands efforts et d'énormes dépenses une très-petite partie des bons résultats qui seroient le produit naturel d'une inspection centrale.

Ce n'est pas tout: le principe panoptique facilite extrêmement le devoir des inspecteurs d'un ordre supérieur, des magistrats, des juges. Dans l'état actuel des prisons, ils ne s'acquittent qu'avec une grande répugnance d'une fonction si contrastante avec la propreté, le goût, l'élégance de la vie ordinaire. Dans les meilleurs plans formés jusqu'à présent, où les prisonniers sont distribués dans un grand nombre d'appartemens, il faut qu'un magistrat se les fasse ouvrir l'un après l'autre, qu'il se mette en contact avec chaque habitant, qu'il leur répète les même questions, qu'il passe des journées pour voir superficiellement quelques centaines de prisonniers : mais, dans le panoptique, il n'est pas besoin de lui ouvrir les loges, elles sont toutes ouvertes sous ses yeux.

Une cause de répugnance bien naturelle pour la visite des prisons, c'est l'infection, la fétidité de ces demeures; en sorte que plus il seroit nécessaire de les visiter, plus on les fuit; plus elles sont funestes à leurs habitans, moins il y a pour eux d'espérance d'obtenir du soulagement : au lieu que dans une maison de pénitence construite sur ce principe, il n'y a plus ni dégoût ni danger. D'où pourroit naître l'infection? Comment pourroit-elle durer? On verra dans la suite qu'on peut y établir une propreté aussi grande que dans les vaisseaux du capitaine Cook ou dans les maisons hollandoises.

Observez encore que dans les autres prisons, la visite d'un magistrat, fût-elle inattendue, fût-il aussi prompt que possible dans ses mouvemens, on a toujours le loisir de dissimuler le véritable état des choses. Pendant qu'il examine une partie, on arrange l'autre; on a le temps de prévenir, de menacer les prisonniers et de leur dicter les réponses qu'ils doivent faire. Dans le panoptique, au moment où un magistrat fait son entrée, la scène entière est déployée à ses regards.

Il y aura d'ailleurs des curieux, des voyageurs, des amis ou des parens des prisonniers, des connoissances de l'inspecteur et des autres officiers de la prison, qui, tous animés de motifs différens, viendront ajouter à la force du principe salutaire de l'inspection, et surveilleront les chefs, comme les chefs surveillent tous leurs subalternes. Ce grand comité du public perfectionnera tous les établissemens qui seront soumis à sa vigilance et à sa pénétration.

Détails sur le Panoptique.

L'ouvrage anglois entre dans tous les détails nécessaires pour la construction du panoptique. L'auteur s'est livré à des recherches infinies sur tous les degrés de perfectionnement qu'on pouvoit donner à un édifice de ce genre. Il a consulté des architectes; il a profité de toutes les expériences des hôpitaux; il n'a rien négligé pour adapter à son plan les inventions les plus récentes, indépendamment de ce que l'unité du panoptique et sa forme particulière ont donné lieu à des développemens tout nouveaux de plusieurs principes d'architecture et d'économie. Mais cette partie de l'ouvrage, qui forme un volume, n'est pas susceptible d'un extrait suivi. Ce n'est point sur ces details qu'on doit juger le plan du panoptique. Si l'on approuve le principe fondamental, on sera bientôt d'accord sur les moyens d'exécution.

Nous tirerons pourtant de ce volume quelques observations détachées qui aident à sentir toute l'utilité qu'on peut retirer de ce nouveau système.

Le premier objet est la sécurité du bâtiment contre les entreprises intérieures et contre les attaques hostiles du dehors. La sécurité du dedans est parfaitement établie, soit par le principe même de l'inspection, soit par la forme des cellules, soit par l'isolement de la tour des inspecteurs, soit par l'étrécissement des passages, et mille précautions absolument nouvelles qui doivent ôter aux prisonniers la pensée même d'une révolte et d'un projet d'évasion. On ne forme point de desseins quand on voit l'impossibilité de les exécuter; les hommes se rangent naturellement à leur situation, et une soumission forcée amène peu à peu une obeissance machinale.

La sécurité du dehors est établie par un genre de fortification qui donne à cette place toute la force qu'elle doit avoir contre une insurrection momentanée, contre un mouvement populaire, sans en faire une forteresse dangereuse: elle peut résister à tout, excepté au canon. Les détails sont si nombreux qu'il faut nécessairement renvoyer à l'ouvrage original; mais on doit remarquer ici une idée nouvelle. En face de l'entrée du panoptique, il y aura, dans la longueur du grand chemin, un mur de protection pour servir d'abri à tous ceux qui, dans un moment où la prison seroit attaquée, voudroient passer sans se mêler de cette hostilité; en sorte qu'on ne risqueroit plus, en défendant la maison, de faire un carnage inconsidéré, de punir l'innocent avec le coupable, parce qu'il n'y auroit que des mal-intentionnés qui franchiroient l'avenue séparée du public par ce mur de protection.

Au reste, on répète que cette prison ne sera jamais attaquée, précisément parce qu'on ne peut pas espérer de réussir dans l'attaque. L'humanité veut qu'on prévienne ces attentats en les rendant impraticables. La cruauté est unie à l'imprudence quand on fait les instrumens de la justice assez foibles en apparence pour inviter les destructeurs à une audace criminelle.

Le plan de la chapelle ne peut être bien saisi que par une longue description. Il suffit de dire ici que la tour même des inspecteurs, subissant, le dimanche, une métamorphose par l'ouverture des galeries, devient une chapelle où le public est reçu, et que les prisonniers, sans sortir de leurs cellules, sont à portée de voir et d'entendre le prêtre qui officie.

L'auteur répond à une objection qu'on lui a faite : c'est qu'en exposant alors les prisonniers aux regards de tout le monde, on les endurciroit à la honte, et qu'ainsi l'on nuiroit au but de la réformation morale.

Cette objection peut n'être pas aussi forte qu'elle le paroît d'abord ; parce que l'attention des spectateurs, divisée entre tous les prisonniers, ne s'attache individuellement sur aucun, et que ceux-ci, renfermés dans leurs cellules, à une certaine distance, songeront plus au spectacle qu'ils auront sous les yeux, qu'à celui dont ils seront eux mêmes les objets. Mais, d'ailleurs, rien n'est plus facile que de leur donner un masque. Le crime abstrait sera exposé à la honte, tandis que le criminel sera épargné. Par rapport aux prisonniers, l'humiliation n'aura plus sa pointe déchirante; par rapport aux spectateurs, l'impression d'un tel spectacle sera plutôt fortifiée qu'affoiblie. Une scène de cette nature, sans lui donner des couleurs trop noires, est telle en elle-même, qu'elle frapperoit l'imagination, et qu'elle serviroit puissamment au grand objet de l'exemple. Ce seroit un théâtre moral dont les représentations imprimeroient la terreur du crime.

Il est bien singulier que la plus horrible des institutions présente à cet égard un modèle excellent. L'Inquisition, avec ses processions solennelles, ses habits emblématiques, ses décorations effrayantes, avoit trouvé le vrai secret d'ébranlèr l'imagination et de parler à l'âme. Dans un bon comité de lois pénales, le personnage le plus essentiel est celui qui est chargé de combiner l'effet théâtral.

Pour revenir au panoptique, on ne doit pas oublier que c'est là la seule occasion où les prisonniers auront à rencontrer les yeux du public. En tout autre temps, les visiteurs seront invisibles comme les inspecteurs, et ainsi on ne doit pas craindre que les prisonniers s'accoutument à braver les regards, et deviennent insensibles à la honte.

Une chapelle publique est de la plus grande importance dans une maison de pénitence destinée à l'exemple : c'est de plus un moyen infaillible d'assurer l'observation de tous les règlemens relatifs à la propreté, à la santé, et à la bonne administration du panoptique.

Le choix des matériaux dans la construction est qu'il donne la plus grande sécurité contre le danger d'un incendie : le fer, partout où il peut entrer; point de bois; le plancher des cellules, s'il est de pierre ou de brique, doit être recouvert de plâtre, parce que, n'ayant point d'interstices, il ne récèle ni immondices ni levains de maladies, et que d'ailleurs il est incombustible.

Howard, ne sachant comment se déterminer dans le choix des inconvéniens, ne veut point de fenêtres dans les cellules, parce que la perspective de la campagne détourne les prisonniers du travail : il ne laisse qu'une ouverture en haut, inaccessible à leur vue, avec un contrevent de bois pour écarter la neige et la pluie. Il ne leur donne point de feu, à cause des dangers auxquels on exposeroit la prison, et croit pourvoir à la différence des saisons par la différence des habits.

Dans le panoptique, on multiplie les fenêtres, parce qu'avec tant de précautions, on ne craint pas l'évasion des prisonniers, et que si même ils s'évadoient sous les yeux de leurs inspecteurs, ils auroient encore à franchir au dehors une foule d'obstacles très-puissans. La multiplication des fenêtres n'est pas seulement un soulagement nécessaire à la captivité, c'est encore un moyen de santé et d'industrie, puisqu'il est bien des genres de travaux pour lesquels il faut beaucoup de lumière, et qu'on est forcé d'abandonner si l'on ne peut pas se soustraire aux variations du temps, que l'on éprouve nécessairement sous une ouverture pratiquée au haut d'une cellule.

Oter à un homme sa liberté, ce n'est point le condamner à souffrir le froid, ni à respirer un air fétide. Les poëles employés pour réchauffer les prisons auroient plusieurs inconvéniens, indiqués dans l'ouvrage anglois. Mais l'on peut avec une dépense médiocre faire passer dans les cellules des tubes qui soient des conducteurs de chaleur, et qui servent en même temps au renouvellement de l'air. Cette précaution, dictée par l'humanité, est conforme à l'économie, parce que les prisonniers pourront continuer leurs travaux sans interruption.

D'autres tubes peuvent distribuer l'eau dans toutes les cellules. On épargnera beaucoup d'emploi laborieux pour le service domestique, et les prisonniers ne seront pas exposés à souffrir par la négligence ou la malice d'un gardien.

Nous terminerons ici l'extrait de ces observations générales sur la construction du panoptique. Il faudroit tout traduire pour montrer que l'attention de l'auteur s'est étendue à une foule d'objets négligés ou impossibles à remplir dans les prisons ordinaires.

Le grand problème est de donner à l'application du principe panoptique le degré de perfection dont elle est susceptible. Pour cela il faut faire en sorte qu'elle puisse s'étendre à chaque individu parmi les prisonniers, à chaque instant de sa vie, et par conséquent à chaque portion de l'espace qui le renferme. Ce problème exige une grande variété de solutions; et l'auteur les a données toutes. Cette partie concerne principalement les architectes; mais ce qui est entièrement du ressort des législateurs, c'est l'administration intérieure d'une telle maison. C'est le sujet de la seconde partie de ce mémoire.

SECONDE PARTIE.

De l'administration du panoptique.

L'ADMINISTRATION des maisons de pénitence est un des objets sur lesquels il est le plus difficile de réunir les opinions, parce que chaque homme, selon la différence de ses dispositions, prescrit différentes mesures de sévérité ou d'indulgence. Quelques-uns oublient qu'un prisonnier enfermé pour ses fautes, est un être sensible. D'autres ne songent plus que son état est une punition. Les uns voudroient lui ôter toutes les petites jouissances qui peuvent adoucir sa misère, tandis que les autres crient à l'inhumanité sur tous les points de cette discipline pénitentielle.

Je vais poser quelques principes fondamentaux qui, malheureusement dans l'application, laissent encore un champ trop vaste à l'incertitude et aux opinions contraires, mais qui ont du moins l'avantage d'éclaircir la question, et de mettre les personnes qui disputent à portée de s'entendre.

Il faut, avant tout, rappeler sommairement les objets qu'on doit se proposer dans toute institution de ce genre. Détourner de l'imitation des crimes par l'exemple de la peine, prévenir les délits des prisonniers pendant leur captivité, maintenir la décence parmi eux, conserver leur santé et la propreté qui en fait partie, empêcher leur évasion, leur ménager des moyens de subsistance pour le temps de leur élargissement, leur donner les instructions nécessaires, les plier à des habitudes vertueuses, les préserver de tout mauvais traitement illégitime, leur procurer le bien-être dont leur état est susceptible sans aller contre le but de la punition, et, enfin, obtenir tout cela par des moyens économiques, par une administration intéressée au succès, par des règles de subordination intérieure qui mettent tous les employés sous la main du chef, et le chef lui-même sous l'œil du public; tels sont les divers objets qu'on doit se proposer dans l'établissement d'une prison.

Tous les plans qu'on a proposés jusqu'à présent sont défectueux par un excès de sévérité, ou par un excès d'indulgence, ou par une exagération dans les frais qui a tout fait échouer. Les trois règles suivantes seront d'un grand usage pour éviter ces différentes erreurs.

Règle de douceur.

La condition ordinaire d'un prisonnier condamné à un travail forcé pour un temps long, ne doit pas être accompagnée de souffrances corporelles, préjudiciables ou dangereuses à sa santé ou à sa vie.

Règle de sévérité.

Sauf les égards dus à la vie, à la santé et au bien-être physique, un prisonnier, subissant ce genre de peine pour des délits qui ne sont guère commis que par des individus de la classe la plus pauvre, on ne doit pas rendre sa condition meilleure que celle des individus de cette même classe qui vivent dans un état d'innocence et de liberté.

Règle d'économie.

Sauf ce qui est dû à la vie, à la santé, au bien-être physique, à l'instruction nécessaire, aux ressources futures des prisonniers, l'économie doit être une considération du premier ordre dans tout ce qui concerne l'administration. On ne doit admettre aucune dépense publique, on ne doit rejeter aucun profit, par des motifs de sévérité ou d'indulgence.

La règle de *douceur* est fondée sur des raisons de la plus grande force. Les rigueurs qui affectent la vie et la santé des prisonniers, renfermées dans le secret d'une prison, sont à pure perte pour le principal objet des peines légales, qui est l'exemple. D'ailleurs, comme ces rigueurs se prolongent pendant une longue période, l'emprisonnement devient une peine plus rigoureuse que d'autres peines qui, dans l'intention de la loi, doivent être plus sévères. Ainsi, par un renversement de justice, des hommes moins coupables que d'autres se trouvent condamnés à une plus grande punition. Enfin, comme ces rigueurs abrègent la vie, elles sont équivalentes à une peine capitale, quoiqu'elles n'en portent pas le nom. Si donc le pouvoir exécutif expose la vie des prisonniers par des sévérités que le législateur n'autorise pas, il commet un véritable homicide; mais si le législateur autorise ces sévérités, il en résulte qu'il ne condamne pas un homme à mort, et que pourtant il le fait mourir, non pas par un supplice d'un instant, mais par un supplice horrible qui dure quelquefois plusieurs années. Il en résulte encore que ces prisonniers ne sont point punis relativement à l'énormité de leurs offenses, mais relativement à leur force plus ou moins grande, à leurs facultés de résister plus ou moins aux rigueurs de leur traitement.

La règle de *sévérité* n'est pas moins essentielle; un emprisonnement qui offriroit à des coupables une situation meilleure que leur condition ordinaire dans l'état d'innocence, seroit une tentation pour des hommes foibles et malheureux, ou du moins elle n'auroit pas ce caractère de peine qui doit effrayer celui qui est tenté de commettre un crime.

La règle d'*économie*, toujours importante en elle-même, l'est beaucoup plus dans un système où l'on a voulu lever la principale objection qu'on ait faite contre la réforme des prisons; savoir, l'excessive dépense: il falloit montrer que le système actuel réunissoit à tous ces avantages celui d'une économie supérieure.

Mais comment s'assurer de l'économie? Par les

mêmes moyens qui la font régner dans un atelier, dans une manufacture. Les établissemens publics sont sujets à être négligés ou volés; les établissemens particuliers prospèrent sous la garde de l'intérêt personnel : il faut donc confier à la vigilance de l'intérêt personnel l'économie des maisons de pénitence. Cet article est essentiel, et demande une explication détaillée.

Comparaison des deux modes d'administration, l'une par contrat, l'autre de confiance.

On ne peut choisir qu'entre deux espèces d'administration : administration par contrat, ou administration de confiance. L'administration par *contrat* est celle d'un homme qui traite avec le gouvernement, qui se charge des prisonniers à tant par tête, et qui applique leur temps et leur industrie à son profit personnel, comme fait un maître avec ses apprentis. L'administration de *confiance* est celle d'un seul individu, ou d'un comité, qui soutiennent les frais de l'établissement aux dépens du public, et qui rendent au trésor public les produits du travail des prisonniers.

Pour se déterminer dans le choix de ces deux moyens, il suffiroit, ce semble, de poser les questions suivantes : De qui doit-on espérer plus de zèle et de vigilance à la tête d'un établissement de cette nature? Est-ce de celui qui a beaucoup d'intérêt dans son succès, ou de celui qui n'en a que peu? Est-ce de celui qui partage les pertes comme les profits, ou de celui qui a les profits sans les pertes? Est-ce de celui dont les gains seront toujours proportionnés à sa bonne conduite, ou de celui qui est toujours sûr du même émolument, soit qu'il administre bien ou mal?

L'économie a deux grands ennemis, le *péculat* et la *négligence*. Une administration de confiance est exposée à l'un et à l'autre; mais une administration par contrat rend la négligence improbable, et le péculat impossible.

On ne dit pas que des administrateurs désintéressés ne rempliroient jamais bien les devoirs de ces places : l'amour du pouvoir, de la nouveauté, de la réputation, l'esprit public, la bienveillance, sont des motifs qui peuvent nourrir leur zèle, et leur inspirer de la vigilance. Mais l'entrepreneur par contrat ne peut-il pas aussi être animé par ces différens principes? Le poids d'un nouveau motif détruiroit-il l'influence des autres? L'amour du pouvoir est sujet à sommeiller; l'intérêt pécuniaire ne s'endort jamais. L'esprit public se ralentit, la nouveauté s'efface; mais l'intérêt pécuniaire devient plus ardent avec l'âge.

Accordons que les administrateurs désintéressés ne se rendront jamais coupables ni de péculat ni de grossière négligence. Pourront-ils tendre tous les ressorts de l'économie et du travail au même point qu'un homme intéressé personnellement dans le succès de ses soins? *Bon* et *mauvais* sont des termes de comparaison. Que votre administration vous paroisse florissante et productive, vous ne pouvez pourtant pas savoir quelle épithète elle mérite, jusqu'à ce que vous l'ayez vue dans des mains intéressées : c'est là son vrai *critère*. Elle peut être bonne en comparaison de ce qu'elle a été, quoiqu'elle soit mauvaise en comparaison de ce qu'elle peut devenir.

Ce n'est pas tout; les administrateurs désintéressés, c'est-à-dire, n'ayant point, comme l'entrepreneur, les profits de la maison, jouissent cependant d'un salaire, qu'ils fassent leur devoir ou ne le fassent pas. Or, un salaire est un très-grand motif pour prendre une place; mais ce n'en est point un pour en remplir assidument les fonctions : au contraire, il affoiblit la liaison qui doit exister entre l'intérêt et le devoir. Plus ce salaire est considérable, plus il met un homme au-dessus de sa place, plus il le jette au milieu du monde et des plaisirs, plus il le dégoûte d'une attention qui lui paroît servile et minutieuse; et si le salaire est assez grand, le fonctionnaire public cherche d'abord un commis, un député qui fait tout l'ouvrage, en sorte que ce n'est plus ce que vous donnez au chef, mais ce que le chef donne à son subdélégué, qui fait aller le travail. Le salaire même, en proportion de sa grandeur, a une tendance funeste à ne laisser le choix pour les places qu'entre les hommes les plus incapables. Les places richement dotées sont la proie des intrigans accrédités, qui sont, non les courtisans, mais les valets des ministres et de chaque ministre, enfans gâtés de la fortune, dont le mérite est dans leur opulence, pendant que leur titre est dans leurs besoins, et dont l'orgueil est au-dessus de l'application des affaires, autant que leurs talens sont au-dessous.

On trouvera sans doute des administrateurs qui voudront servir sans intérêt, pour l'honneur et le bien public; mais quoiqu'ils puissent faire mieux que ceux qui auroient un salaire, ils feront moins bien qu'un entrepreneur. Aimer le pouvoir et l'autorité d'une place, ce n'est pas toujours en aimer la fatigue et les embarras; et même aimer les fonctions pendant qu'elles ont le vernis de la nouveauté, n'est pas une caution qu'on les aimera quand la nouveauté sera usée. D'ailleurs, où le zèle de l'intérêt n'est pas, il peut toujours manquer beaucoup à l'activité de l'industrie.

Mais la grande objection contre les administrateurs gratuits, c'est que plus un homme est assuré d'obtenir la confiance, moins il fait d'efforts pour la mériter. La jalousie est l'âme du gouvernement; la transparence de l'administration, si je puis parler ainsi, est la seule sécurité durable; mais la transparence même ne suffit pas, s'il n'y a pas des observateurs curieux pour tout examiner avec attention. Voyez l'entrepreneur par contrat, chacun l'épie avec une jalouse défiance; chacun le regarde comme un agent suspect, qu'il faut veiller de près, de peur qu'il ne tyrannise les prisonniers et ne les opprime. Toutes ses fautes seroient exagérées; tous ses torts seroient mis dans le plus grand jour; mais l'administrateur gratuit, charmé de sa propre générosité, attend de tout le monde une estime presque aveugle, une déférence presque illimitée. Il semble que du haut de ses vertus il dise au public « Qu'un homme » comme lui, qui sert sans intérêt, qui méprise » l'argent, a droit à la confiance, aux égards; qu'on » l'offenseroit par des soupçons; et que s'il daigne » rendre ses comptes, c'est une œuvre suréroga- » toire qu'il ne doit qu'à son honneur. » Le public est du même avis; et si quelqu'un ose relever les abus, les négligences, les vexations mêmes de cette administration généreuse, il n'y a qu'un cri d'indignation contre lui.

Quant aux inconvéniens d'une administration confiée à plusieurs personnes, ils sont connus de tous ceux qui ont un peu d'expérience. La multiplicité des gérens détruit l'unité du plan, cause une fluctuation perpétuelle dans les mesures, amène la discorde; et après une lutte longue et pénible entre les associés, le plus fort ou le plus opiniâtre demeure maître du champ de bataillé. Si le pouvoir est susceptible de partage, les administrateurs s'arrangent pour être absolus chacun dans son département. Comme la nature répare les fautes d'un médecin, un contrat tacite corrige ainsi le vice de la loi dans un comité d'administration.

Après tout cela, le public qui, toujours épris de la vertu et de la générosité en théorie, aimeroit mieux perdre cinquante mille livres par négligence, que d'en voir gagner mille à un homme par péculat, ne manquera pas de crier que le plan de mettre les prisonniers entre les mains d'un entrepreneur, est un plan inhumain, une usure barbare; qu'on expose ces malheureux à tous les mauvais traitemens qui peuvent résulter de la cupidité de leur maître, intéressé à leur donner une mauvaise nourriture, et à leur imposer un excès de travail. Une comparaison qui se présente d'elle-même avec l'esclavage des noirs, achevera le tableau, et jettera la plus grande défaveur sur ce projet.

Avec tout ce beau langage d'humanité, les prisonniers ont été, jusqu'à présent, les plus malheureux des êtres : c'est qu'on se borne à faire des règlemens, et que les règlemens seront toujours vains, jusqu'à ce qu'on ait trouvé le moyen d'identifier l'intérêt des prisonniers et de leur gouverneur. On ne peut y réussir que par une administration par entreprise.

Les devoirs de l'entrepreneur envers les individus confiés à ses soins, peuvent être, dans cet établissement, tellement liés à son intérêt, qu'il sera forcé de faire, pour son propre avantage, tout ce qu'il ne seroit pas porté à faire pour le leur.

Le principe général est le même pour assurer les de oirs d'humanité que pour assurer ceux d'économie.

Il faut lui assigner un bénéfice croissant en proportion du bien qu'il aura fait, et le soumettre à une perte en proportion du mal qui aura résulté de l'omission de ses devoirs.

Les assurances sur la vie des hommes sont une belle invention qu'on peut appliquer à un grand nombre d'usages, mais surtout dans le cas où il s'agit de lier l'intérêt d'un homme à la conservation de plusieurs.

Supposons trois cents prisonniers, et que d'après le calcul moyen des âges, en y faisant entrer les circonstances particulières des habitans d'une prison, on suppute, par exemple, qu'il en mourra un sur vingt chaque année; donnez à l'entrepreneur dix livres sterling pour tout homme qui doit mourir; c'est-à-dire, dans la supposition actuelle, 150 livres sterling, mais à condition qu'à la fin de l'année il vous paiera dix livres sterling pour tout individu qu'il aura perdu, soit par la mort, soit par une évasion. Vous pouvez même doubler cette somme pour augmenter l'influence de son intérêt; et s'il se trouve plus riche à la fin de l'année, s'il fait, en quelque sorte, une économie de la vie humaine, quel argent pouvez-vous moins regretter que celui par lequel vous aurez acheté la conservation et le bien-être de plusieurs hommes?

Cependant ne vous fiez pas à ce moyen seul, quelle que soit son énergie réelle, fondée sur un intérêt facile à calculer. La *publicité* est la première des cautions, elle perfectionne tout: c'est le meilleur moyen de mettre en œuvre tous les motifs moraux et toutes les ressources intellectuelles. Or, cette prison, bâtie sur le principe panoptique, est comme transparente; elle accomplit le vœu de ce vertueux Romain, qui auroit voulu vivre, dans l'intérieur de son domestique, sous les yeux mêmes du public. C'est un spectacle ouvert à tout le monde; il suffit, en quelque manière, d'un coup d'œil pour le voir tout entier. Chacun peut juger par soi-même si l'entrepreneur remplit les conditions de sa place, et il n'a point de faveur à espérer, parce que le public, toujours plus enclin à la pitié qu'à la rigueur, se fera beaucoup plus de mérite d'écouter les plaintes des prisonniers que les raisons de l'entrepreneur.

Pour augmenter la force de cette sanction, il sera tenu de publier tous ses comptes, tous les procédés, tous les détails de son gouvernement, toute l'histoire, en un mot, de sa prison : ce compte sera rendu sous serment, et soumis à un examen contradictoire.

Mais, afin d'écarter tout intérêt pécuniaire qui pourroit l'engager à dissimuler, il faut que sa place lui soit assurée pour sa vie, sous les réserves ordinaires de bonne conduite : car il ne seroit jamais ni prudent ni juste de l'obliger à publier tous ses moyens de profit, et à en tirer parti contre lui, soit pour augmenter le prix de sa ferme, soit pour appeler d'autres concurrens.

Si les termes de ces contrats sont d'abord désavantageux, ils deviendront meilleurs pour le gouvernement, à mesure que l'intérêt particulier aura perfectionné ces entreprises. Un homme industrieux fera un gain légitime, et l'état en profitera dans tous les marchés subséquens.

Je le repète encore, parce qu'on a besoin d'insister quand on attaque des préjugés publics, et surtout des préjugés respectables. Tout système d'administration qui est assis sur le désintéressement réel ou présumé, est ruineux dans ses bases. Il peut, dans le principe, avoir un succès momentané, mais il ne sera pas durable. Le motif sur lequel on doit le plus compter, est celui dont l'influence est la plus puissante, la plus continue, la plus uniforme et la plus générale. Ce motif est l'intérêt personnel, corrigé par la publicité la plus grande.

Après avoir montré combien une administration par contrat promet plus de vigilance et d'économie que tout autre genre d'administration, je vais entrer dans l'examen des différens objets du gouvernement intérieur de ces asiles de pénitence.

Séparation des Sexes.

Le moyen qui se présente d'abord pour effectuer cette séparation, c'est d'avoir deux panoptiques; mais la raison d'économie s'y oppose d'autant plus, que dans le nombre total des prisonniers, il n'y a pas un tiers de femmes, et qu'en faisant deux établissemens pour les deux sexes, il y aura comparativement trop peu de sujets pour l'un, et trop pour l'autre, sans qu'on puisse verser le superflu de manière à établir le niveau entre les deux.

On peut voir en détail, dans l'ouvrage anglois, comment on peut sauver cette difficulté dans le panoptique, en disposant d'un côté les cellules des hommes, et de l'autre les cellules des femmes, et comment on peut prévenir, par des précautions de structure, d'inspection et de discipline, tout ce qui pourroit alarmer la décence.

Séparation en classes et en compagnies.

La plus grande difficulté jusqu'à présent a été celle de distribuer les prisonniers dans l'intérieur des prisons. Le mode le plus ordinaire, et cependant le plus vicieux à tous égards, c'est de les confondre tous ensemble, de mettre les jeunes avec les vieux, les voleurs avec les assassins, les débiteurs avec les criminels, et de les jeter dans une prison comme dans un cloaque, où ce qui n'est corrompu qu'à demi est bientôt attaqué d'une corruption totale, et où la fétidité de l'air est moins nuisible à leur santé que l'infection morale n'est dangereuse à leur cœur.

On comprend d'abord que le bruit, l'agitation, le tumulte, et toutes les scènes qu'offre sans cesse l'intérieur d'une prison, où les prisonniers sont entassés, ne laissent aucun intervalle où la réflexion puisse travailler, où le repentir puisse germer et fructifier.

Un autre effet non moins frappant d'une telle association, c'est d'endurcir les hommes contre la honte. La honte est la crainte du blâme de ceux avec qui nous vivons; mais le crime peut-il être blâmé parmi des criminels? Qui d'entre eux se condamnera lui-même? Qui ne cherchera pas à se faire des amis plutôt que des ennemis parmi ceux avec lesquels il est forcé de vivre? Le monde qui nous environne est celui dont l'opinion nous sert de règle et de principe. Des hommes séquestrés de cette façon font un public à part; leur langage et leurs mœurs s'assimilent. Il se fait insensiblement, par un consentement tacite, une loi locale, qui a pour auteurs les plus abandonnés des hommes ; car, dans une telle société, les plus dépravés sont les plus audacieux, et les plus méchans en imposent à tous les autres. Ce public, ainsi composé, appelle de la condamnation du public extérieur, et casse sa sentence. Plus ce peuple, enfermé dans cette enceinte, est nombreux, plus les clameurs sont bruyantes, plus il est aisé de noyer dans le tumulte le foible murmure de la conscience, le souvenir de cette opinion publique, que l'on n'entend plus, et le désir de regagner l'estime des hommes que l'on ne voit plus.

Le mode le plus opposé à celui-là, c'est de confiner les prisonniers dans une solitude absolue, pour les séparer entièrement de la contagion morale, et les livrer à la réflexion et au repentir ; mais le bon et judicieux Howard, qui a accumulé tant d'observations sur les prisonniers, avoit bien vu que la solitude absolue, qui produit d'abord un effet salutaire, perd assez promptement son efficace, et fait tomber un malheureux captif dans le désespoir, la folie ou l'insensibilité. En effet, quel autre résultat peut-on attendre quand on laisse une âme vide, pendant des mois et des années, se tourmenter elle-même ? C'est donc une pénitence qui peut être utile pendant quelques jours pour dompter un esprit de rébellion ; mais il ne faut pas la prolonger. Le quinquina et l'antimoine ne doivent pas être employés comme des alimens ordinaires.

La solitude absolue, si contraire à la justice et à l'humanité, quand on en fait un état permanent, est encore heureusement combattue par les plus grandes raisons d'économie ; elle exige une dépense énorme en bâtimens, elle double les frais pour éclairer, conserver la propreté, renouveler l'air ; elle resserre le choix des travaux, en limitant trop l'étendue des cellules, en excluant les professions qui exigent la réunion de deux ou trois ouvriers. Elle nuit encore à l'industrie, soit parce qu'il n'y a plus moyen de donner des apprentis à des ouvriers expérimentés, soit parce que l'abattement de la solitude détruit l'activité et l'émulation, qui se développent dans un travail fait en compagnie.

Le troisième système consiste à agrandir les cellules, à leur donner assez de capacité pour recevoir deux, trois et quatre prisonniers, et même un plus grand nombre, en les assortissant, comme je le dirai bientôt, de la manière la plus convenable pour les caractères et les âges.

La construction même du panoptique donne tant de sécurités contre les révoltes et les complots entre les prisonniers, qu'on ne doit pas craindre leur réunion en petites compagnies, parce qu'il n'y a rien pour favoriser leur évasion, et qu'il y a beaucoup de moyens combinés pour la rendre impossible.

On dira plutôt que cette société ne sera qu'une école de crimes, où les moins pervers seront perfectionnés dans l'art de la scélératesse, par ceux qui en ont une longue expérience.

On peut prévenir cet inconvénient en distinguant les prisonniers en différentes classes suivant leur âge, le degré de leur crime, la perversité qu'ils montrent, leur application, et les marques de leur repentir. L'inspecteur doit être peu intelligent et bien inattentif, s'il ne connoît pas en peu de temps le caractère de ses prisonniers, assez du moins pour les assortir de manière qu'il résulte de leur société un frein mutuel, un motif de subordination et d'industrie.

Il ne faut pas s'en laisser imposer par les mots. Tous ceux qui sont enfermés sont coupables; ils ne sont pas tous pervertis. Le libertinage, par exemple, n'est pas la même chose que la violence : ceux dont les offenses consistent dans des actes d'une timide iniquité, comme les voleurs et les filous, sont plus à redouter en qualité de corrupteurs et de donneurs de leçons, qu'en qualité d'hommes dangereux pour la sûrete de la prison et l'audace de leurs entreprises. Ceux qui se sont abandonnés une fois au crime par la tentation de la pauvreté et de l'exemple, sont bien faciles à distinguer des scélérats endurcis. L'ivrognerie, source d'un si grand nombre de délits, ne peut pas être enseignée dans une maison de pénitence où il n'y a aucun moyen de s'enivrer. Indépendamment de ces différences essentielles, on reconnoîtra bientôt ceux qui ont une disposition plus marquée à sé réformer, à contracter de nouvelles habitudes, et toutes ces observations serviront à former les assortimens des cellules et les compagnies de prisonniers.

Après cette précaution fondamentale, qu'a-t-on à craindre? Le libertinage? Mais le principe de l'inspection le rend impossible. Les emportemens, les querelles? Mais l'œil qui voit tout en aperçoit les premiers mouvemens, et sépare d'abord les caractères inconciliables. Le corrupteur dira-t-il qu'il n'y a point de danger dans le crime? La preuve du contraire est dans la situation même. Fera-t-il une peinture attrayante de ses plaisirs? Mais ce plaisir est éteint, la punition qui est comme sortie de ses cendres est présente à la pensée par le souvenir du passé, par la souffrance actuelle, par la perspective de l'avenir. Dira-t-il qu'il n'y a point de honte dans le crime? Mais ils sont plongés dans l'humiliation, et chacun n'a que deux ou trois compagnons pour appui.

Un sujet de conversation plus naturel et plus consolant se présente à eux : l'amélioration de leur état présent et futur. Comment s'y prendront-ils pour tirer plus de parti de leur ouvrage? Que feront-ils de ce qu'ils gagnent à présent qu'ils ne peuvent que travailler, et que toute dissipation est impossible? Quel usage feront-ils de leur liberté quand leur terme sera fini, et à quoi pourront-ils appliquer leur industrie? Ceux qui auront accumulé des profits, donneront de l'émulation aux autres. Comme c'est l'intérêt du moment qui les avoit fait tomber dans le crime, l'intérêt du moment les ramène à une bonne conduite. Une réformation mutuelle est du moins aussi probable qu'une corruption progressive.

Les petites associations sont favorables à l'amitié qui est la sœur des vertus. Un attachement durable et honnête sera souvent le fruit d'une société si intime et si longue.

Chaque cellule est une île : les habitans sont des matelots infortunés; jetés dans cette terre isolée par un naufrage commun, ils sont redevables l'un à l'autre de tous les plaisirs que peut donner la société; adoucissement nécessaire, sans lequel leur condition, qui n'est que triste, deviendroit affreuse.

S'il y a parmi eux des hommes violens et colères, on les livre à la solitude absolue, jusqu'à ce qu'ils soient apprivoisés. On les prive de la société pour leur apprendre à en connoître la valeur.

Voilà donc un fonds de liaisons qu'on leur prépare pour le temps où on les rendra au monde. On prévient ainsi l'un des plus grands inconvéniens qui accompagnent les emprisonnemens dans les maisons de pénitence; car le malheur de n'avoir plus d'amis dans leur état de liberté, les replonge presque toujours dans les excès de leur première vie. Mais en quittant l'école de l'adversité, ils seront l'un à l'autre comme d'anciens camarades qui ont fait ensemble leurs classes.

En admettant la distribution des prisonniers par petites compagnies formées d'après des convenances morales, il faut prendre garde à ne jamais se départir de ce principe, et à ne permettre en aucune occasion une société générale et confuse qui pourroit détruire tout le bien qu'on auroit fait. L'ouvrage anglois renferme de grands détails sur un plan pour faire promener les prisonniers, sans rompre les divisions par compagnies; mais ce plan n'est qu'un accessoire au projet, puisqu'il ne seroit nécessaire que dans le cas où leurs travaux ne leur donneroient pas assez d'exercice.

Des travaux.

Passons à l'emploi du temps, objet d'une importance infinie, soit par des raisons d'économie, soit par des principes de justice et d'humanité, pour adoucir le sort actuel des malheureux, et pour leur préparer les moyens de vivre honnêtement du fruit de leur travail.

Il n'y a nulle raison de prescrire à l'entrepreneur l'espèce de travaux auxquels il doit occuper ses prisonniers, parce que son intérêt lui découvrira bien quels sont les plus lucratifs. Si le législateur se met à réglementer, il se trompera toujours : s'il ordonne des travaux peu profitables, ses réglemens sont pernicieux; s'il ordonne les travaux les plus avantageux, ses réglemens sont superflus; mais les travaux avantageux cette année ne le seront plus peut-être l'année prochaine : rien n'est plus absurde que de régler par des lois l'industrie qui varie sans cesse, et l'intérêt qui épie essentiellement les besoins.

Une faute qu'on doit relever, parce qu'elle est commune, c'est d'imaginer que l'on doit condamner les prisonniers à de certains travaux rudes et pénibles, souvent à pure perte, uniquement pour les fatiguer. Howard parle d'un geôlier qui avoit entassé des pierres à une extrémité de la cour de la prison, et qui ordonnoit aux prisonniers de les transporter à l'autre extrémité; puis, il falloit les reporter à leur première place, et ainsi de suite. Quand on lui demanda l'objet de cette belle industrie, il répondit que c'étoit pour faire enrager tous ces drôles.

C'est une imprudence bien funeste que de rendre le travail odieux, d'en faire un épouvantail pour les criminels, et de lui imprimer une espèce de flétrissure. L'effroi d'une prison ne doit point porter sur l'idée du travail, mais sur la sévérité de la discipline, sur un uniforme humiliant, sur une nourriture grossière, sur la perte de la liberté. L'occupation, au lieu d'être le fléau du prisonnier, doit lui être accordée comme sa consolation et son plaisir. Elle est douce en elle-même en comparaison d'une oisiveté forcée, et son produit lui donnera une double saveur. Le travail, le père de la richesse; le travail, le plus grand des biens, pourquoi le peindre comme une malédiction?

Le travail forcé n'est point fait pour les prisons: si vous avez besoin de produire de grands efforts, vous le ferez par des récompenses et non par des peines. La contrainte et la servitude n'avanceront jamais dans la carrière aussi loin que l'émulation et la liberté. Comment feriez-vous porter à un prisonnier le fardeau dont un crocheteur se charge avec plaisir pour vingt sous? il feindroit de succomber sous le poids: comment découvririez-vous la fraude? Peut-être même succomberoit-il en effet; car la force du corps est en raison de la bonne volonté; quand elle n'a point d'énergie, les muscles n'ont point de ressort.

Le travail doit durer toute la journée, excepté l'intervalle des repas; mais il est convenable que différens travaux se succèdent, qu'il y en ait de *sédentaires* et de *laborieux*, auxquels on applique les hommes tour à tour, parce qu'une occupation constamment sédentaire ou constamment laborieuse, surtout dans un état de captivité, produiroit une mélancolie sombre, ou ruineroit la santé; mais l'alternative de l'un à l'autre remplit le double objet du délassement et de l'exercice. Le mélange des occupations est donc une heureuse idée pour l'économie des maisons de pénitence.

De la Diète.

On doit relever deux erreurs principales sur la nourriture des prisonniers. La plupart ont cru devoir en limiter la quantité, et donner des mesures fixes; mais c'est un véritable acte d'inhumanité pour tous ceux à qui cette ration ne suffit pas. C'est une punition bien inégale; elle ne se proportionne point au degré du délit, mais à la force ou à la foiblesse d'un homme : et bien cruelle; ce n'est point une injustice d'un jour ou d'un mois, mais de plusieurs années. Si la faim d'un malheureux n'est pas apaisée après son repas, elle ne diminuera pas sans doute dans l'intervalle. Il éprouvera donc un malaise perpétuel, une langueur qui minera peu à peu ses forces. C'est une véritable torture, avec cette seule différence que, dans ce cas, la torture est appliquée à l'intérieur de l'estomac, au lieu de l'être aux bras et aux jambes.

Pourquoi n'a-t-on pas encore dit nettement qu'on

devoit nourrir un prisonnier selon la mesure de son appétit? N'est-ce pas là l'idée la plus simple et le premier vœu de la justice ?

La seconde erreur dans laquelle on est tombé, par une bonté irréfléchie, c'est de proposer de la variété dans les alimens des prisonniers, au point que quelques réformateurs, et entre autres le bon Howard, plus indulgent pour les autres que pour lui-même, ont demandé qu'on leur donnât de la viande au moins deux fois par semaine, sans penser que la plupart des habitans de la campagne, et beaucoup dans les villes, ne peuvent pas se procurer ce premier objet de luxe. Faut-il réaliser pour ceux qui ont perdu la liberté par des crimes, ce vœu de Henri IV, qui n'est encore qu'une espérance éloignée pour tant de vertueux cultivateurs ?

Cette méprise se manifeste en Angleterre, par une gradation curieuse dans la nourriture des individus, comparée avec leur qualité. Les pauvres les plus honnêtes, ceux qui subsistent de leur travail, ont à peine un peu de viande le dimanche. Les pauvres qui sont entretenus aux frais du public, en ont, d'après un terme moyen, quatre fois par semaine. Les malfaiteurs, emprisonnés pour les crimes les plus odieux, en ont tous les jours. Que pènser de cette différence ?

La nourriture des prisonniers doit être la plus commune et la moins chère que le pays peut fournir, parce qu'ils ne doivent pas être mieux traités que la classe pauvre et laborieuse : nul mélange, car il n'est pas nécessaire d'aiguiser leur appétit. De l'eau, pour toute boisson; jamais de liqueur fermentée : du pain, si le pain est la nourriture la plus économique; mais c'est une manufacture, et la terre nous fournit des alimens très-abondans et très sains, qui n'ont pas besoin d'être manufacturés. La race des Irlandois, qui ne mangent que des pommes de terre, est-elle foible et dégénérée ? Le montagnard écossois, qui ne se nourrit que de farine d'avoine, est-il timide à la guerre ?

Au reste, on doit laisser à chaque prisonnier la liberté d'acheter des alimens plus variés et plus succulens, avec le produit de son travail; c'est la meilleure spéculation, même pour l'économie, que d'exciter l'industrie par une récompense, et d'attribuer à chacun d'eux une certaine proportion de ses profits. Mais la récompense, pour avoir toute son énergie, doit s'offrir sous la forme d'une gratification actuelle, et l'on ne peut rien imaginer de plus innocent, ni de plus propre à opérer sur cette classe d'hommes, qu'une jouissance de cette nature qui flatte en même temps le goût et la vanité. Cependant, on doit toujours excepter les liqueurs fermentées, parce qu'il est impossible de tolérer un usage modéré, sans courir le hasard des excès, vu que le breuvage qui ne produit point d'effet sensible sur un homme, suffit pour faire perdre la raison à un autre. Cette règle n'est point trop sévère, puisqu'il y a un grand nombre de pauvres industrieux et honnêtes, qui ne peuvent jamais se donner cette indulgence.

De l'Habillement.

Il faut consulter l'économie en tout ce qui n'est pas contraire à la santé et à la bienséance. L'habillement, pour répondre au grand objet de l'exemple, doit porter quelque marque d'humiliation. La plus simple et la plus utile seroit de faire les manches de l'habit et de la chemise d'une longueur inégale pour les deux bras. Ce seroit une sûreté de plus contre l'évasion, et un moyen de reconnoître un homme échappé; car, même après un certain temps, il y auroit une différence sensible de couleur entre le bras couvert et le bras nu.

De la Propreté et de la Santé.

Les détails sur ce sujet ne sont pas nobles en eux-mêmes; mais ils sont ennoblis par la fin qu'on se propose.

L'admission d'un prisonnier dans sa cellule doit être précédée d'une ablution complète. Il seroit même convenable qu'on mît à cette admission quelque cérémonie solennelle, comme une prière, une musique grave, un appareil qui fît impression sur des âmes grossières. Combien les discours sont foibles en comparaison de ce qui frappe l'imagination par les sens?

Le prisonnier doit avoir un habit grossier, mais blanc et sans teinture, afin qu'il ne puisse contracter aucune malpropreté qui ne se montre d'abord: ses cheveux doivent être rasés ou coupés courts. L'usage des bains doit être régulier. Il ne faut tolérer aucune espèce de tabac, ni aucune coutume contraire à la pratique des maisons les plus propres. On fixera les jours où il faut renouveler le linge.

Toute cette délicatesse n'est pas nécessaire à la santé; mais comme une prison a été presque partout un séjour d'horreur, il vaut mieux prendre des précautions extraordinaires que d'en négliger aucune. Pour redresser un arc, dit le proverbe, il faut le tendre en sens contraire.

Cette partie du régime a même un objet supérieur: entre la délicatesse physique et morale, on a observé une liaison, qui est l'ouvrage de l'imagination, mais qui n'en est pas moins réelle. Howard et d'autres l'ont remarqué. Les soins de propreté sont un stimulant contre la paresse; ils accoutument à la circonspection, et apprennent à porter, jusque dans les petites choses, le joug de la décence. La pureté morale et physique ont un langage commun. On ne peut louer une de ces vertus, sans qu'une partie de la louange ne réfléchisse sur l'autre. De là ces systèmes de purifications et d'ablutions auxquels les fondateurs des religions de l'Orient ont attaché une importance si minutieuse. Ceux qui ne croient pas à l'efficace spirituelle de ces rites sacrés, ne nieront pas leur influence corporelle. L'ablution est un type : puisse-t-elle être une prophétie ! Que n'est-il aussi aisé de purifier l'âme de nos prisonniers que leurs corps!

L'exercice en plein air est un préservatif pour la

santé; mais il faut que cet exercice soit soumis, comme tout le reste, à la loi inviolable de l'inspection, qu'il ne soit point incompatible avec le degré de séparation ou de formation en petites sociétés que l'on aura jugé convenable, qu'il soit favorable à l'économie, c'est-à-dire productif, s'il est possible, et appliqué à quelque travail utile. L'ouvrage anglois renferme beaucoup de détails, d'où il résulte que l'auteur donne la préférence à l'usage des grandes roues qui sont mises en mouvement par le poids d'un ou de plusieurs hommes, et qui donnent une force qu'on peut employer à volonté pour mille objets mécaniques. Cet exercice remplit toutes les conditions qu'on peut souhaiter. On peut les proportionner aux forces de chaque individu. Un prisonnier paresseux ne peut pas tromper l'inspecteur. Un inspecteur ne peut pas en faire un usage tyrannique contre ses prisonniers. Il n'a rien de dur et d'inhumain; ce n'est qu'une manière différente de monter une colline. L'effet est produit par le seul poids du corps qui s'applique successivement à différens points. C'est d'ailleurs un travail compatible avec le plan de séparation, et même avec celui d'une solitude absolue. On peut y employer les femmes mêmes, et il n'est rien de plus facile que de distribuer les tours des prisonniers, de manière à leur donner deux fois par jour un exercice qui n'en sera pas moins bon pour la santé, parce qu'il aura de plus un objet économique et utile.

Ces précautions sont plutôt des vues susceptibles d'être perfectionnées que des ordres péremptoires.

On ne veut pas fixer non plus la distribution du temps, qui peut varier selon diverses circonstances; mais on doit avoir pour principe d'éviter toute oisiveté dans un régime qui a pour objet la réformation des mœurs, et ce seroit une grande faute que de donner aux prisonniers plus de sept ou huit heures pour leur sommeil. La coutume oiseuse de rester dans le lit quand on est éveillé est aussi contraire à la constitution du corps, qu'elle affoiblit, qu'à celle de l'âme, où l'indolence et la mollesse fomentent tous les germes de la corruption. Les longues soirées d'hiver doivent avoir leurs occupations réglées, et quand on pourroit supposer que leur travail ne vaudroit pas la dépense des lumières, il y auroit encore des raisons d'humanité et de sagesse plus fortes que celles de l'économie, pour ne pas condamner tous ces malheureux à douze ou quinze heures de langueur et d'obscurité. Rien n'est si facile que de placer les lumières hors des cellules, de manière à éviter tout danger de négligence ou de malice, et même à maintenir pendant la nuit la principale force du principe de l'inspection.

De l'instruction et de l'emploi du dimanche.

Chaque maison de pénitence doit être une école: c'est d'abord une nécessité pour les jeunes gens qu'elle renferme, puisque cet âge tendre n'est point exempt des crimes qui conduisent à ce genre de peine : mais pourquoi refuseroit-t-on le bienfait de l'instruction à des hommes ignorans qui peuvent devenir des membres utiles de la société, par une éducation nouvelle? La lecture, l'écriture, l'arithmétique peuvent convenir à tous. Si quelques-uns d'entre eux ont les semences de quelque talent particulier, on peut les cultiver et en tirer un parti avantageux. Le dessin est une branche lucrative d'industrie, et sert à plusieurs arts. La musique pourroit avoir une utilité spéciale, en attirant un plus grand concours à la chapelle. Si le chef d'une telle maison joignoit à une idée juste de son intérêt une certaine mesure d'ardeur et d'intelligence, il trouveroit bien son compte à développer leurs différentes capacités, et ne pourroit pas faire son bien particulier, sans faire encore plus le leur. Il n'y a point de maître qui ait un si grand intérêt aux progrès de ses disciples, puisqu'ils sont ses apprentis et ses ouvriers.

Le dimanche nous offre un espace vacant à remplir. La suspension des travaux mécaniques amène naturellement l'enseignement moral et religieux, selon la destination de ce jour; mais comme on ne peut pas employer le jour entier à ces instructions qui deviendroient, par leur longueur, inutiles et monotones, il faut les varier par des leçons différentes, auxquelles on peut donner encore un objet moral et religieux par le choix des ouvrages sur lesquels on les exerce à lire, à copier, à dessiner; et le calcul même peut donner une double instruction, en offrant à résoudre des questions qui développent les produits du commerce, de l'agriculture, de l'industrie et du travail.

On renvoie à l'ouvrage anglois pour la manière de placer les prisonniers sur un amphithéâtre découvert pendant ces exercices, sans abandonner le principe de l'inspection et de la séparation, et sans compromettre la sûreté des maîtres.

Des châtimens.

Il peut y avoir des offenses commises dans la prison même, il doit donc y avoir des châtimens. On peut en augmenter le nombre, sans en augmenter la sévérité; on peut les diversifier avec avantage, selon la nature du délit.

Un mode d'analogie, c'est de diriger la peine contre la faculté dont on a abusé. Un autre mode, c'est de tout arranger de façon que la peine sorte, pour ainsi dire, de la faute elle-même. Ainsi des clameurs outrageuses peuvent être domptées et punies par le bâillon, des coups, des violences, par la veste étroite que l'on met aux fous; le refus du travail, par le refus de la nourriture jusqu'à ce que la tâche soit faite. On sent ici l'avantage de ne pas condamner habituellement les prisonniers à une solitude absolue : c'est un instrument utile de discipline que l'on auroit perdu, et qui est un moyen de contrainte d'autant plus précieux, qu'on ne peut pas en abuser, et qu'il n'est pas contraire à la santé comme les châtimens corporels. Mais on ne doit donner au gouverneur que le pouvoir de condamner les prisonniers à la solitude : les autres châtimens ne doivent être administrés qu'en présence et sous l'autorité de quelques magistrats.

C'est ainsi que la loi de la responsabilité mutuelle

peut se montrer dans tout son avantage. Renfermée dans les bornes de chaque cellule, elle ne peut jamais dépasser les limites de la plus étroite justice: *Dénoncez le mal, ou souffrez comme complice.* Quel artifice peut éluder une loi si inexorable? Quelle conspiration peut tenir contre elle? Le reproche qui, dans toutes les prisons, s'attache avec tant de virulence au caractère de *dénonciateur,* ne trouveroit point ici de base où il pût se prendre. Nul n'a droit de se plaindre de ce qu'un autre fait pour sa propre conservation. *Vous me reprochez ma méchanceté,* répondroit l'accusateur, *mais que dois-je penser de la vôtre, vous qui savez bien que je serai puni pour votre fait, et qui voulez me faire souffrir pour votre plaisir?* Ainsi dans ce plan, autant de camarades, autant d'inspecteurs; les personnes mêmes qu'il faut garder se gardent mutuellement, et contribuent à la sécurité générale. Observez encore ici un autre avantage des divisions par petites compagnies; car, dans toutes les prisons, la société des prisonniers est une source continuelle de fautes: dans les cellules des panoptiques, la société est une caution de plus de leur bonne conduite.

Couverte de la rouille de l'antiquité, la loi de la responsabilité mutuelle a captivé, depuis des siècles, l'admiration des Anglois. Les familles étant réparties par dixaines, chacune répondoit pour toutes les autres. Quel est pourtant le résultat de cette loi célèbre? Neuf innocens punis pour un coupable. Pour imprimer à cette responsabilité l'équité qui la caractérise dans le panoptique, que faudroit-il ? Donner de la transparence aux murs et aux forêts, et condenser toute une ville dans un espace de deux toises.

Provision pour les prisonniers libérés.

On a tout lieu de penser qu'après un cours de quelques années, peut-être même de quelques mois seulement, d'une éducation si stricte, les prisonniers accoutumés au travail, instruits dans la morale et la religion, ayant perdu leurs habitudes vicieuses par l'impuissance de s'y livrer, seront devenus des hommes nouveaux. Il y auroit cependant une grande imprudence à les jeter dans le monde sans gardiens et sans secours, à l'époque de leur émancipation, où l'on peut les comparer à des enfans long-temps gênés, qui viennent d'échapper à la surveillance de leurs maîtres.

On ne doit mettre un prisonnier en liberté, que lorsqu'il peut remplir l'une ou l'autre de ces conditions : d'abord, si les préjugés ne s'y opposent pas, il peut entrer dans le service de terre, ou dans le service de mer ; il est tellement accoutumé à l'obéissance, qu'il deviendroit sans peine un très-bon soldat. Si l'on craint que de telles recrues ne fussent une tache pour le service, on ne fait guère attention à l'espèce d'hommes dont les recruteurs remplissent les armées.

Dans le cas où une nation forme des colonies, les prisonniers seroient préparés, par leur genre d'éducation, à devenir des sujets plus utiles pour ces sociétés naissantes, que les malfaiteurs qu'on y envoie. Mais on ne forceroit pas le prisonnier qui auroit achevé son temps de captivité à s'expatrier; on lui en donneroit seulement le choix et les moyens.

Un autre mode pour eux de rentrer dans leur liberté, ce seroit de trouver un homme responsable, qui voulût devenir leur caution pour une certaine somme, en renouvelant cette caution toutes les années, et en s'engageant, s'il ne la renouveloit pas, à représenter la personne elle-même.

Ceux des prisonniers qui auroient des parens, des amis; ceux qui se seroient fait une réputation de sagesse, d'industrie et d'honnêteté dans leurs années d'épreuve, n'auroient point de peine à trouver une caution : car, quoiqu'on ne prenne pas pour le service domestique des personnes d'un caractère entaché, cependant il est mille travaux pour lesquels on n'a pas les mêmes scrupules, et l'on pourroit encourager les cautionnemens de plusieurs manières.

La plus simple de toutes seroit de donner à la personne qui se rendroit caution le pouvoir de faire un contrat à long terme avec le prisonnier libre, semblable à celui d'un maître avec un apprenti, en sorte qu'il auroit le pouvoir de le reprendre s'il venoit à s'échapper, et d'obtenir des dédommagemens contre ceux qui auroient voulu le séduire et l'engager à leur service.

Cette condition, qui paroît dure au premier coup d'œil pour le prisonnier libéré, est dans le fait un avantage pour lui, car elle lui assure le choix entre un plus grand nombre de compétiteurs qui recherchemont le privilége d'avoir des ouvriers dont ils peuvent être sûrs.

On n'entre point dans l'examen des précautions nécessaires pour s'assurer de la validité des cautionnemens. La meilleure seroit de rendre le gouverneur de la prison responsable pour la moitié de la caution, dans le cas où elle auroit manqué, parce qu'alors il seroit intéressé à bien connoître ceux avec lesquels il passeroit ces transactions juridiques.

Mais examinons à présent le cas qui doit souvent arriver, où un prisonnier n'auroit ni amis ni parens, ne trouveroit point de caution, ne seroit reçu ni à s'enrôler ni à passer dans une colonie. Faut-il l'abandonner au hasard et le relancer dans la société? Non, sans doute; ce seroit l'exposer au malheur ou au crime. Faut-il le retenir dans les mêmes liens d'une discipline sévère? Non; ce seroit prolonger son châtiment au delà du terme fixé par la loi.

On doit avoir un établissement subsidiaire, fondé sur le même principe : un panoptique dans lequel on laissera régner plus de liberté, où il n'y aura plus de marque humiliante, où on admettra le mariage, où les habitans traiteront pour leurs travaux à peu près sur le même pied que les ouvriers ordinaires; où l'on peut, en un mot, répandre autant de bien-être et de liberté que cela peut être compatible avec les principes de la sûreté, de la bienséance et de la sobriété. Ce sera un couvent soumis à des règles fixes, avec cette différence qu'il n'y aura point de vœu; les personnes recluses pourront sortir dès qu'elles trouveront une caution, ou rempliront les conditions de l'élargissement.

On fera une objection : « Le panoptique subsi-
» diaire est un réceptacle pour des manufacturiers
» qui travaillent en certain nombre sous un toit
» commun ; et l'expérience a prouvé que de tels
» réceptacles étoient une pépinière de vices. Les
» seules manufactures qui ne ruinent pas les mœurs
» sont celles où les ouvriers sont épars, celles qui,
» comme l'agriculture, couvrent toute la surface
» d'un pays, ou celles qui se renferment dans l'in-
» térieur des familles où chaque homme peut tra-
» vailler au milieu des siens, dans le sein de l'innocence
» et de la retraite. »

Cette observation est fondée, mais elle ne va point contre ce plan ; il y a une grande différence entre une manufacture ordinaire et celle qu'on établiroit dans un panoptique. Dans quelle maison publique ou privée peut-on trouver une pareille sécurité pour la chasteté du célibat, pour la fidélité du mariage, et pour la suppression de l'ivrognerie, habitude meurtrière qui cause tant de misère et de désordres?

Ces précautions pour les prisonniers, à l'époque de leur élargissement, sont ce qu'elles doivent être pour leur ôter la tentation et la facilité de retomber dans le crime. On a beaucoup admiré l'idée de donner à ceux qui sont élargis une provision en argent, afin qu'un besoin immédiat ne les jetât pas dans le désespoir; mais une telle ressource n'est que momentanée. Elle peut même devenir un piége pour des hommes qui ont si peu de mesure et de prévoyance; et après une jouissance passagère, d'autant plus irrésistible que les privations ont été plus longues, l'argent est perdu, la pauvreté reste, et les séductions les environnent.

Cet exposé, qui ne renferme que les principales idées de l'auteur, suffit pour apprécier ce qui est annoncé au commencement de ce mémoire.

Au moyen de deux principes, l'*inspection centrale* et l'*administration par contrat*, on obtient pour résultat une réforme vraiment essentielle dans les prisons ; on s'assure de la bonne conduite actuelle et de la réformation future des prisonniers. On augmente la sécurité publique, en faisant une économie pour l'état. On crée un nouvel instrument de gouvernement par lequel un homme seul se trouve revêtu d'un pouvoir très-grand pour faire le bien, et nul pour faire le mal.

Le principe panoptique peut s'adapter avec succès à tous les établissemens où l'on doit réunir l'inspection et l'économie ; il n'est pas nécessairement lié avec des idées de rigueur : on peut supprimer les grilles de fer ; on peut permettre des communications ; on peut rendre l'inspection commode et non gênante. Une maison d'industrie, une manufacture bâtie sur ce plan, donne à un seul homme la facilité de diriger les travaux d'un grand nombre ; et les divers appartemens pouvant être ouverts ou fermés, permettent différentes applications du principe. Un hôpital panoptique ne pourroit admettre aucun abus de négligence ni dans la propreté, ni dans le renouvellement de l'air, ni dans l'administration des remèdes. Une plus grande division d'appartemens serviroit à mieux séparer les maladies. Les tubes de fer-blanc donneroient aux malades une communication continuelle avec leurs gardiens. Un vitrage en dedans, au lieu de grilles, laisseroit à leur choix le degré de température. Un rideau pourroit les soustraire à tous les regards. Enfin, ce principe peut s'appliquer heureusement à des écoles, à des casernes, à tous les emplois où un homme seul est chargé du soin de plusieurs. Au moyen d'un panoptique, la prudence intéressée d'un seul individu est un meilleur gage de succès que ne le seroit, dans tout autre système, la probité d'un grand nombre.

RÉSUMÉ.

Principes caractéristiques du Panoptique.

1. Présence universelle et constante du gouverneur de l'établissement.

2. Effet immédiat de ce principe sur tous les membres de l'établissement; conviction qu'ils vivent et qu'ils agissent incessamment sous l'inspection parfaite d'un homme intéressé à toute leur conduite.

3. Gouverneur muni d'un pouvoir jusqu'à présent inconnu par l'effet de ce principe panoptique, et rendu, par la constitution même de l'établissement, intéressé au plus haut degré imaginable à la santé, à l'iudustrie, à la bonne conduite et à la réformation de ceux qui lui sont soumis.

4. Facilité donnée au législateur, à la nation en général, et à chaque individu en particulier, de s'assurer à chaque instant de la perfection du plan et de son exécution.

Sûre Garde.

1. Bâtiment circulaire ou polygone.

2. Cellules à la circonférence pour les prisonniers.

3. Loge d'inspecteur au centre, où chaque visiteur peut être admis sans aucun dérangement.

4. Galeries immédiatement autour de la loge de l'inspecteur, pour les sous-inspecteurs et les domestiques.

5. Cloisons extérieures des cellules formées par la muraille du bâtiment. Cloisons intérieures par un grillage de fer, pour que rien n'échappe à l'inspection. Divisions entre les cellules par un mur de brique qui intercepte la communication entre elles.

6. Jalousies aux fenêtres de la loge et des galeries, afin que les prisonniers, ne pouvant voir ce qui se passe dans l'intérieur, n'aient aucun moyen de s'assurer qu'on ne les regarde pas.

7. Patrouilles et réverbères dirigés vers les cellules, pour donner à la nuit la sécurité du jour.

8. Espace vide entre les cellules et la loge d'inspection, du haut en bas, recouvert en haut d'un vitrage, et creusé en bas de manière à prévenir toute communication.

9. Passages et escaliers en petit nombre, étroits et consistant de grillages de fer, pour prévenir les réunions et ne pas nuire à l'inspection.

10. Nul accès vers les prisonniers que par la loge de l'inspecteur.

11. Fossé circulaire à l'extérieur du bâtiment, pour rendre la fuite encore plus impraticable.

12. Espace vide au-delà du fossé pour divers usages, entouré d'un mur quadrangulaire.

13. Palissade au-delà du mur, que personne ne peut franchir sans se rendre coupable.

14. Deux corps-de-garde, à deux angles opposés, entre le mur et la palissade.

15. Une seule avenue formée par deux murs qui viennent en angle droit du grand chemin, aboutir au front du bâtiment, en sorte que personne ne puisse approcher sans être observé.

16. Portes grillées de fer à l'entrée de l'avenue, au travers desquelles on peut faire feu sur des agresseurs mal intentionnés.

17. En face de cette porte, dans la direction du grand chemin, un mur assez long pour protéger les passans paisibles dans un moment de tumulte.

Santé et propreté.

1. Moyens de ventilation perfectionnés, 1° par l'espace circulaire intérieur qui s'ouvre par le haut; 2° par la structure des cellules, ayant des fenêtres sur le dehors et un grillage de fer dans l'intérieur; 3° par des poêles pour l'hiver, construits de manière à renouveler l'air continuellement.

2. Tuyaux pratiqués dans chaque muraille entre deux cellules, sur le principe anglois, pour éviter toutes les odeurs et toutes les malpropretés.

3. Réservoir d'eau autour du sommet du bâtiment, et tubes qui la conduisent dans chaque cellule.

4. Plancher de pierre ou de stuc, de manière qu'il n'y ait point d'interstices pour receler des matières putrides ou des malpropretés.

5. Chambre séparée où tous les prisonniers sont visités avant leur réception.

6. Alternative de travaux sédentaires et actifs : ceux-ci en plein air.

7. Liqueurs fermentées absolument défendues; tabac interdit sous toutes les formes.

8. Cheveux coupés courts, bains fréquens; habits sans teinture et fréquemment lavés.

9. Santé et propreté assurées par le séjour du chirurgien, du gouverneur et des employés respirant le même air que les prisonniers, par l'admission continue des visiteurs et par le concours public à la chapelle.

10. Attention du gouverneur, intéressé à la conservation des prisonniers par la constitution de l'établissement, qui l'oblige à payer pour leur mort.

Économie.

1. Cellules remplissant chacune les diverses fonctions de dortoir, réfectoire, atelier, et occasionnellement de cachot, d'infirmerie, de chapelle, et de divisions pour séparer les deux sexes; établissemens nécessaires pour parvenir à un bon ordre dans tout autre bâtiment que le panoptique.

2. La grande épaisseur des murailles et autres

dépenses de fer, mesures nécessaires jusqu'à présent dans les prisons, rendues inutiles par l'impossibilité de tenter une brèche sans être vu.

3. Administration déléguée au gouverneur, avec une modique somme pour l'entretien de chaque prisonnier, vu que leur travail lui appartient en propre: comptes rendus publics, pour servir à régler le prix des entreprises subséquentes, sans gêner le premier entrepreneur dans ses différentes tentatives pour augmenter son profit.

4. Nombre des officiers et sous-inspecteurs réduit à un point étonnant par la perfection du principe panoptique, et aidé par différentes inventions de détail, comme, 1° des tubes ou porte-voix de fer-blanc, traversant de la loge de l'inspecteur dans chaque cellule; 2° les tubes qui conduisent l'eau partout; 3° les portes des cellules que l'inspecteur ouvre sans sortir de la loge d'inspection, etc.

5. Industrie augmentée par le mélange des travaux sédentaires et laborieux, et par les précautions prises contre les excès de la température, de sorte que toute la journée est occupée, excepté les heures du sommeil et du repos.

6. Nourriture, quoique illimitée pour la quantité, toujours la plus économique et sans variété.

Réformation.

1. Les délits communs dans toutes les prisons, prévenus par le principe panoptique.

2. Soins religieux rendus constans par le séjour d'un ecclésiastique, aux yeux duquel ils sont toujours soumis.

3. Longue habitude d'obéissance, de tempérance, de tranquillité, de propreté et d'industrie, contractée sous le régime du principe panoptique.

4. Responsabilité mutuelle entre les habitans d'une même cellule.

5. Bons effets de l'amitié qui doit résulter de cette association prolongée.

6. Influence de la propreté habituelle sur le moral.

7. Le dimanche consacré à toute espèce d'instruction qui n'est pas contraire aux usages religieux.

Précautions touchant l'élargissement des prisonniers.

1. Permission d'entrer au service militaire, où la discipline suffit pour assurer leur bonne conduite.

2. Permission de s'engager au service d'un particulier qui donnera caution de la bonne conduite du prisonnier ou de son renvoi.

3. Encouragemens donnés aux maîtres, pour les prendre à leur service, tels que le droit de traiter avec eux comme avec des apprentis.

4. Responsabilité du gouverneur pour la moitié de la caution, dans le cas où elle manqueroit.

5. Permission donnée au gouverneur d'établir lui-même un panoptique subsidiaire, pour prendre les prisonniers aux mêmes termes que d'autres maîtres.

6. Prolongation du séjour dans la même maison, faute d'autres établissemens de charité pour ceux qui, par manque d'industrie ou de force, ne trouvent personne pour les prendre.

Restrictions contre l'intérêt personnel du gouverneur.

1. Obligation du gouverneur de publier tous les détails de son administration.

2. Obligation de recevoir tous les visiteurs, un certain nombre à la fois.

3. Obligation de donner, à des heures marquées, une quantité de nourriture, selon le gré du prisonnier.

4. Interdiction de tout châtiment, hormis la solitude, sans avoir au préalable l'avis de personnes désignées par la législature, pour les cas extraordinaires.

5. Toute autre restriction seroit souvent nuisible et sûrement superflue, par l'intérêt du gouverneur à la conservation de ses prisonniers, à cause de la somme qu'il doit payer à chaque mort.

Autres usages du principe panoptique.

1. Application de ce principe général, dans tous les cas où un grand nombre doit être constamment

sous l'inspection d'un petit, soit pour le simple renfermement des personnes accusées, soit pour la punition des coupables, soit pour réformer les méchans, soit pour forcer le travail des paresseux, soit pour faciliter le traitement des malades, soit pour rendre l'enseignement facile ou porter le pouvoir de l'éducation à un point jusqu'à présent inconcevable.

2. Établissemens auxquels il est conséquemment applicable :

1°. Maisons de sûreté,
2°. Prisons,
3°. Maisons de correction,
4°. Maisons de travail,
5°. Hôpitaux,
6°. Manufactures,
7°. Écoles.

3. Suffisance d'un seul homme de confiance, pour des établissemens, de quelque grandeur qu'ils soient.

PROMULGATION

DES LOIS.

PROMULGATION

DES RAISONS DES LOIS.

PROMULGATION DES LOIS.

PROMULGATION DES RAISONS DES LOIS.

I. *Promulgation des lois.*

Nous commençons par l'objet matériel, par la promulgation des lois mêmes : nous supposons le code général achevé, le sceau du souverain apposé aux lois. Que reste-t-il à faire?

Pour se conformer à une loi, il faut qu'elle soit connue; pour la faire connoître, il faut la promulguer. Or, promulguer une loi, ce n'est pas la publier dans une ville au son de la trompette, ce n'est pas la lire au peuple assemblé, ce n'est pas même encore en ordonner l'impression : tous ces moyens peuvent être bons, mais on peut les employer sans accomplir l'objet essentiel : ils peuvent avoir plus d'apparence que de réalité. Promulguer une loi, c'est la présenter à l'esprit de ceux qu'elle doit gouverner, c'est faire en sorte qu'elle soit habituellement dans leur mémoire, et leur donner au moins toutes les facilités de la consulter, s'ils ont quelques doutes sur ce qu'elle prescrit.

Il y a plusieurs moyens de parvenir à ce but : on ne doit en négliger aucun, et il n'est que trop fréquent de les négliger tous. L'oubli des législateurs à cet égard a été au delà de tout ce qu'on auroit pu imaginer, Je parle surtout des législateurs modernes. Nous trouverons dans l'antiquité des modèles à suivre; et il est bien étonnant que l'exemple qui devoit avoir le plus d'autorité pour les peuples chrétiens n'ait eu à cet égard aucune influence. On a emprunté de Moïse des lois qui ne pouvoient avoir qu'une utilité relative et locale : on n'en a pas imité ce qui portoit le plus beau caractère de sagesse, ce qui convenoit à tous les temps et à tous les lieux.

Bacon, qui a daigné employer son esprit à déduire des vérités morales des fables de la mythologie, auroit pu trouver un apologue dans cet oiseau, que les anciens naturalistes ont regardé comme le plus stupide et le plus insensible des êtres vivans, parce qu'il abandonne ses œufs sur le sable et laisse au hasard le soin de les faire éclore. Ce qu'on a voulu représenter par là, auroit-il pu dire, c'est un législateur qui, après avoir fait des lois, les abandonne aux chances fortuites, et pense que sa tâche est finie au moment où le plus important de ses devoirs commence.

Il est vrai que pour promulguer des lois, il faut qu'elles existent. Tout ce qu'on appelle le *droit non écrit*, est une loi qui gouverne sans exister, une loi conjecturale, sur laquelle les savans peuvent exercer leur sagacité, mais que le simple citoyen ne sauroit connoître. Les règles de la jurisprudence reçoivent-elles de la part de l'autorité légitime une promulgation authentique, elles deviennent des lois écrites, c'est-à-dire de véritables lois : elles ne dépendent plus d'une coutume qui se contredit, d'une interprétation qui varie, d'une érudition susceptible de toutes sortes d'erreurs : elles sont ce qu'elles doivent être, l'expression d'une volonté positive, connue d'avance de celui qui doit en faire la règle de sa conduite. Promulguer les lois angloises, telles qu'elles sont à présent, soit les décisions antérieures des juges, soit même les statuts du parlement, ce seroit ne rien faire pour le public. Que sont des recueils qu'on ne peut entendre? Qu'est-ce qu'une encyclopédie pour ceux qui n'ont que des momens fugitifs de loisir ? un point n'a pas de parties, disent les mathématiciens, un chaos n'en a pas non plus.

Je conviens encore qu'il est des lois qu'il seroit dangereux de faire connoître : par exemple, si vous laissez dans votre code de mauvaises lois coercitives, des lois persécutrices, il est bon qu'elles ne soient pas connues des délateurs.

Si vous avez des lois de procédure favorables à l'impunité du crime, qui donnent les moyens d'éluder la justice, de frauder les impôts, de tromper des créanciers, il vaut mieux sans doute que de telles lois soient ignorées. Mais quel système de législation que celui qui gagne à être inconnu!

Il est des lois qui semblent avoir une notoriété naturelle : telles sont celles qui concernent les délits contre les individus, le larcin, les injures personnelles, la fraude, le meurtre, etc., etc.; mais cette notoriété ne s'étend pas à la *peine*, qui est pourtant le motif sur lequel le législateur a compté pour faire respecter sa loi. Elle ne s'étend pas à des circonstances dont on a pu faire un délit accessoire, comme servant d'acheminement au délit principal : j'ai dû présumer, par exemple, qu'il m'étoit défendu de me servir d'une certaine arme pour blesser qui que ce soit : mais ai-je dû présumer que le législateur a fait un délit présomptif du port même de cette arme?

La dissémination des lois doit se mesurer sur l'étendue des personnes qu'elles embrassent. Le code universel doit être promulgué pour tous. Les codes particuliers doivent être mis à la portée des classes particulières qu'ils intéressent. Voilà ce qui fait l'importance de cette distinction entre le code général et les codes particuliers. Le corps de droit, dans l'arrangement que j'ai proposé, se trouve composé de pièces qui se montent et se démontent, et dont on peut mettre ensemble un nombre plus ou moins grand, selon les facultés et les besoins des individus. Le livre des postes est d'un grand service aux voyageurs; mais n'importe-t-il qu'à eux de connoître les règlemens particuliers qu'ils ont à réclamer ou à suivre?

Le code universel, voilà de tous les livres le plus important et presque le seul qui soit nécessaire à tous. S'il ne l'étoit pas comme livre de droit, il le seroit encore comme livre de morale.

Les enseignemens religieux recommandent aux hommes d'être justes : le livre de la loi leur explique en quoi consiste la justice, et leur fait l'énumération de tous les actes qui lui sont contraires.

Probité, prudence, bienfaisance : voilà le sujet de la morale. La loi doit embrasser tout ce qui se rapporte à la probité, tout ce qui enseigne aux hommes à vivre sans se nuire entre eux. Il reste donc à la morale, proprement dite, la prudence et la bienfaisance; mais garantissez la probité, la prudence, n'ayant plus les mêmes piéges à redouter, marche dans un sentier plus facile. Empêchez les hommes de se nuire, la bienfaisance réparatrice des torts et des injustices, aura bien moins de malheurs à soulager.

Manière de promulguer le code universel. — Écoles.

On en doit faire le premier livre classique, un des premiers objets de l'enseignement dans toutes les écoles. Telles étoient les bases de l'éducation parmi les Hébreux; l'enfant Joas répond à Athalie que dans le temple il n'est occupé qu'à étudier la loi de Dieu :

Dans son livre divin on m'apprend à la lire,
Et déjà de ma main je commence à l'écrire.

Dans les cas où l'on exige une certaine éducation comme une condition nécessaire à la jouissance de quelque emploi, l'aspirant peut être tenu de produire un exemplaire du code, ou écrit de sa main, ou traduit dans quelque langue étrangère. La partie la plus importante doit être apprise par cœur comme un catéchisme : celle, par exemple, qui contient les définitions des délits et les raisons qui les ont fait ranger dans cette classe.

Je voudrois qu'à seize ans, sans retarder le progrès des autres études, les élèves des écoles publiques fussent plus versés dans la connoissance des lois de leur pays, que ne le sont aujourd'hui des jurisconsultes blanchis dans les combats du barreau. Cette différence tiendroit à la nature des lois mêmes.

Les élèves traduiroient ce code national dans les langues mortes ; ils le traduiroient dans les langues vivantes ; ils le traduiroient dans la langue des poëtes, langue maternelle des premières lois.

« Apprenez à vos enfans, disoit un ancien philo-
» sophe, ce qu'ils doivent savoir étant hommes, et
» non ce qu'ils doivent oublier. »

Ce philosophe n'auroit pas condamné l'étude nouvelle que je propose.

Églises.

Pourquoi la lecture de la loi ne seroit-elle pas comme chez les juifs une partie du service divin ? Cette association d'idées ne seroit-elle pas salutaire ? N'est-il pas bon de présenter aux hommes l'Être suprême comme le protecteur des lois, de la propriété et de la sûreté? N'ajouteroit-on pas à la dignité de la cérémonie en lisant les lois des pères et des enfans dans le baptême, et les lois des époux dans la liturgie du mariage? La lecture publique dans les églises seroît, pour la classe la plus ignorante, un moyen d'instruction aussi peu coûteux qu'intéressant; le temps du service seroit mieux rempli; et ce code seroit bien volumineux si, divisé en portions, il ne pouvoit pas se lire en entier plusieurs fois l'année.

Lieux divers.

Les lois qui ne concernent que certains lieux, comme les marchés, les spectacles, les endroits publics, doivent être affichées dans les places mêmes où l'on a besoin qu'elles soient présentes à l'esprit des citoyens. Il est peu d'hommes qui osent violer une loi, lorsqu'elle parle pour ainsi dire à tous les yeux, et qu'elle s'adresse à tous comme à autant de témoins qu'elle appelle à déposer contre l'infracteur.

Traductions.

Si la nation qui doit obéir aux mêmes lois, est composée de peuples qui parlent des langues différentes, il faut une traduction authentique du code dans chacune de ces langues. Il convient de plus qu'on le fasse traduire dans les principales langues de l'Europe. Les intérêts des nations sont tellement mêlés, qu'elles ont toutes besoin de connoître leurs lois réciproques. D'ailleurs, c'est mettre un étranger à l'abri des fautes où il auroit pu tomber par l'ignorance de la loi ou des piéges qu'on auroit pu lui tendre, en abusant de cette ignorance. Voyez quelle sûreté en résulte pour le commerce, quelle base de confiance dans les transactions avec les nations étrangères, combien cette manière de procéder annonce de franchise et de candeur!

N'avez-vous rien de contraire aux ordonnances du roi? Question inepte et insidieuse qu'on fait dans plusieurs douanes. Moi étranger, voyageur, puis-je connoître ces ordonnances? Le roi les connoît-il lui-même? Ma réponse sera un piége ou un délit. Présentez-moi vos règlemens dans ma propre langue, et si je vous trompe, punissez ma fraude.

Codes particuliers.

En embrassant un état, tout citoyen sera tenu de se pourvoir du code qui concerne cet état. Le code, selon son étendue, sera imprimé en forme de livre ou de tableau. La place même où il doit être suspendu peut être déterminée; on en fera un objet de police dans les boutiques, dans les spectacles, dans les maisons d'amusement public. Les fripons seroient bien disposés à jeter un voile sur un témoin si incommode, comme quelques dévots en usent, dit-on, à l'égard de leurs saints.

Lois concernant les contrats.

Il y a une espèce de promulgation spécialement adaptée aux conventions entre particuliers, aux dispositions de biens. Pour les objets d'une certaine importance, on pourroit exiger que ces actes fussent écrits sur un papier timbré qui porteroit en marge une notice des lois concernant la transaction dont il s'agit. Ce moyen est emprunté de la jurisprudence angloise : mais les cas où on en fait usage sont bien peu nombreux, en comparaison de ceux où on le néglige, et où il seroit également utile. J'ai recueilli avec empressement ce grain d'une semence nouvelle pour en propager la culture.

II. *Promulgation des Raisons.*

Pour écrire des lois, il suffit de savoir écrire : pour en établir, il suffit d'en posséder le pouvoir. La difficulté, c'est d'en établir de bonnes : or, les bonnes lois sont celles pour lesquelles il y a de bonnes raisons à assigner. Mais autre chose est de donner des lois justifiables par de bonnes raisons, autre chose est d'avoir trouvé ces raisons mêmes et d'être en état de les présenter sous le point de vue le plus avantageux. Un troisième problème plus difficile encore, c'est de donner à toutes les lois pour base commune un principe unique et lumineux, de les mettre en harmonie, de les disposer dans le meilleur ordre, de leur donner la plus grande simplicité et la plus grande clarté dont elles soient susceptibles. Trouver une raison isolée pour une loi, ce n'est rien faire. Il faut avoir une balance comparative du pour et du contre; car on ne peut se livrer avec confiance à une raison, qu'autant qu'on a les moyens de s'assurer qu'il n'en est point de plus forte qui agisse en sens contraire.

Jusqu'à présent les raisons ont été regardées dans les lois comme des hors-d'œuvre (1). Il ne faut pas s'en étonner. Ce qui a dirigé les législateurs sur les points les plus importans, c'est une espèce d'instinct : ils ont senti un mal, ils en ont cherché confusément le remède. On a fait les lois à peu près comme a bâti les premières villes. Chercher un plan dans cet entassement divers d'ordonnances, ce seroit chercher un système d'architecture dans les chaumières d'un village. Que dis-je ? on avoit mis en principe qu'une loi ne devoit porter que le caractère de l'autorité absolue. Le chancelier Bacon, ce grand restaurateur de l'entendement humain, ne veut pas qu'on assigne des raisons aux lois : il n'y voit qu'une source de *disputes*, qu'un moyen de les affoiblir (2). C'étoit d'ailleurs un tribut qu'il payoit aux idées de son siècle, et surtout au prince dont il n'étoit que trop le courtisan. La sagesse des rois ne devoit pas être révoquée en doute. *Sic volo, sic jubeo, stet pro ratione voluntas :* telle étoit leur devise.

Il faut convenir qu'à l'époque où vivoit Bacon, les notions sur les principes des lois étoient trop imparfaites pour servir de base à un système raisonné. Il étoit plus capable que personne de sentir la foiblesse des meilleures raisons qu'on auroit pu donner pour

---

(1) Je parlerai bientôt de quelques exceptions honorables.

(2) *Leges decet esse jubentes, non disputantes.* Bac. de augm. scient. La maxime de Bacon est parfaitement juste, appliquée à la loi même, qui ne doit offrir que l'expression pure et simple de la volonté du législateur. *Voyez* tom. 1, chap. XXXII.

justifier la plus grande partie des lois existantes ; et il ne falloit pas les exposer à une épreuve qu'elles n'auroient pu subir.

Il y auroit plus de codes raisonnés, si ceux qui font les lois se croyoient aussi supérieurs en lumières aux autres hommes, qu'ils le sont en pouvoir. Celui qui se sentiroit la force de fournir cette carrière, ne renonceroit pas à la partie la plus flatteuse de son emploi. S'il n'en avoit pas besoin pour satisfaire le peuple, il le voudroit pour se satisfaire lui-même. Il sentiroit qu'on ne veut prendre le privilége de l'infaillibilité qu'au moment où l'on renonce à celui de la raison. Celui qui a de quoi convaincre les hommes, les traite en hommes : celui qui se borne à commander avoue l'impuissance de convaincre.

La composition d'un code de lois n'est pas un ouvrage de prince. La situation où le souverain se trouve, le genre de vie qu'il a dû mener, les devoirs auxquels il est assujetti, l'excluent absolument des connoissances de détail qu'un tel ouvrage demande. Engagés dans les labyrinthes de la jurisprudence, un César, un Charlemagne, un Frédéric, n'auroient plus été que des hommes ordinaires, inférieurs à ceux qui avoient blanchi dans des études arides et des méditations abstraites. Leur génie auroit pu suggérer de grandes vues, mais l'exécution exige un genre d'expérience qui ne sauroit leur appartenir. Supposez un code parfait : il suffiroit, pour caractériser un grand homme parmi les souverains, d'en reconnoître le mérite et de lui prêter son appui. Ce n'est donc pas du prince qui donne l'authenticité aux lois, que les raisons justificatives seront censées venir. C'est le rédacteur qui doit les présenter, c'est à lui seul à en répondre. Ce n'est pas la loi même, c'est le commentaire de la loi. La loi a le sceau de l'autorité suprême : le commentaire, quoiqu'il accompagne la loi, n'a point d'autorité légale et garde à sa suite un rang subalterne.

D'ailleurs, si le nom du souverain a plus d'influence sur le siècle présent, le nom de l'homme de génie en obtiendra plus sur l'avenir. Le pouvoir charme l'imagination et s'allie naturellement aux idées de prudence et de sagesse; mais la mort dissout cette union, au lieu qu'elle ajoute au respect qu'on porte aux grands talens, parce qu'on ne voit plus les foiblesses de l'individu, et qu'on n'a pas à craindre sa rivalité. Alors les lois profiteront de cette vénération qu'on porte à l'homme de génie quand il n'est plus, et son nom pourra servir à les défendre contre des invasions précipitées.

Je me représente ce jurisconsulte chargé de ce noble travail, présentant les fruits de son expérience et des études de sa vie, et commençant ainsi le compte rendu de son ouvrage : « Sire, les lois que » je vous propose ne sont pas le produit de mes » caprices : elles ne renferment pas une disposition » qui ne m'ait paru fondée sur des principes d'utilité, » pas une qui ne m'ait paru, relativement aux cir- » constances de la nation pour qui j'ai travaillé, » meilleure que toute autre qu'on pourroit lui sub- » stituer. Ces raisons m'ont paru si simples, si » claires, si faciles à déduire d'un seul principe, que

» j'ai pu les exposer toutes dans un espace très-
» limité. Vous y verrez la conformité de chaque loi
» avec le but que la loi se propose. Chaque disposi-
» tion portant avec elle sa raison même, si je ne me
» trompe, j'ai l'assurance de ne pouvoir tromper
» ceux qui me jugent. Je ne m'enveloppe point de
» ténèbres savantes. J'en appelle à l'expérience
» commune. Je refuserois le dangereux honneur de
» la confiance : je ne demande que l'examen.

» Sire, en me soumettant à la nécessité d'exposer
» mes raisons à côté de chaque loi, j'ai voulu vous
» rassurer sur l'emploi de votre puissance. L'arbi-
» traire cesse, la tyrannie ne peut pas adopter cette
» forme, elle y trouveroit sa condamnation. Une
» loi capricieuse, une loi oppressive est une loi qui
» a de fortes raisons contre elle, et qui n'en a point en
» sa faveur. La main du plus vil jurisconsulte trem-
» bleroit s'il étoit forcé de se déshonorer aux yeux
» de l'univers en cherchant une apologie pour une
» loi que l'équité condamne. Il n'a été que trop
» commun de faire de telles lois, mais on les com-
» mande, on ne les raisonne pas. On les fait passer
» sous des prétextes politiques, comme des secrets
» d'état, qu'il n'est pas permis au peuple d'appro-
» fondir. La justice seule ne craint pas la publicité :
» plus elle est appelée à se faire connoître, plus elle
» jouit de sa récompense. »

C'est ainsi que le chancelier de Frédéric auroit pu parler à ce grand homme, s'il avoit eu à lui présenter un code raisonné au lieu d'une compilation justinienne. Frédéric eût été digne de ce langage, et l'on auroit vu cette alliance qui est encore à naître entre la puissance qui sanctionne des lois et la sagesse qui les justifie.

Entrons dans un plus grand détail sur les différentes utilités qui résulteroient d'une application soutenue et constance de cette méthode. Une innovation a toujours besoin d'être justifiée. Une innovation qui s'étend au système entier des lois a besoin de l'être par les raisons les plus fortes.

Je dis d'abord que les lois, si elles étoient constamment accompagnées d'un COMMENTAIRE RAISONNÉ, rempliroient mieux à tous égards le but du législateur : elles seroient plus agréables à *étudier*, plus faciles à *concevoir*, plus aisées à *retenir*, plus propres à se *concilier l'affection* des hommes. Tous ces heureux effets sont intimement liés entre eux. Obtenir l'un, c'est une avance pour obtenir les autres.

Si l'étude des lois est aride, c'est moins par la nature du sujet que par la manière dont il est traité. Ce qui rend les livres de jurisprudence si secs et si ennuyeux, c'est la confusion, l'arbitraire, le défaut de liaison, les nomenclatures barbares, l'apparence de caprice, la difficulté de découvrir des raisons dans ces amas de lois incohérentes et contradictoires. Les compilateurs ont fait de leurs ouvrages un exercice de patience; ils ne s'adressent qu'à la mémoire, ils négligent la raison. Les lois, sous une forme austère, ne s'adressent qu'à l'obéissance qui est triste par elle-même : elles ne savent pas déposer leur sévérité pour parler aux hommes comme un bon père parle à ses enfans.

Accompagnez vos lois des raisons qui les justifient. — C'est un repos ménagé dans une carrière fatigante et aride : ce sera un moyen de plaisir si, à chaque pas qu'on fait, on trouve la solution de quelque énigme, si on entre dans l'intimité du conseil des sages, si on participe aux secrets du législateur, si en étudiant le livre des lois, on y trouve encore un manuel de philosophie et de morale. C'est une source d'intérêt que vous faites jaillir du sein d'une étude dont l'ennui repousse aujourd'hui tous ceux qui n'y sont pas attirés par la nécessité de leur condition. C'est un attrait pour la jeunesse, pour les gens du monde, pour tous ceux qui se piquent de raison et de philosophie, et bientôt il ne sera plus permis d'ignorer ce qu'on aura rendu facile et agréable à apprendre.

Cet exposé des raisons rendra vos lois plus faciles à concevoir. Une disposition dont on ignore le motif ne jette pas des racines profondes dans l'intelligence : on ne comprend bien que les choses dont on comprend le *pourquoi*. Les termes de la loi peuvent être clairs et familiers ; mais ajoutez-y la raison de la loi, la lumière augmente ; il ne peut plus rester de doute sur la véritable intention du législateur. L'intelligence de ceux qui la lisent communique immédiatement avec l'intelligence de ceux qui l'ont faite.

Plus les lois se conçoivent facilement, plus il est aisé de les retenir. Les raisons sont une espèce de *mémoire technique*. Elles servent de lien et de ciment à toutes ces dispositions qui ne seroient sans elles que des fragmens et des ruines dispersées. Les lois seules pourroient se comparer à un dictionnaire de mots. Les lois accompagnées de leurs raisons sont comme une langue dont on possède les principes et les analogies.

Ces raisons mêmes deviennent une espèce de guide pour les cas où la loi seroit ignorée : on peut préjuger ses dispositions, et par la connoissance acquise des principes du législateur, se mettre en sa place, le deviner ou conjecturer ses volontés, comme on présume celles d'une personne raisonnable avec laquelle on a vécu et dont on connoît les maximes.

Mais le plus grand avantage qui en résulte est celui de concilier les esprits, de satisfaire le jugement public, et de faire obéir aux lois, non par un principe passif, non par une crainte aveugle, mais par le concours des volontés mêmes.

Dans les cas où on craint le peuple, on lui donne des raisons; mais ce moyen extraordinaire réussit rarement, parce qu'il est extraordinaire. Le peuple soupçonne alors quelque intérêt de le tromper; il est sur ses gardes, il se livre plus à ses défiances qu'à son jugement.

Faute de raisons, toutes les lois se trouvent condamnées et défendues avec un aveuglement égal. A entendre les novateurs, la loi la plus salutaire sera l'œuvre de la tyrannie. A entendre la foule des jurisconsultes, la loi la plus absurde, surtout si son origine est inconnue, passera pour la sagesse même.

Exposer les raisons des lois, c'est désarmer les frondeurs et les fanatiques, parce que c'est donner à toutes les discussions sur les lois un objet clair et déterminé. Voilà la loi, voilà la raison assignée à la loi. Cette raison est-elle bonne? est-elle mauvaise? La question est réduite à ce terme simple : or ceux qui ont suivi le progrès des querelles politiques savent que l'objet des chefs est surtout d'éviter ce fatal écueil, cet examen de l'utilité. Les personnalités, les antiquités, le droit naturel, le droit des gens, et mille autres moyens, ne sont que des ressources inventées contre cette manière d'abréger et de résoudre les controverses.

La loi, fondée sur des raisons, s'infuseroit pour ainsi dire dans l'esprit public, elle deviendroit la logique du peuple; elle étendroit son influence jusque sur cette partie de la conduite qui n'est que du ressort de la morale; le code de l'opinion se formeroit par analogie sur le code des lois, et dans cet accord de l'homme et du citoyen, l'obéissance à la loi se distingueroit à peine du sentiment de la liberté.

Le commentaire raisonné sera d'une utilité sensible dans l'application des lois. C'est une boussole pour les juges et pour tous les employés du gouvernement. La raison énoncée ramène sans cesse au but du législateur ceux qui auroient pu s'en écarter. Une interprétation fausse ne pourroit pas cadrer avec cette raison. Les erreurs de bonne foi deviennent comme impossibles; les prévarications ne pourroient plus se cacher. La route de la loi est éclairée dans toute son étendue, et les citoyens sont les juges des juges.

Sous un point de vue plus général encore, l'adoption de cet usage est recommandable par son influence sur le perfectionnement des lois. Le besoin de fournir à chaque loi une raison proportionnée, sera d'une part un préservatif contre une routine aveugle, et de l'autre un frein contre l'arbitraire. Si vous êtes toujours obligé d'énoncer un motif, il faudra penser au lieu de transcrire, se faire des idées distinctes, ne rien admettre sans preuve. Il n'y aura plus moyen de conserver dans les codes des distinctions fantastiques, des dispositions inutiles, des gênes surérogatoires; les inconséquences deviendroient trop saillantes; les disparates du bon et du mauvais blesseroient tous les yeux. Les parties les plus défectueuses tendroient sans cesse, par cette comparaison, à se corriger sur le modèle des plus parfaites. Celles qui auroient atteint leur plus haut degré de perfection ne pourroient plus le perdre. Une bonne raison est une sauvegarde qui les défend contre les changemens précipités et capricieux. Un cortége aussi respectable en impose au novateur le plus téméraire. La force de la raison devient la force de la loi. C'est comme une ancre qui empêche le vaisseau de flotter au gré des vents, ou de dériver insensiblement par la force d'un courant invisible.

On dira peut-être que les lois, et surtout les lois essentielles, portent sur des vérités si palpables, qu'il n'est pas besoin de les prouver. Le but du raisonnement est la conviction : or si la conviction existe déjà tout entière, à quoi bon employer le raisonnement pour la produire ?

Il est des vérités qu'il faut prouver, non pour elles-mêmes, puisqu'elles sont reconnues, mais pour conduire à d'autres vérités qui en dépendent. Il faut démontrer les vérités palpables pour faire adopter celles qui ne le sont pas. C'est par elles qu'on parvient à faire recevoir le vrai principe, qui, une fois reçu, prépare les voies à toutes les autres vérités. L'assassinat est une mauvaise action, tout le monde en convient : la peine en doit être sévère, tout le monde en convient encore. Si donc il est besoin d'analyser les funestes effets de l'assassinat, ce sera comme un degré nécessaire pour amener les hommes à trouver bon que la loi distingue entre différens assassinats ; qu'elle en punisse les différentes espèces selon la malignité relative, qu'elle ne punisse pas ou qu'elle punisse d'une peine moindre des actes qui ont les caractères extérieurs de l'assassinat, mais qui n'en ont pas les fruits amers ; par exemple, le suicide, le duel, l'infanticide, le meurtre après une provocation violente.

De même, s'il faut exposer le mal résultant du vol, ce n'est pas pour amener les hommes à convenir que le vol est mauvais, c'est pour les amener à convenir d'une foule d'autres vérités, qui, faute de cette première démonstration, sont jusqu'à présent restées couvertes d'un nuage. C'est en particulier pour ramener à ce genre de délit des actes qui n'ont point reçu ce caractère : c'est pour en détacher d'autres actes qu'on rapporte à ce délit sans raison suffisante. C'est, en un mot, pour rassembler sous ce chef toutes ces espèces, et pour établir des différences correspondantes dans les peines.

Pourquoi les lois de chaque état sont-elles ignorées

dans tout autre ? C'est qu'elles ont été jetées au hasard sans liaison et sans symétrie ; c'est qu'il n'y a point entre elles de mesure commune. Il y a sans doute des cas où la diversité des circonstances locales demande une diversité de législation. Mais ces cas pourroient n'être que des exceptions assez peu nombreuses, et beaucoup moins nombreuses qu'on ne paroît communément le croire. Il faut bien distinguer, à cet égard, ce qui est d'une nécessité absolue et ce qui est d'une nécessité temporaire. Les différences d'une nécessité absolue sont fondées sur des circonstances qui ne peuvent pas changer. Les différences d'une nécessité temporaire sont fondées sur des circonstances accidentelles qui peuvent changer.

S'il est un moyen de rapprocher les nations, c'est sans doute celui que je propose, celui de fonder un système de lois sur des raisons clairement énoncées. La communication libre des lumières propageroit en tout sens ce système dès l'instant de sa création. Une législation raisonnée se prépareroit de loin une domination universelle.

Depuis que les philosophes ont commencé à comparer les lois des différens peuples, lorsqu'ils peuvent leur deviner quelque raison, ou saisir entre elles quelque rapport de ressemblance ou de contraste, c'est une espèce de découverte. Si les législateurs avoient été guidés par le principe de l'utilité, ces recherches seroient sans objet : les lois, dérivées d'un même principe et tendant vers un même but, ne se prêteroient pas à ces systèmes, plus ingénieux que solides, dans lesquels on veut trouver une raison à tout, et dans lesquels on imagine que trouver une raison à une loi, c'est la justifier.

Montesquieu a souvent égaré ses lecteurs ; il emploie tout son esprit, c'est-à-dire, l'esprit le plus brillant, à découvrir dans le chaos des lois les raisons qui peuvent avoir conduit les législateurs ; il veut leur prêter une intention de sagesse dans les institutions les plus contradictoires et les plus bizarres; et quand on lui accorderoit qu'il a eu la révélation de leurs vrais motifs, que faudroit-il en conclure? Ils ont agi par une raison, mais cette raison étoit-elle bonne? Si elle étoit bonne à quelques égards, étoit-elle la meilleure? S'ils avoient fait une loi directement opposée, n'auroient-ils pas fait mieux encore? Voilà l'examen qui reste toujours à faire; voilà l'examen où il ne descend presque jamais.

La science des lois, quoique si peu avancée, est bien plus simple qu'on ne seroit porté à le croire après la lecture de Montesquieu. Le principe de l'utilité ramène toutes les raisons à un seul centre. Les raisons qui s'appliquent au détail des dispositions ne sont que des vues d'utilité subordonnée.

Dans la loi civile, les raisons seront tirées de quatre sources, c'est-à-dire, des quatre objets sur lesquels le législateur doit régler sa conduite dans la distribution des lois privées : *subsistance, abondance, égalité, sûreté.*

Dans la loi pénale, les raisons seront déduites de la nature du mal des délits et de celle des remèdes dont ils sont susceptibles : ces remèdes sont de quatre classes : remèdes *préventifs*, remèdes *suppressi s*, remèdes *satisfactoires*, remèdes *pénaux*.

Dans la procédure, les raisons prendront également leur source dans les divers buts qu'on doit se proposer : *droiture dans les jugemens*, *célérité*, *économie*.

Dans la finance, on tirera ses raisons des deux objets principaux : *épargne* dans la dépense pour éviter le mal de la contrainte, — *choix* de l'impôt pour éviter les inconvéniens accessoires.

Chaque branche de loi a ses raisons à part, déterminées par son but particulier, mais toujours subordonnées au but général de l'utilité.

Il y a des parties de la loi où l'usage d'assigner des raisons a été suivi jusqu'à un certain point, en matière de *police*, de *finance* et *d'économie politique*. Leur objet est plus moderne, il a fallu tout faire à cet égard, parce qu'on n'avoit rien trouvé dans les anciennes lois; et ce qu'on a fait étoit le plus souvent, non-seulement une innovation, mais encore une dérogation positive à d'anciens usages, à des préjugés : il a donc fallu les combattre ; il a fallu que l'autorité se justifiât elle-même. Telle a été la cause de ces préambules, qui ont fait tant d'honneur à M. Turgot et à M. Necker.

Mais il y a des branches de législation bien plus importantes, dans lesquelles il n'e t pas d'usage d'assigner des raisons ; le code civil, le code pénal, la procédure civile, la procédure pénale. Si on ne l'a pas fait, ce n'est point qu'on n'ait pas osé, c'est parce qu'on n'a pas su le faire. Les juristes avoient entre eux une langue particulière, des raisons techniques, des fictions convenues, une logique qui avoit cours au barreau; mais un sentiment confus les avertissoit que le public auroit bien pu ne pas avoir la même complaisance et ne pas se payer du même jargon.

Si les chanceliers des rois avoient été des Turgot et des Necker, ils auroient, comme eux, senti plus d'orgueil à donner des raisons qu'à faire des édits; mais pour faire une loi, il ne faut que posséder une certaine place: pour faire une loi raisonnable et raisonnée, il faut être digne de cette place.

Mais une raison isolée est bien peu de chose. Les raisons des lois, si elles sont bonnes, sont tellement liées, qu'à moins de les avoir préparées pour le tout ensemble, on ne sauroit en donner, avec certitude, pour aucune partie. Ainsi pour présenter de la manière la plus avantageuse la raison d'une seule loi, il falloit avoir formé le plan d'un système raisonné de toutes les lois. Pour assigner une véritable raison à une seule loi, il falloit avoir auparavant jeté les bases d'un système raisonnable de morale. Il falloit avoir analysé le principe de l'utilité, et l'avoir séparé des deux faux principes.

Donner la raison d'une loi, c'est faire voir comment elle est conforme au but de l'utilité.

D'après ce principe, la répugnance que nous inspire telle ou telle action ne suffit pas pour autoriser à la prohiber. Une telle prohibition ne seroit fondée que sur le principe d'antipathie.

La satisfaction que nous fait éprouver telle ou telle action ne suffit pas pour autoriser à faire une loi qui l'ordonne. Cette loi ne seroit fondée que sur le principe de sympathie.

Le grand office des lois, le seul qui soit évidemment et incontestablemeut nécessaire, est d'empêcher les individus dans la recherche de leur propre bonheur, de détruire une quantité plus grande du bonheur d'autrui. Imposer des gênes à l'individu pour son propre bien, c'est l'office de l'éducation; c'est l'office de l'adulte envers le mineur, du curateur envers l'insensé; c'est rarement celui du législateur envers le peuple.

Ce n'est pas une idée simplement spéculative que je recommande. J'ai exécuté un système de lois pénales, en les accompagnant d'un commentaire raisonné où les dispositions, même les moins importantes, sont justifiées. Je suis si convaincu de la nécessité de cet exposé des raisons, que je ne voudrois m'en dispenser à aucun prix. Se fier à ce qu'on appelle *instinct du juste, sentiment du vrai*, c'est une source d'erreur. J'ai vu par mille expériences que les plus grandes méprises se cachoient dans tous les sentimens qui n'ont pas été au creuset de l'examen. Si le sentiment, ce premier guide, cet avant-coureur de l'esprit, est juste, il sera toujours possible de le traduire dans la langue de la raison. Les peines et les plaisirs, comme j'ai eu souvent à le répéter, sont l'unique source des idées claires en morale: ces idées peuvent être rendues familières à tout le monde. Le commentaire raisonné ne vaudroit rien, s'il ne pouvoit être le catéchisme du peuple.

J'ajoute ici en exemple de cette théorie le premier chapitre du code pénal. Je ne le donne ni en entier ni avec toutes les formes et tous les renvois qu'il devroit avoir s'il étoit question du code même. Ce genre d'exactitude seroit ici superflu. Cet exemple pourra également servir de résumé à l'ouvrage, en faisant voir comment les principes ont été mis en œuvre, comment la théorie a passé en exécution.

CODE PÉNAL. — TITRE PARTICULIER.

ARTICLE PREMIER.

Des Injures personnelles simples.

L'*Injure personnelle simple* (1) est ou positive ou négative. Il y a injure personnelle simple positive là où, sans cause légitime (*a*), un individu cause (*b*) ou contribue (*c*) à causer à un autre une peine corporelle, ou grave, ou légère (*d*), sans qu'aucun mal corporel ultérieur (*e*) en arrive. Il y a injure personnelle simple négative (*f*) là où, sans cause légitime, un individu, en voyant un autre dans un état de danger, s'abstient de l'aider (*g*), et qu'en conséquence le mal arrive.

---

(1) Voyez premier vol. chap. 6, *De la division des Délits*, pag. 176. Injures corporelles simples, — pour les distinguer des injures corporelles irréparables, des injures mentales, etc.

Ce même article a été cité comme exemple de la distribution des matières dans les titres particuliers.

J'ai mieux aimé répéter ici une page ou deux, que de laisser ce chapitre incomplet.

Eclaircissemens.

(*a*) *Sans cause légitime.* Renvoi au titre général; moyens de justification.

(*b*) *Cause.* N'importe ni de quelle façon ni par quels moyens le mal ait été fait : que la personne ait été battue ou blessée ; — qu'on se soit servi de l'eau, de l'air, de la lumière ou du feu ; — qu'on ait présenté quelque objet hideux ou dégoûtant à la vue, au toucher ou au goût ; — qu'on ait donné par force ou autrement une drogue malfaisante ; — qu'on ait fait servir à sa malice un chien ou quelque autre animal, — ou une personne innocente ; — qu'on ait opéré le mal par les mains mêmes de celui qui souffre, comme en l'engageant à marcher sur un piége ou sur une fosse ; — qu'on ait éloigné de lui des moyens de secours nécessaires, le pain d'un homme qui a faim, la médecine d'un malade : — tous ces moyens et tous autres qui ont le mal pour objet sont renfermés dans la définition de l'*injure personnelle simple.*

(*c*) *Contribue.* Renvoi au titre général des co-délinquans.

(*d*) *Grave ou légère.* Tout ce qui a lieu contre le gré de la partie lésée, fût-ce le plus léger attouchement. — Ainsi le mal de ce délit peut varier du malaise le plus foible aux plus douloureuses tortures.

(*e*) *Ultérieur.* Si un dommage ultérieur en arrive, le délit n'appartient plus à ce chef : ce seroit une injure personnelle irréparable, ou un emprisonnement, etc.

(*f*) *Négative.* Renvoi au titre général des délits négatifs.

(*g*) *S'abstient de l'aider.* Tout homme est tenu de secourir celui qui a besoin de secours, s'il le peut sans s'exposer lui-même à quelque inconvénient sensible. Cette obligation est d'autant plus forte que le danger paroît être plus grand pour l'un, et la peine de l'en préserver moins grande pour l'autre. Tel seroit le cas d'un homme endormi près d'un foyer, et d'un témoin qui, voyant les habits du premier prendre feu, ne feroit rien pour l'éteindre. Le délit seroit plus grand s'il se fût abstenu d'agir, non simplement par paresse, mais par malice ou par quelque intérêt pécuniaire.

Peines.

1. *Amende.* A la discrétion du tribunal.
2. *Emprisonnement.* Ceci à choix et à discrétion.
3. *Caution pour la bonne conduite.* Ceci encore à choix et à discrétion.
4. *Dans les cas très-graves, bannissement de la présence de la partie lésée pour un temps ou à perpétuité.* Ceci à choix et à discrétion.
5. *Dépens réglés à option et à discrétion.*

N. B. Chacun de ces articles demande des renvois à diverses sections du titre général des *Peines*. C'est là qu'on aura expliqué ces phrases : *à option et à discrétion*. *A option*, c'est une façon concise d'exprimer qu'il sera loisible au juge d'infliger cette peine ou de ne pas s'en servir. *A discrétion*, cela signifie que le juge doit employer une certaine quantité de cette peine, sauf à en employer autant ou aussi peu qu'il le jugera conforme aux règles générales qui lui sont prescrites, sous le titre des *Peines* (1).

Aggravations.

1. *La supériorité d'âge*. Lorsque l'offensé pourroit être le père, ou à plus forte raison, le grand-père de l'offenseur.

2. *Le sexe*. Lorsque la partie lésée est du sexe féminin, et le délinquant du sexe masculin.

L'*extra* de la peine doit être dans une pénitence caractéristique; au choix du tribunal : plus ou moins de publicité, à sa discrétion.

3. *La foiblesse*. Lorsque la partie lésée est tellement inférieure, soit par la force naturelle, soit par la différence des armes, qu'elle ne sauroit se défendre avec quelque chance de succès.

4. *Le nombre*. Lorsqu'à raison du nombre des agresseurs, la résistance devient très-inégale ou impossible.

---

(1) Il est impossible de donner tous les éclaircissemens à la fois; pour répondre à toutes les difficultés, il faudroit publier le Code pénal en entier. On prie le lecteur d'observer que cet exemple a eu principalement pour objet de montrer l'usage du commentaire raisonné.

5. *La paternité.* Lorsque la partie lésée est dans la relation de père ou mère, grand-père ou grand'mère avec le délinquant.

Le coupable en tel cas doit toujours faire, en sus de la peine, une pénitence plus ou moins publique sur le siége du repentir, avec les mains liées au-dessus de la tête, et une inscription qui fasse connoître le délit.

6. *Quasi-paternité.* Lorsque le délinquant est mineur, et que la partie lésée est son tuteur, son précepteur ou son maître (1). Celui qui nous élève est un second père. Cette circonstance a encore de la force, mais moins, si le délinquant est parvenu à l'âge de la majorité.

S'il n'y a point d'atténuation, il faut un *extra* dans la peine qui la rende caractéristique, comme pour une injure semblable faite à un parent.

7. *Préméditation.* Plus le délit a été prémédité long-temps à l'avance, plus l'aggravation est forte. Il est écrit : *Que le soleil ne se couche pas sur votre colère.*

8. *Irruption nocturne.* C'est le cas où le délit

---

(1) Ceci ne regarde que les personnes en chef qui ont soin du mineur, par la confiance du père ou du tuteur. Cela ne s'étend pas à des personnes qui ne sont chargées que de quelques détails de son instruction, et ne l'ont sous leur garde qu'occasionnellement, comme seroit un maître d'écriture, un maître à danser, à moins d'une clause spéciale pour cet objet. — Voyez de plus les lois sur les maîtres et les domestiques, — sur les journaliers, les apprentis et les esclaves.

prémédité est commis de nuit, après qu'on s'est placé en embuscade pour attendre le moment favorable, ou qu'on a fait effraction, ou qu'on l'a tentée pour entrer dans le domicile de la partie lésée.

L'*extra* de la peine doit consister dans une pénitence caractéristique à *volonté :* publicité plus ou moins grande à *discrétion.*

9. *Embûches.* C'est le cas où l'aggresseur fait une attaque subite pour prendre son adversaire à l'improviste; — s'il se cache, par exemple, derrière un mur, une haie, ou dans un chemin creux, où il tend de nuit quelque piége.

10. *Violation d'asile.*

11. *Violation du sommeil.*

12. *Clandestinité.* C'est le cas où le délinquant entreprend de se cacher, ou de se dérober par d'autres moyens aux poursuites de la justice.

13. *Déguisement.* C'est le cas où le délinquant, soit par un masque, soit par un habit qui lui donne un autre état que le sien, veut se rendre méconnoissable.

Pour l'extra-peine, il doit faire une pénitence plus ou moins publique, soit avec le masque de fer, soit dans un accoutrement pareil à celui dans lequel il s'étoit déguisé (1).

---

(1) On peut voir d'autres aggravations sous différens titres, vol, destruction, insultes personnelles, attaques lascives, délits contre la justice, contre le droit des nations, contre le gouvernement, contre la religion.

14. *Salaire.* C'est le cas où le délinquant a été loué à prix d'argent pour commettre le délit.

Pénitence caractéristique, plus ou moins publique à *discrétion*, ayant les gages de son iniquité pendus autour du cou.

Il y a des cas où l'on ne doit pas infliger cette peine, à moins que le délit ne fût extrêmement grave. C'est premièrement lorsqu'il n'est pas prémédité, et que le suborneur peut faire valoir en sa faveur quelque provocation recue. C'est secondement lorsque le suborneur, ainsi provoqué, est sensiblement plus foible, ou d'un rang très-supérieur à celui de la partie lésée.

15. *Projet de coercition.* C'est le cas où l'objet du délit étoit de forcer la partie lésée à faire telle ou telle chose, ou de l'empêcher de faire telle ou telle chose : le délit néanmoins n'étant pas un vol, ou un acte de destruction clandestine et violente.

Extra-peine, — pénitence caractéristique, — la presse d'extorsion, — le bonnet du repentir. Ceci *à choix*.

Amende jusqu'à totalité de ses biens.

Confinement, — bannissement, — travail de force limité ou perpétuel. Ceci *à discrétion*.

Atténuations.

Lorsque le délinquant a reçu réellement ou qu'il croit sincèrement avoir reçu une provocation de la partie lésée, ce peut être une base d'atténuation.

Ce qui constitue la provocation c'est un tort; ce tort peut être d'une nature *légale* ou *morale.*

Éclaircissemens.

La persuasion réelle d'un tort, même imaginaire, fournit quelque degré d'atténuation. Il n'importe pas que la supposition erronée dans ce cas, porte sur un point de fait ou sur un point de loi. Elle porte sur un point de *fait* quand vous croyez avoir reçu quelque dommage de votre adversaire, et que réellement il ne vous en a fait aucun. Elle porte sur un point de *loi*, lorsque vous croyez qu'il n'a pas le droit de vous faire tel ou tel dommage, et que réellement il en a le droit.

Il n'importe pas à qui le tort en question se rapporte immédiatement, soit la partie même qui est provoquée, soit une personne qui lui est particulièrement chère, soit le public en général, car les intérêts du public doivent être chers à chacun, soit la personne même de qui vient la provocation, car tout homme doit être cher à tout homme. Par conséquent, si vous croyez voir quelqu'un se jeter dans un vice, et que le chagrin que vous ressentez de sa mauvaise conduite vous excite à le frapper, c'est un moindre délit que si vous l'aviez frappé dans le cours d'une querelle fondée sur vos propres intérêts.

Le tort peut être légal ou moral : un tort légal est celui qui est punissable par les lois. Un tort moral est tout acte punissable ou non par les lois, lequel, comme étant nuisible à la partie lésée, est sujet à être puni par la censure du monde; par exemple, un acte d'insolence, de perfidie ou d'ingratitude.

Observation générale.

L'atténuation qui est fournie par la provocation est plus grande en proportion des circonstances suivantes : 1° La gravité du tort, 2° sa date récente, 3° la difficulté que peut avoir trouvé la partie lésée à obtenir le redressement légal.

Éclaircissemens.

La gravité dans cette occasion ne doit pas être estimée simplement d'après le mal d'un tel délit pour la société en général, mais surtout d'après sa tendance particulière à exciter leur ressentiment. Par conséquent, une insulte personnelle ou un acte de diffamation constituera une provocation plus forte qu'un larcin.

La date d'une provocation exige quelques remarques particulières. A la même distance de temps, une provocation peut être plus ou moins *vive*, selon sa grandeur. Celle qui pèse sur le cœur peut être encore récente lorsqu'une autre qui est légère en comparaison ne le seroit pas. Cependant, comme il faut un terme, on ne doit pas estimer en général qu'une provocation soit récente, s'il s'est écoulé plus d'un mois depuis qu'elle a été reçue, avant le fait pour lequel elle est alléguée.

Une provocation datera, non depuis son origine, mais depuis le temps où elle sera parvenue à la connoissance de la partie lésée; et même toute circonstance ajoutant beaucoup à la malignité de l'action, et ne venant à être connue qu'après le reste, sera censée un renouvellement de la provocation : comme si, après avoir appris qu'un homme a battu votre fils, et qu'un mois après vous appreniez que votre fils a perdu le bras en conséquence des coups, ou que cet homme armé tomba sur votre fils désarmé, et le frappa encore lorsqu'il demandoit quartier : si vous attaquez cet homme en conséquence et le battez, la provocation dans ce cas sera encore jugée récente.

Ainsi une suite de provocations distinctes qui sont toutes récentes l'une par rapport à l'autre, et dont la dernière est récente par rapport au fait en question, doivent toutes être estimées récentes par rapport à ce fait. Cette succession est proprement ce qui constitue l'*unité* d'une querelle.

Seconde atténuation.

Si un homme, en défendant sa personne ou sa propriété attaquée, fait plus de mal à son adversaire qu'il n'étoit nécessaire pour sa défense, le surplus est une injure; mais une injure susceptible d'excuse en conséquence de la provocation. C'est même son cas le plus favorable, parce qu'elle est non-seulement récente, mais instante.

En jugeant si une attaque pouvoit être repoussée avec moins de mal pour l'aggresseur, il faut se mettre à la place de celui qui est attaqué, et se rappeler que dans l'agitation de son esprit il n'a pas pu considérer de sang froid tous les moyens, et choisir précisément celui qui alloit à son but avec le moins de mal possible pour son adversaire. Il y a bien de la différence à cet égard, entre la méditation du cabinet et la chaleur de l'action.

Supposez qu'un homme vous assaille subitement avec un bâton, et qu'à votre portée vous ayez un bâton et une barre de fer. En saisissant la barre de fer, vous donnez à votre homme un coup dangereux ou vous le tuez. Cela sera réputé défense de soi-même justifiable, à moins qu'on ne prouve que vous avez pris délibérément la barre de fer par préférence au bâton, dans l'intention de le tuer ou de le blesser plus qu'il ne falloit pour votre sûreté.

Commentaire raisonné sur la loi.

Première question. Pourquoi les plus légères injures de cette classe sont-elles rendues punissables?

Réponse. Parce qu'il y a toujours une raison pour punir. Il n'est aucune sensation, quelque indifférente qu'elle paroisse, qui ne pût devenir un tourment intolérable par sa durée ou sa répétition. Qu'un homme puisse toucher votre personne de quelque manière que ce soit, et qu'il n'en ait aucun compte à rendre, il peut abuser de cette licence au point de vous rendre la vie à charge. Vous êtes en effet son esclave. Vous vivez dans une crainte perpétuelle; et le sentiment de votre infériorité ne vous quitte plus.

D'un autre côté, si l'offense est légère, la peine le

sera aussi; et quelque minime que fût l'injure, la peine peut s'atténuer à proportion, parce que le juge exerce à cet égard un pouvoir de discrétion du côté de la douceur.

Deuxième question. Pourquoi les délits négatifs en ce genre sont-ils rendus punissables comme les délits positifs ?

Réponse. Parce que, dans un cas comme dans l'autre, la peine est fondée, elle est efficace, elle est nécessaire.

Troisième question. Pourquoi ajoute-t-on une peine ultérieure à celle qui est renfermée dans l'obligation de compenser le mal qui a été fait ?

Réponse. Sans cette peine additionnelle, on ne seroit pas sûr, dans tous les cas, que la valeur de la punition l'emportât sur le profit de l'offense. Comment peut-on s'assurer que la compensation ordonnée par un juge rempliroit entièrement son but ? Si elle n'est pas entière, l'offensé est pour ainsi dire en perte, et l'offenseur en gain. D'ailleurs, il y a des différences de fortune sur lesquelles on établit difficilement une proportion. C'est beaucoup pour l'un de recevoir telle somme. C'est très-peu pour l'autre de la payer. Les riches pourroient se persuader que pour un certain prix ils sont en liberté de satisfaire leur ressentiment envers quelqu'un d'une classe inférieure.

Quatrième question. Pourquoi l'amende se trouve-t-elle parmi les articles de la peine ?

Réponse. Parce que l'argent levé par voie d'amende produit un double avantage, comme punition par son effet sur le délinquant, comme taxe qui tend à diminuer d'autant la charge de l'imposition du citoyen honnête.

Cinquième question. Pourquoi l'emprisonnement?

Réponse. Afin de pourvoir au cas où le délinquant n'auroit pas de quoi payer l'amende.

Ensuite, afin de pourvoir au cas où le délinquant étant soutenu secrètement par un parti, une peine purement pécuniaire ne l'affectât point.

Sixième question. Pourquoi la caution ?

Réponse. Pour prévenir ou pour étouffer tout dessein que pourroit avoir l'offenseur de se venger sur son adversaire, pour l'avoir appelé en justice et livré au châtiment.

Septième question. Pourquoi le bannissement de la présence de la partie lésée?

Réponse. Parce qu'il est des cas où ce châtiment sera nécessaire pour humilier davantage l'offenseur; et qu'en d'autres cas il faut épargner à l'offensé des souffrances futures.

Les délits de cette classe sont très-variés. Il n'est point de tourment si affreux qui ne puisse y appartenir. Il peut donc arriver que la vue de l'offenseur seroit un supplice pour long-temps ou même pour toujours à la partie lésée. Si l'un des deux doit fuir l'autre, il vaut mieux que les inconvéniens de l'éloignement tombent sur le coupable que sur son innocent antagoniste qui a déjà trop de son injure.

Huitième question. Pourquoi l'âge est-il un moyen d'aggravation ?

Réponse. Afin que le texte de la loi soit une leçon

de moralité : tellement que les jeunes gens, voyant que la loi montre une faveur particulière à leurs supérieurs d'âge, contractent une disposition à les traiter toujours avec un respect particulier. C'est par l'âge que les hommes acquièrent de l'expérience, et par l'expérience, la sagesse. Le respect des plus jeunes pour les plus âgés tourne donc au profit des uns et des autres.

Neuvième question. Pourquoi donne-t-on une protection particulière aux femmes ?

Réponse. On se propose encore un objet moral. On a besoin de leur inspirer un sentiment plus délicat d'honneur, et on atteint ce but en grossissant toute injure qui leur est faite. D'ailleurs, il faut que la loi inspire aux hommes une disposition particulière de considération envers les femmes, parce qu'elles ne sont pas toutes belles, parce que la beaute même n'a qu'un temps, et que l'homme en général a une supériorité constante sur les femmes, pour les forces du corps : il a peut-être même la supériorité du côté de l'esprit, soit qu'il la tienne de la nature, soit qu'il l'acquière par l'exercice.

Dixième question. Pourquoi une injure de cette classe faite à un parent est-elle punie avec plus de sévérité ?

Réponse. Pour un objet moral. La disposition constante à respecter les parens est utile aux enfans mineurs eux-mêmes, afin qu'ils se soumettent plus docilement à la conduite de ceux qui savent mieux qu'eux ce qui leur convient, et qui ne veulent que leur bonheur. Elle est utile aux parens, à qui elle sert de récompense pour les dépenses, les craintes et les soins de l'éducation. Enfin elle est utile à l'état, parce qu'elle encourage les hommes à entrer dans la condition du mariage, et à former des familles, qui sont la richesse et la fòrce de la communauté.

Une partie de ces raisons, indépendamment de la considération de l'âge, s'applique aux tuteurs, aux instituteurs et aux maîtres.

Onzième question. Pourquoi la préméditation est-elle une source d'aggravation?

Réponse. 1. Plus un homme manifeste d'opiniâtreté dans ses ressentimens, plus la société doit appréhender de sa part. Plus son appétit de se venger dure long-temps, plus il est probable qu'il accomplira sa vengeance. Si un homme irrité contre vous, jette feu et flamme, mais que sa colère ne dure qu'un jour, il suffit de vous garantir un jour durant, et vous êtes en sûreté. Mais s'il persévère dans l'intention de s'en venger pendant dix jours, le danger auquel vous êtes exposé de sa part, est dix fois aussi grand que dans le premier cas. Ceux qui entendent parler de la querelle entre vous et lui, conçoivent cela, et éprouvent une inquiétude secrète, en pensant qu'ils ont parmi eux une personne d'un si dangereux caractère. On ne s'explique pas précisément la raison de ce qu'on sent, mais voilà ce qui cause la différence du sentiment public sur une personne qui manifeste plus ou moins de durée dans un projet de vengeance.

2. D'ailleurs, plus un homme est gouverné longtemps par les motifs hostiles dans une occasion donnée, plus il annonce des dispositions perverses, anti-sociales. Il faut que la peine soit plus forte pour agir sur un caractère plus dur. Ce qui suffiroit pour amollir et gagner un naturel aimant, n'auroit aucun effet sur un cœur implacable et farouche. Il faut le dompter par une crainte supérieure.

Douzième question. Pourquoi a-t-on considéré comme aggravations les diverses circonstances d'attaquer de nuit, d'attendre en embuscade, de violer le domicile, lorsqu'il y a eu dessein prémédité?

Réponse. Ces diverses circonstances tendent toutes à augmenter le danger et la terreur de l'individu attaqué, mais surtout quand le domicile est violé, quand un homme se voit forcé dans son dernier retranchement, dans cet asile intérieur où il renferme tout ce qu'il a de précieux, où il se livre au sommeil avec confiance. Si votre adversaire vous attend au dehors, vous pouvez prendre des mesures, vous êtes en sûreté dans votre maison; mais si les portes et les murs ne l'arrêtent pas, vous n'avez plus de sécurité nulle part. Cette réflexion qui se présente à chacun produit une alarme générale.

Mais si la querelle commençoit de nuit, la *nocturnité* ne seroit plus une circonstance d'aggravation. Même l'irruption nocturne dans le domicile ne seroit ni si dangereuse, ni si alarmante, quand l'homme, averti par des menaces, auroit pu prendre des mesures pour s'échapper ou se défendre.

Treizième question. Pourquoi fait-on de la clandestinité un moyen d'aggravation ?

Réponse. Parce qu'elle augmente le mal du délit. Elle ajoute la terreur à la douleur, et peut rendre un homme le plus malheureux des êtres, en lui faisant craindre une succession d'injures semblables, auxquelles il ne voit point de fin, puisqu'il n'y a point de ressources contre un ennemi invisible. Dans les cas ordinaires, où l'on connoît l'auteur du délit, on a la protection des lois : on est sûr que si le mal n'est pas réparé, du moins il ne sera pas augmenté, il ne restera pas impuni. Mais si le délinquant peut trouver le moyen de se tenir derrière le rideau, sans être connu ni soupçonné, il a tout le profit du crime, il se rit des lois et se fait un jeu des terreurs qu'il inspire. Il faut donc lui ôter l'envie de recourir à des inventions de ce genre, en lui offrant la perspective effrayante d'un degré extraordinaire de peine dans le cas où ses subtilités seroient confondues. Les moyens artificieux lui paroîtront moins séduisans, accompagnés de tant de craintes.

Quatorzième question. Pourquoi dans les peines distingue-t-on le déguisement des autres méthodes de clandestinité ?

Réponse. Le déguisement peut porter la terreur à un degré extrême ; un masque difforme, un long crêpe, un voile blanc qui habille un fantôme, peuvent avoir le plus grand effet sur l'imagination, particulièrement sur des personnes foibles et superstitieuses ou malades, sur des femmes et des enfans.

Cette circonstance fournit d'ailleurs une occasion tout à fait opportune pour une peine analogue et frappante.

Quinzième question. Pourquoi la circonstance d'un salaire est-elle aggravation ?

Réponse. Premièrement, elle ajoute à l'alarme et au danger. Qu'un homme en batte un autre dans sa propre querelle, cette violence n'inspire des craintes qu'à ceux qui auront des querelles avec lui. Mais qu'un homme s'engage pour de l'argent dans la querelle d'un autre, tous ceux qui peuvent avoir une rixe avec qui que ce soit ont à craindre ce batteur de profession. Plusieurs personnes qui se croient bien en sûreté, parce qu'elles ont eu querelle avec des adversaires foibles ou timides, vivroient dans une alarme continuelle, en apprenant qu'il est des hommes qui vendent leur force et leur courage à ceux qui en ont besoin, et que leurs ennemis peuvent s'en prévaloir pour exécuter, par ces étrangers, ce qu'ils ne peuvent faire par eux-mêmes. Le danger paroîtra plus grand à proportion de ce que leurs ennemis sont plus opulens, et peuvent tenter par de plus grandes récompenses : circonstance qui tendroit à redoubler les inconvéniens inévitables de l'inégale distribution des richesses, et qui ajouteroit à la facilité qu'ont les riches d'humilier et d'opprimer les pauvres.

Secondement, une telle action indique le caractère le plus vil et le plus dépravé. Le motif de l'intérêt pécuniaire l'emporte manifestement sur tous les motifs sociaux, et il n'y a que la crainte d'un degré extraordinaire de peine qui puisse enchaîner un naturel aussi atroce.

Seizième question. Pourquoi la provocation est-elle une source d'atténuation ?

Réponse. Cette circonstance diminue le mal du délit, savoir : le mal du second ordre. Lorsqu'un homme provoqué jusqu'à un certain point se porte à faire du mal, il peut être dangereux, mais il ne l'est que dans ce cas. Aussi long-temps qu'on se conduit avec lui comme tout homme doit se conduire avec son semblable, on n'a rien à craindre de sa part. Il faudroit avoir formé secrètement le projet de l'offenser pour être alarmé de la vengeance qu'il tire d'une provocation.

Une provocation même imaginaire, pourvu que l'erreur ait été de bonne foi, est une source d'atténuation par les mêmes raisons qu'une provocation réelle. La force de l'atténuation est pourtant inférieure dans ce cas, mais seulement à cause de la difficulté de certifier le point de fait, savoir, la sincérité de celui qui s'est cru provoqué sans l'être.

Dix-septième question. Pourquoi l'outre-passation de défense est-elle une source d'atténuation ?

Réponse. Cette circonstance agit comme la précédente, avec plus de force encore. L'homme qui, dans sa propre défense, fait plus de mal que cette défense n'exige, ne paroît à craindre que pour ceux qui l'attaqueroient.

DE L'INFLUENCE

DES TEMPS ET DES LIEUX

EN MATIÈRE DE LÉGISLATION.

DE L'INFLUENCE

DES TEMPS ET DES LIEUX

EN MATIÈRE DE LÉGISLATION.

Dissertation sur les différences que doivent apporter dans les lois les circonstances des temps et des lieux, ou solution de ce problème : Les meilleures lois étant données, comment le législateur doit-il les modifier d'après les considérations temporaires et locales?

Après avoir dirigé nos recherches vers le système de lois civiles et pénales qui auroit le plus haut degré possible de perfection abstraite, il est naturel de se demander comment on devroit procéder pour établir ce corps de lois dans un pays donné, à une époque fixe. Je suppose que les lecteurs qui auront eu la patience de me suivre jusqu'au bout dans cette longue carrière pourroient me tenir à peu pres le discours suivant :

« Dans les différentes études auxquelles ous vous
» êtes livré pour former le meilleur sysème de lé-
» gislation, il est impossible que vous n'ayez eu en

» vue un pays plutôt qu'un autre, une période de
» temps déterminée, avec tout l'ensemble de ses
» circonstances actuelles, la population, l'étendue,
» les arts, les sciences, les richesses, la religion, le
» caractère et les habitudes de la nation que vous
» aviez plus particulièrement présente à l'esprit dans
» vos spéculations politiques. Il est probable que le
» pays auquel vous rapportiez vos méditations étoit
» celui où vous avez reçu le jour, soit par cette
» affection naturelle qui unit le cœur à la patrie,
» soit parce que vous aviez une connoissance plus
» profonde de sa situation, et que nos pensées ne
» se développent qu'à l'occasion des objets qui nous
» entourent. Mais les lois que vous proposez pour
» votre pays sont-elles également bonnes pour tout
» autre? N'y auroit-il aucun inconvénient à les
» transplanter chez un peuple où tout diffère, lois,
» mœurs, coutumes, religion, préjugés, climat,
» population, étendue, voisinage, commerce, etc.
» Quelle doit être l'influence de cet amas de cir-
» constances diverses sur la législation d'un peuple
» donné? Quelles différences et quelles ressem-
» blances y aura-t-il entre les lois de diverses na-
» tions, à diverses époques, en supposant que ces
» lois fussent toujours et partout au plus haut degré
» de perfection? »

Je ne me dissimule pas combien cette question est importante, et combien elle est difficile à résoudre; il seroit même absurde de tenter une solution particulière pour chaque peuple, parce qu'il faut connoître à fond toutes les circonstances dont on a parlé. Mais il est possible de donner un exemple, et d'indiquer les principes généraux d'après lesquels on doit se diriger dans les applications locales.

On doit me permettre les fictions les plus présomptueuses. Je vais m'arroger le pouvoir suprême. Je commence, en vertu de cette autorité plénière, à donner à l'Angleterre ce système de lois que je n'avois fait jusqu'à présent qu'offrir à la discussion des philosophes. Après cela, sans m'arrêter dans mes conquêtes législatives, je vais chercher sur le globe entier un peuple où je puisse établir mes institutions. Prendrai-je la Chine? Mais les rapports qu'on nous en a faits se contredisent tellement que je ne saurois où asseoir mes idées? Sera-ce le Canada? Il est soumis à l'Angleterre, et j'aurois une grande facilité à y transplanter mes lois; mais ce pays ne diffère pas essentiellement du mien, et quand j'aurois résolu, par rapport à lui, le problème en question, on croiroit que j'ai voulu éluder la difficulté plutôt que la vaincre? Tout bien pesé, je donne la préférence au Bengale: là tout diffère, climat, mœurs, langage, religion; c'est un autre monde, et je ne pouvois trouver un exemple plus riche en instruction, un contraste plus évident et plus propre au développement de tous les principes qu'on doit suivre dans la transplantation des lois. Je ne me refuserai pourtant pas à des digressions, quand elles serviront à éclaircir mes raisonnemens, et à confirmer mes maximes.

Je dois avertir encore qu'il ne s'agit ici que d'une vue générale, nullement d'exactitude et de précision. Si le procédé que je développe est bon, il sera facile de l'appliquer à toutes les lois, à toutes les circonstances. Les détails seroient infinis, mais les principes se réduisent à un petit nombre.

CHAPITRE PREMIER.

Principes à suivre dans la transplantation des lois chez différentes nations.

TEL système de lois étant établi en Angleterre, nous cherchons les principes d'après lesquels nous devons modifier ces lois, pour les adapter au Bengale.

Nous avons déjà vu que l'objet de toute bonne loi peut se réduire à une seule expression, PRÉVENIR UN MAL. Le mal, en dernière analyse, de quelque nature qu'il soit, c'est tout ce qui est *peine* ou *perte de plaisir*. Mais le catalogue des peines et des plaisirs est-il différent chez différentes nations? N'est-il pas certain que la nature humaine est la même partout, et ne semble-t-il pas que des êtres de la même espèce, ayant en commun les biens et les maux, peuvent être gouvernés par les mêmes lois? Ce qui est bon pour les uns, ne sera-t-il pas bon pour tous, puisqu'ils sont tous les mêmes?

Certainement l'humanité est une : la sensibilité fait de tous les peuples de la terre une seule famille; nous sommes tous également gouvernés par la peine et le plaisir, et nous avons les mêmes facultés, les mêmes organes pour la souffrance et la jouissance. Mais si le sentiment est le même partout, les causes qui affectent le sentiment peuvent varier et varient réellement. Le même événement, qui produit de la peine ou du plaisir dans un pays, peut n'avoir pas un effet du même genre ou du même degré dans un autre. La sensibilité est soumise à l'influence de deux circonstances qu'il faut toujours observer; la première est l'état et la condition de la personne, la seconde est l'état et la condition de la chose qui agit sur la personne. Je ne répète pas ici ce qui a été l'objet d'un chapitre particulier. On peut voir tout le catalogue des circonstances qui influent sur la sensibilité (1). C'est là qu'on trouvera tous les principes qui doivent diriger le législateur dans la manière de modifier les lois, pour les adapter aux lieux et aux temps.

Il faut pour l'exactitude de l'opération qu'il ait constamment deux classes de tableaux sous les yeux. La première classe renfermera des détails relatifs aux lois qui lui servent de modèle, par exemple le catalogue des délits, des justifications, des aggravations, des atténuations, des exemptions, des peines, le catalogue des titres du code civil et du code constitutionnel. La seconde classe renfermera une table générale des circonstances qui influent sur la sensibilité, une autre table qui indique les dispositions morales, religieuses, antipathiques ou sympathiques du peuple auquel il veut adapter les lois en question; une autre table des productions du pays, naturelles ou artificielles, des poids, des mesures, des

(1) Voyez tome I, chap. IX, pag. 52.

monnoies, de la population, du commerce, et ainsi de suite. Je dis qu'il faut avoir ces tables matériellement sous les yeux, et ne point se fier à la mémoire et à l'esprit, si l'on veut être sûr de ne rien omettre d'essentiel.

Après avoir crayonné ce plan, je procède à marquer les modifications nécessaires, en suivant l'ordre des sujets du code que nous avons supposé pour modèle. Je ne veux que montrer l'esprit de cette méthode dans un petit nombre d'applications, et l'on verra qu'il ne s'agit, quand on a sous les yeux les divers tableaux dont j'ai parlé, que d'un travail de manœuvre pour approprier ce code britannique aux circonstances du Bengale (1).

1. *Injures corporelles simples.* Elles sont peu susceptibles de modifications par la différence des lieux.

---

(1) Voilà une admirable utilité du catalogue des *circonstances qui influent sur la sensibilité.* Montesquieu en avoit pris plusieurs en considération, dans le but d'approprier les lois des différens pays aux différens besoins de leurs habitans : plaçant, il est vrai, en première ligne les circonstances que j'ai nommées du *second ordre*, parce qu'elles n'agissent que par le *medium* de ces autres circonstances que j'ai désignées à cause de cela comme étant du *premier ordre.* Avant Montesquieu, eût-on chargé un Européen de faire des lois pour une contrée lointaine, il n'en eût pas été embarrassé : prenant, selon son humeur ou son état, la Bible ou les Pandectes pour règle unique, il auroit trouvé là tout ce qu'il cherchoit, sans s'inquiéter des mœurs et de la religion de la contrée qu'il avoit à servir. Depuis Montesquieu, il faut à un législateur un peu plus de travail et de documens : il faut qu'il connoisse le peuple, les usages, les préjugés, la religion, le climat, et bien d'autres choses, avant que de se mêler de lui donner des lois.

Ces délits seront les mêmes à Londres et à Calcutta. La sensibilité physique, quoique différente pour le degré, est la même en nature par toute la terre. Cependant une blessure dans un pays chaud et malsain peut avoir des conséquences plus dangereuses que dans un pays salubre et froid. — Dépouiller une personne de ses habits en Sibérie ou dans l'Indostan, ce ne seroit pas le même délit : ce peut n'être qu'un jeu dans le climat brûlant, et un homicide dans le climat glacé.

2. *Injures corporelles irréparables.* On auroit à examiner, sous ce chef, si l'on doit jamais tolérer l'émasculation. Cet usage seroit moins déraisonnable dans un pays où les eunuques sont réputés nécessaires à la garde de la fidélité conjugale, que dans ceux où ils ne servent qu'à l'amusement des amateurs de musique.

3. *Emprisonnement injurieux. Bannissement injurieux.* Les effets de ces actes diffèrent beaucoup selon les climats, les mœurs, la religion.

Plusieurs centaines de prisonniers anglois, renfermés pour une seule nuit dans un étroit cachot à Calcutta, après avoir souffert des tourmens inouïs, par la chaleur étouffante et la privation d'air, périrent presque tous dans ce court intervalle.

Peut-être que le même nombre de personnes renfermées pendant une nuit d'hiver dans une prison de Sibérie, auroient pu y rester le même temps sans souffrir aucun inconvénient remarquable.

L'*emprisonnement* infligé à un gentou pourroit, dans certaines circonstances, entraîner pour lui la séparation d'avec sa caste, malheur plus affreux pour lui que la mort. Le *bannissement* auroit le même effet, s'il l'empêchoit de se livrer aux purifications rituelles de sa loi. L'un et l'autre de ces moyens coercitifs pourroient blesser sa conscience, et seroient d'une toute autre gravité pour lui que pour un Européen.

En faisant une échelle de la sensibilité religieuse, vous trouverez au sommet le gentou, — plus bas le mahométan, — au dessous le juif, — le chrétien grec, — le catholique romain, — tous exposés à souffrir par des causes semblables, selon leurs notions des devoirs religieux : le mahométan, s'il est privé de ses ablutions légales ou forcé à une diète contraire à son jeûne ; le juif, s'il est contraint de manger des viandes immondes ou de violer le sabbat ; le grec et le catholique, s'ils sont obligés de rompre leur carême ou privés d'entendre la messe, et même un protestant dévot peut souffrir en quelque degré, s'il ne peut participer à certaines époques à la communion spirituelle. Autant de circonstances qui demandent des égards particuliers dans le choix des peines qu'onleur inflige.

4. *Injures mentales simples.* Tel spectacle, tel discours, offensant au plus haut degré pour les habitans d'une contrée, seroit indifférent à ceux d'une autre. Les sectateurs de chaque religion, et principalement le vulgaire, sont exposés à avoir peur de quelques agens invisibles : agens dont les noms et les attributs sont d'une grande diversité, et dont la puissance est attachée aux syllabes mêmes de leur nom.

L'âme d'un gentou peut être remplie d'une terreur inexprimable à la seule idée d'une visite de Peshush, tandis qu'un chrétien ignorant craint les sorciers, les diables, les saints, les revenans, les vampires.

Les précautions à prendre, pour empêcher les imposteurs de jeter dans les âmes des terreurs religieuses, doivent varier selon la nature des opinions. A Londres, on enferme les prophètes qui ont des révélations sur la fin du monde, et l'on a peu de fous de cette nature quand on se borne à les traiter doucement comme tels.

Les superstiteux de toutes les sectes ressentent comme une injure très-vive la plus légère marque de mépris pour les objets de leur vénération. Cette sensibilité religieuse, d'autant plus facile à blesser qu'elle porte sur des objets moins connus, est particulièrement le siége des passions irascibles. Les chrétiens se représentent une des personnes de la Trinité sous la forme d'une colombe, image qui ne devoit inspirer que la douceur, mais pendant des siècles ils ont condamné au supplice du feu ceux qui ne croyoient pas à cette colombe.

Il y a bien d'autres délits de cette classe purement locaux.

Parmi les gentous et les mahométans d'un rang élevé, qu'un homme passe dans l'appartement d'une femme mariée, cela suffit pour constituer aux yeux du mari une injure irrémissible. Demander simplement à lui faire visite, c'est un affront : en parler, c'est une impolitesse. Voilà des genres d'offenses qui n'existent pas pour les Européens.

Les différences de castes dans l'Indostan fournissent un fonds considérable d'atténuations et d'aggravations aux différentes classes de délits.

Si un paria touche une personne d'une tribu supérieure, il la déshonore : l'homme touché tire son sabre et tue le malheureux sur la place. Cet homicide, commis sans remords, est aussi légitime dans les Indes que s'il avoit lieu pour la défense de soi-même.

Un préjugé si fort, tout injuste, tout féroce qu'il est, exigeroit de la part du législateur une grande condescendance. Il faut de l'art pour l'adoucir ou le combattre. Mais il vaudroit mieux lui céder tout-à-fait, que de se compromettre inutilement et d'exposer les meilleures lois à devenir odieuses.

5. *Délits demi-publics.* Différentes contrées sont sujettes à différentes calamités, selon la position, le climat, la nature des produits, les moyens de défense, etc. De là résulte nécessairement une grande variété dans les lois de police.

Dans les pays qui renferment les levains de la peste, et dans ceux qui sont exposés à cette contagion, il est des précautions nécessaires auxquelles correspondent des délits purement locaux. Ce sera un délit, par exemple, de passer d'une ville dans l'autre, d'aborder dans un port, de sortir d'un vaisseau avant le temps prescrit, de désembarquer un ballot de marchandises, etc.

La Grande-Bretagne, avec son gouvernement

actuel, son étendue, ses ports nombreux, son commerce, ne pourroit pas être exposée au fléau de la famine par le monopole et les combinaisons des associations mercantiles. Mais on ne devroit pas s'appuyer de l'exemple de l'Angleterre quand il s'agiroit d'une île moins étendue, moins fertile, peu commerçante, et soumise à un régime différent. Cette famine du Bengale, qui, en 1769, fit périr plusieurs millions d'hommes, nous croyons pour l'honneur de l'humanité qu'elle n'eut d'autre cause que l'inclémence des saisons et l'imprudence involontaire du gouvernement, qui avoit changé sans précaution, sans mesure, tout le système de l'administration; mais il n'est que trop certain que les hommes en place auroient pu amener le même fléau à la suite de leurs combinaisons pour s'enrichir par la rareté et la cherté des denrées.

Dans les pays maritimes où les côtes sont basses et composées d'un terrein mou et sablonneux, croissent souvent différentes sortes de plantes, surtout de l'espèce des roseaux, qui par le nombre et l'entrelacement de leurs racines rendent le sol plus tenace et plus capable de résister au mouvement des eaux. Les lois de plusieurs peuples européens ont défendu la destruction de ces plantes, qui forment une digue naturelle : il est bien clair que de telles lois seroient superflues dans des situations différentes.

Dans les provinces de Flandre et de Hollande, l'extrême vigilance, nécessaire pour se garantir des incursions de la mer, a occasionné plusieurs règlemens dont on n'auroit pas besoin dans une position plus elevée.

Dans les villes où la froideur du climat exige que les maisons soient épaisses, et où la cherté du terrain fait qu'on les bâtit à plusieurs étages, le danger des écroulemens nécessite des précautions légales, qui n'ont pas lieu dans ces contrées brûlantes où une maison ordinaire n'est presque qu'un large parasol.

Dans un climat chaud, des eaux stagnantes seroient malsaines: cet objet demandera des règlemens qui ne seroient pas nécessaires dans une région tempérée.

La Sicile et d'autres parties de l'Italie souffrent beaucoup par la chaleur excessive du Sirocco. Quelques provinces de l'Orient sont affectées de la même manière par le Samiel, et même plusieurs voyageurs disent que le premier souffle de ce vent est souvent fatal à ceux qui le respirent. Ainsi dans ces contrées, si un bois, un côteau, une muraille, mettent à couvert un voisinage contre ce terrible fléau, la destruction de ces sortes d'abris peut être prévenue par des peines qui seroient sans motif dans d'autres climats.

Un puits est d'une valeur inestimable dans les déserts de l'Arabie. Enfermer ou faire perdre les eaux d'une seule source, ce seroit exposer des milliers d'hommes à périr de soif, et rendre peut-être impraticable la communication d'un district avec un autre.

Ce seroit presque un aussi grand mal de détruire, dans les solitudes de la Sibérie, le petit nombre d'hôtelleries qui sont préparées aux voyageurs. Il doit donc y avoir une police relative à cet objet, qui n'exige aucune précaution dans les pays peuplés.

6. *Délits réflectifs ou envers soi-même.*

Dans les climats du Nord, l'excès du vin rend les hommes stupides ; dans ceux du Midi, il les rend furieux. Là, il suffira de réprimer l'ivresse comme un acte de grossièreté ; et là, il faudra la contenir par des moyens plus sévères, comme un acte de méchanceté. La religion de Mahomet, en prohibant les liqueurs enivrantes, compense un peu les malheureux effets qu'a produits sa barbarie.

7. *Délits contre la réputation.*

Ces délits varient selon l'état des opinions et des mœurs. Entre mille traits qui font connoître les mœurs des Grecs, on peut juger, par celui que Xénophon raconte de lui-même (1), que les égaremens de l'amour, relativement au sexe, n'avoient rien de grave à leurs yeux. Il en est à peu près de même aujourd'hui chez les mahométans, où l'excessive jalousie à l'égard des femmes a fait presque changer d'objet aux passions des hommes. Mais en Angleterre, où une loi décerne la peine de mort, où cette loi est exécutée avec un degré de zèle que n'inspire aucun autre crime, une accusation de cette nature est de la dernière gravité. Le seul soupçon même est accompagné d'un degré d'infamie, qu'on ne peut comparer qu'à celle de l'expulsion de sa caste parmi les Indous.

---

(1) Anabasis.

Il seroit très-indifférent à un fermier anglois qu'on dît de lui qu'il a semé du sainfoin et du trèfle dans le même champ. Mais en Judée, sous le règne des institutions mosaïques, une telle imputation auroit passé pour une injure atroce (1). De même, un marchand de troupeaux en Espagne ne seroit pas offensé qu'on lui attribuât d'avoir élevé un mulet : mais un marchand juif eût regardé sa réputation comme dangereusement compromise, si un tel bruit se fût répandu sur son compte (2).

8. *Délits contre la personne et la réputation.*

Les idées qu'on attache à la dénomination d'injures lascives doivent varier beaucoup, selon que les mœurs du peuple sont plus ou moins réservées. Les femmes couvrent différentes parties de leur corps avec une attention plus ou moins scrupuleuse en différens pays. En Asie, elles rendent toute leur personne comme invisible sous l'épaisseur du voile. A Sparte, les jeunes filles paroissoient en public avec une robe ouverte et flottante. Parmi nous, les bienséances des habillemens varient sans cesse comme les modes.

C'est une chose bizarre, mais prouvée par les récits des voyageurs, que les idées d'obscénité ne sont pas uniformes, et peuvent même changer entièrement d'objet. A Otahiti, les foibles notions de pudeur qu'on a pu y observer, ont paru transportées

(1) Voyez le *Lévitique*, chap. XIX, v. 19.

(2) Deut. XXI, v. 9, 10, 11.

des fonctions qui perpétuent l'espèce à celles qui conservent l'individu.

Le voyageur Atkins observa la même chose dans une tribu de nègres (1). « Toutes les fois que le roi » buvoit, dit-il, deux de ses serviteurs élevoient un » voile au devant de son visage, afin qu'on ne le vît » pas boire. » Le vin ne s'accorde guère avec la modestie ; aussi quand le roi étoit ivre, on omettoit cette marque de respect.

Barbeirac, dans ses notes sur Puffendorf (2), cite plusieurs anciens voyageurs, qui attribuent ce genre singulier de délicatesse à diverses peuplades africaines. Les habitans du Sénégal, disent-ils, ont la même pudeur pour la bouche que pour quelque partie du corps que ce soit, et ne la découvrent jamais que pour manger. Cet usage peut tirer son origine de quelque superstition. Les habitans des Maldives se cachent soigneusement pour leur repas. Ils craignent qu'on ne jette quelque charme sur leur nourriture.

9. *Délits contre la propriété.*

Ici les diversités sont infinies : il y en a autant qu'il peut y avoir de différences dans les mots dont on se sert pour constituer le titre d'une propriété. Entrer dans ce détail, ce seroit vouloir parcourir toutes les routes tortueuses de la jurisprudence civile.

---

(1) Voyage en Guinée.
(2) Liv. VI, chap. 1.

On donnera le nom d'*usure* à des contrats bien différens, selon que l'argent sera plus abondant ou plus rare. Six pour cent en Angleterre, c'est usure. Douze pour cent au Bengale, c'est un intérêt modique.

10. *Extorsion.*

La nature des gouvernemens occasionne une grande variété dans la définition de ce délit. Il faut de plus grandes précautions pour protéger le sujet dans un pays conquis, ou sous un pouvoir absolu, que parmi les citoyens d'un état libre. D'un autre côté, une république conquérante sera plus dure envers les pays conquis qu'une monarchie. Un monarque peut être rapace, mais il est intéressé à contenir les exactions de ses officiers. Dans les républiques, dans le sénat de Rome, par exemple, il y avoit un accord tacite de prévarication entre tous ceux qui partageoient le pouvoir.

Il est des religions qui exposent leurs sectateurs à des vexations pécuniaires. Celle des gentous et des mahométans est particulièrement sujette à cet abus. Aucune, il est vrai, n'a jamais approché à cet égard du clergé catholique. Il a été sur le point, en prêchant la pauvreté, de devenir le propriétaire universel. Le protestant n'a rien à payer, ni pour ablution, ni pour absolution, ni pour se sauver du purgatoire. La fiscalité religieuse demande des précautions particulières.

11. *Délits contre la condition.*

Il sera nécessaire en transplantant les lois d'un

pays dans un autre, d'observer si les personnes qu'elles concernent sont dans la même condition réelle aussi bien que nominale.

La condition matrimoniale n'est pas la même en réalité dans les pays mahométans que dans les pays chrétiens. Ici une femme contracte avec son époux à peu près sur un principe d'égalité. Là le mariage lui imprime un caractère de servitude. Ici la femme s'attend à être libre. Là, au moins, dans les classes opul.ntes, elle est toute préparée à un état de clôture. Leur ôter la liberté en Europe, ce seroit les soumettre à un joug odieux. Vouloir la leur rendre en Asie, ce seroit détruire le bonheur des époux. Chez nous la polygamie consiste à avoir plus d'une femme, et chez eux à en avoir plus de quatre, sans compter les concubines. Chez nous, le mariage est à vie; chez eux, on permet une espèce de mariage inférieur à temps limité.

Une femme, après la mort de son mari, ne rentre pas dans sa liberté comme parmi nous; dans l'Indostan, le plus proche héritier du défunt devient le tuteur de la veuve, et sans avoir les priviléges de l'époux, il succède à son autorité comme geôlier. Ainsi elle demeure toujours victime d'une fidélité dont elle ne peut plus recevoir le prix.

On voit en Espagne, dans l'autorité des maris, une teinture des mœurs asiatiques qui vient de la conquête des Maures, et qui subsiste même depuis que leur religion et leur domination ont été détruites. En Russie, des mœurs originairement asiatiques s'effacent graduellement par l'imitation des Européens.

Les exemples que je viens de donner suffisent pour montrer de quelle manière on doit appliquer les principes, avec quelle attention il faut procéder pour ménager tous les sentimens reçus, et pour approprier les lois aux circonstances impérieuses et souvent immuables du peuple qu'on veut gouverner.

J'aurois à parler encore des délits publics; mais c'est un objet trop compliqué, et qui dépend, à beaucoup d'égards, du code constitutionnel. Les délits contre la souveraineté, par exemple, varient nécessairement selon que la forme du gouvernement est monarchique ou républicaine.

CHAPITRE II.

Des égards dus aux institutions existantes.

On voit par les exemples cités dans le chapitre précédent, que les circonstances qui doivent faire varier les lois sont de deux espèces; les unes tiennent à des causes purement physiques, et par conséquent sont insurmontables; les autres dépendent des causes morales, et sont susceptibles de changement. Le *climat*, le *sol*, les *circonstances géographiques* entraînent des différences nécessaires et permanentes. Le *gouvernement*, la *religion*, les *mœurs* entraînent aussi des différences, mais qui n'ont pas le même caractère de nécessité et de durée.

« Mais, dira-t-on, les circonstances physiques influent sur les circonstances morales, et puisqu'on » ne sauroit changer les premières, on ne peut » pas maîtriser entièrement les secondes. Ainsi le » climat peut opposer un obstacle invincible à telle » ou telle espèce de législation. »

L'influence de ces circonstances physiques est incontestable; mais est-elle nécessairement pernicieuse? N'est-elle pas soumise à l'art du législateur? L'histoire entière ne prouve-t-elle pas qu'il n'y a point de climat ni de sol qui opposent une résistance invincible au bonheur des hommes, et que partout où les hommes peuvent vivre, on peut leur donner un gouvernement, une religion et des mœurs qui les rendent heureux? Le monde n'a été jusqu'à présent qu'un théâtre de vicissitudes. Si l'Egypte n'adore plus la déesse Isis, l'Indien peut cesser de croire à la divinité de Brama. Si l'Italie a nourri les peuples les plus belliqueux, la mollesse des Italiens modernes n'est pas une suite nécessaire du climat. Si la Grèce a été couverte de républiques, pourquoi ne seroit-elle plus propre qu'à porter des troupeaux d'esclaves?

Voyez un Mahomet imprimant aux paisibles tribus de l'Arabie un enthousiasme guerrier, renversant avec une poignée de fanatiques les lois, la religion, les coutumes, les préjugés invétérés de tant de peuples; supposez à cet homme extraordinaire la même force de volonté avec plus de lumière et plus de génie, et osez dire qu'il n'eût pas pu donner à ces nations des lois plus assorties à leur bonheur et moins hostiles au genre humain.

Si cet exemple ne vous paroît pas concluant, considérez celui du fondateur de la Russie. Ce qu'il n'a pas fait en législation, il ne faut pas l'attribuer au climat : ce n'est point le climat qui a donné des bornes à ses succès : il a été aussi loin que son génie a pu le porter : et s'il avoit eu dans l'esprit un système parfait de législation, il auroit trouvé plus de facilité à l'établir qu'un système imparfait. Les plus grands obstacles sont peut-être sortis de ses propres fautes.

Mais il y a des questions plus délicates et plus

importantes. Ce sont celles qui roulent sur la convenance des changemens et sur la manière de les opérer.

Comparez le gouvernement que vous voulez régler à celui qui vous sert de modèle. Relativement au point qui vous occupe, vous le trouverez égal, supérieur ou inférieur à ce modèle. Qu'il soit supérieur, c'est ce qui ne s'accorde guère avec la supposition, puisqu'alors la loi du pays qu'on suppose la plus parfaite en tout point, ne seroit pas la meilleure imaginable. Mais lorsque vous trouverez que le gouvernement, à cet égard, est inférieur, vous avez un nouvel examen à faire? Quel est le plus grand mal? Le mal qui résulte de cette infériorité, ou le mal qui résultera des mesures qu'il faudra adopter pour le changement? Le mal de la maladie ou le mal du remède? Le mal de laisser les choses comme elles sont, ou le mal des efforts et des tentatives pour les rendre ce qu'elles doivent être?

Cette question est bien compliquée; elle en renferme beaucoup d'autres. Le mal du remède n'est-il que temporaire, tandis que le mal de la maladie seroit permanent? Quelle est la portion de bien-être actuel qu'on peut sacrifier à la probabilité d'un bien futur? Quand on a fait deux mesures, l'une de ce qu'on sacrifie, l'autre de ce qu'on croit acquérir, il faut examiner pour combien de temps il vaut la peine de sacrifier telle portion de bien-être actuel à telle portion de bien-être à venir.

Il y a des points sur lesquels un pareil examen n'est pas difficile. Le mal est si sensible, le changement est si avantageux, qu'il suffit de les rapprocher l'un de l'autre pour décider tout esprit raisonnable. Mais il y a beaucoup de points très-importans, dont le *pour* et le *contre*, d'après ces principes, sont tellement compliqués, que l'esprit demeure en suspens et ne sauroit parvenir à un résultat certain. Cependant, même dans ces cas, il est utile de savoir où gît la difficulté, fût-elle insurmontable, et de marquer toutes les conditions qu'il faut remplir pour la solution du problème, quoiqu'on ne pût jamais atteindre à une solution complète. Le problème restera dans un état d'incertitude, mais on en sera moins tranchant et moins fier : on ne donnera pas une confiance aveugle à des argumens inconcluans : on aura des principes pour démasquer les sophismes, et pour humilier l'orgueil des déclamateurs. Combien une marche prudente, combien la circonspection qui accompagne ce doute salutaire, ne sont-elles pas préférables à la témérité qui entreprend tout sans vouloir condescendre à calculer les suites? Il est vrai que le philosophe qui enseigne aux hommes à douter, ne doit pas s'attendre à beaucoup de reconnoissance de leur part. Le doute n'a rien de flatteur pour l'amour propre, et il est mortel aux passions actives et turbulentes. La multitude ne sait pas douter; le peuple agit toujours en sens contraire avec toute la certitude imaginable. De là vient l'ascendant des déclamateurs qui savent bien que pour persuader il faut plus s'attacher à l'énergie des expressions qu'à la justesse des idées. De là le crédit des charlatans qui ne débitent que des remèdes infaillibles, et qui gagnent la confiance du peuple par le ton présomptueux et décidé qui leur attire le mépris des sages.

Que par rapport à la forme du gouvernement, il y ait beaucoup de choses indifférentes, c'est ce qu'il est aisé de concevoir. Il en est de même en fait de religion, et surtout en fait de mœurs. Dès-lors ce qui existe vaut mieux que ce qu'on voudroit y substituer.

Il se peut qu'une loi, très-bonne dans un pays ne doive pas être transplantée dans un autre, où, en vertu des circonstances, elle ne produiroit pas les mêmes effets. Reprenons l'exemple du Bengale et de l'Angleterre. En Angleterre, l'institution du jugement par jury est regardée généralement comme très-avantageuse: pourquoi? parce que dans certaines causes on attend d'un jury plus d'impartialité que d'un juge. Mais dans le Bengale, pays conquis, il peut bien être que cette qualité essentielle se trouve plutôt dans un juge que dans un jury, au moins s'il étoit constitué de la même manière qu'en Angleterre. On accuse en effet les Anglois, dans le Bengale, d'une cupidité insatiable, qui nourrit en eux deux penchans pour ainsi dire épidémiques: penchant à se se livrer à toute espèce d'extorsion au préjudice des malheureux Indiens: et penchant à exercer toute espèce de péculat au préjudice du trésor public. De là naît une convention tacite de s'aider et se protéger réciproquement dans la pratique de tous ces excès. Un jury, pris au hasard dans la classe des Anglois, ne trouveroit jamais un coupable, quelque manifeste que fût le crime. Une secrète connivence anéantiroit la justice; les Asiatiques seroient livrés à l'oppression, et les revenus de l'état au pillage, sans qu'on pût trouver de remède. Mais un juge qui n'aura pas avec les naturels du pays des rapports d'intérêt qui puissent le porter à des actes d'extorsion, et qui ne sera investi d'aucune place qui donne lieu au péculat, un juge qui par son rang fixe sur sa conduite les regards des hommes, qui par sa fortune est au-dessus de la classe commune, et par sa responsabilité, obligé de marcher avec une précaution continuelle, sera probablement plus impartial et plus pur qu'un jury ne pourroit l'être dans les circonstances que nous avons décrites. Il ne faut donc point de lois dans le Bengale contre l'extorsion ou le péculat, ou il ne faut pas y admettre le jugement par jury, ou il faut composer ce jury d'Anglois et d'Indiens, si un tel expédient est praticable (1).

Cet exemple porte à faux, si les imputations faites aux Anglois dans les Indes sont fausses, mais il serviroit également à éclaircir ce qu'on a posé en maxime, qu'*une loi bonne dans un pays pourroit être mauvaise dans un autre, par la diversité des circonstances.*

Il en est de même de différens points de religion, considérés politiquement, et de plusieurs habitudes

(1) C'est le parti qu'on a pris. — Les naturels du pays jouissent d'une sûreté qu'ils n'ont jamais connue sous leurs anciens maîtres: leur propriété est assurée: ils sont à l'abri des vexations arbitraires, et les grandes fortunes, faites rapidement, deviennent rares.

journalières qui composent ce qu'on appelle les mœurs. Il est peut-être avantageux, en totalité, que dans le Bengale, parmi les habitans de race asiatique, les maris soient disposés à enfermer leurs femmes, et que les femmes soient disposées à se laisser enfermer : tandis qu'en Angleterre, il vaut mieux que les maris n'aient pas une prétention semblable, ni les femmes une disposition à s'y soumettre. Si ces mœurs différentes conviennent mieux à chaque pays, c'est-à-dire, si elles y produisent la même mesure de bonheur, il ne faut pas entreprendre de les changer.

Montesquieu ne parle pas à cet égard d'une manière hypothétique : il prend le ton le plus affirmatif. « Ce n'est pas seulement la pluralité des femmes qui » exige leur clôture dans certains lieux d'Orient, » c'est le climat. Ceux qui liront les horreurs, les » crimes, les perfidies, les noirceurs, les poisons, » les assassinats que la liberté des femmes fait faire » à Goa, et dans les établissemens portugais, dans » les Indes, où la religion ne permet qu'une femme, » et qui les compareront à l'innocence et à la pureté » des mœurs des femmes de Turquie, de Perse, du » Mogol, de la Chine et du Japon, verront bien » qu'il est souvent aussi nécessaire de les séparer » des hommes, lorsqu'on n'en a qu'une, que lors» qu'on en a plusieurs (1). »

Je ne sais si ces imputations sont bien fondées;

---

(1) *Esprit des Lois*, liv. XVI, ch. XI.

ce qu'il y a de certain, c'est que les Anglois ont aussi leurs établissemens dans les Indes, et que les femmes angloises ont pour le moins autant de liberté que les Portugaises: cependant qui a jamais ouï parler de ces abominations, comme étant plus fréquentès au Bengale qu'ailleurs? Si Montesquieu avoit pensé à cet exemple, il n'auroit pas tout attribué à l'influence du climat, et une vue plus générale de son sujet l'auroit rendu moins dogmatique.

Dans le tableau des institutions existantes dans un pays, pour les examiner et les juger, il faut bien distinguer deux choses: 1° Si l'institution, relativement à son objet, est bonne ou mauvaise; 2° S'il convient de la conserver seulement en raison de son existence, c'est-à-dire, parce que le mal du changement l'emporteroit sur le mal de la conservation. Mais il est difficile de faire constamment cette distinction, et peut-être impossible de détacher toujours dans le langage deux choses qui tendent naturellement à se confondre. Dans la section précédente, il est fait mention de coutumes auxquelles il faut que le législateur ait égard dans la transplantation d'un code, sans qu'on ait pu toujours exprimer si ces coutumes en elles-mêmes sont bonnes ou mauvaises. Il suffit d'avertir le lecteur que parler d'une loi, d'une coutume, d'un point de religion qui existe, et que le législateur ne doit pas choquer sans de bonnes raisons, ce n'est pas approuver cette loi, cette coutume, ce point de religion: ce n'est que les offrir à l'attention du législateur.

Montesquieu pourroit fournir mille exemples de

ce genre de confusion : bornons-nous à un seul. Il pose en maxime (1), que si le climat produit plus d'habitans que le terrain n'en peut nourrir, il est inutile de faire des lois pour engager à la propagation. Il cite après cela trois exemples qui semblent mis dans cette place pour servir d'appui et de justification à cette règle : car à quoi bon les citer s'ils ne servoient d'autorité à son sentiment? Cependant, il n'est pas possible qu'il les approuve. « A la Chine, » dit-il, et au Tonquin, il est permis à un père de » vendre ses filles et d'exposer ses enfans. Les mêmes » raisons font que dans l'île Formose la religion ne » permet pas aux femmes de mettre des enfans au » monde qu'elles n'aient trente-cinq ans : avant cet » âge, la prêtresse leur foule le ventre et les fait » avorter ». Mais qu'il y a loin de la maxime de Montesquieu à ces différentes lois, quoiqu'il les présente comme autant d'applications de la règle! Jugez par la maxime : vous conclurez que c'est une folie de convertir un plaisir en obligation, de rendre la génération présente moins heureuse, pour augmenter une population qui se forme assez d'elle-même sans aucun moyen de contrainte. Jugez par le premier exemple, celui de l'exposition des enfans : vous conclurez qu'on fait sagement de permettre aux pères d'ôter la vie à des êtres pour qui elle ne seroit qu'un fardeau, et qui ne peuvent pas sentir sa perte. Jugez par le second exemple : vous conclurez

---

(1) Chap. XVI, liv. XXIII.

qu'on doit permettre aux pères de consigner leurs filles, sans les consulter, entre les mains d'un autre homme, pour qui elles peuvent concevoir ou de la haine ou de l'amour. Jugez par le troisième exemple : un étranger peut troubler la paix d'une famille, exposer la vie d'une femme, la soumettre à un traitement atroce, et tout cela sans aucun motif. Il est difficile de se faire une idée nette de ce que pensoit Montesquieu : il semble qu'il a confondu la question de fait et la question de la convenance. Il pose une maxime, il cite trois usages qui n'y ont qu'un rapport très-éloigné, et il semble les mettre sur la même ligne.

CHAPITRE III.

Maximes relatives à la manière de transplanter les lois.

LES *maximes* suivantes ne sont qu'une récapitulation des principes qu'on vient de poser; leur grande utilité autorise à les présenter sous plusieurs aspects; mais en parlant de la transplantation des lois, j'ai dit bien des choses qui peuvent s'entendre de l'innovation en général. Il seroit difficile de distinguer toujours deux cas qui rentrent si souvent l'un dans l'autre.

1. *Aucune loi ne doit être changée, aucun usage ne doit être aboli sans quelque raison spéciale.*

Il faut qu'on puisse assigner quelque avantage positif pour résultat du changement.

2. *Changer un usage qui répugne à nos mœurs et à nos sentimens, sans autre raison que cette répugnance, c'est ce qui ne doit point être réputé un bien.*

La satisfaction est ici pour un seul ou pour un petit nombre : la peine est pour tous ou pour un grand nombre. Première raison qui suffiroit seule. D'ailleurs, où s'arrêteroient ces changemens fondés sur des caprices? Si mon goût seul est une raison pour moi, un goût opposé sera une raison égale pour un autre. L'empereur qui vouloit proscrire une lettre de l'alphabet, devoit penser que son successeur pourroit la rétablir. La reine Elisabeth, qui fut si occupée du surplis des prêtres, devoit craindre que leur costume ne fût altéré sous le règne suivant (1).

3. *Dans toutes les choses indifférentes, la sanction politique doit demeurer neutre : laissez agir l'autorité de la sanction morale.*

La seule difficulté est de constater ce qui est indifférent et ce qui ne l'est pas. Voilà le grand usage d'un catalogue complet des *peines* et des *plaisirs* : il fournit les seuls élémens qui puissent donner la solution de cette difficulté. Ne résulte-t-il d'un acte ni mal du premier ordre ni mal du second ordre? il appartient à la classe des choses indifférentes (2).

Quand on voulut intéresser le grand Frédéric à cette querelle théologique qui agitoit la ville de Neuchâtel sur l'éternité des peines, il répondit que si les Neuchâtelois prenoient plaisir à être damnés éternellement, il ne vouloit pas leur ôter cette satisfaction.

4. *L'innovation la plus facile est celle qui peut*

(1) Le docteur Hunter aimoit à citer le trait d'un chirurgien qui, faisant une opération sur une main fracturée, après avoir coupé quatre doigts, trancha de suite le cinquième qui n'étoit point blessé. Hunter lui en demanda la raison : « C'est, dit-il, que ce » petit doigt resté seul paroissoit ridicule. » Ce trait pourroit devenir un apologue pour bien des opérateurs en législation.

(2) *Voyez* tom. I, chap. x, p. 79, *Analyse du Mal.*

s'effectuer seulement en refusant la sanction de la loi à une coutume qui gêne la liberté des sujets.

Dans les pays où la religion catholique est dominante, il suffiroit, pour détruire ce que les couvens ont d'injurieux à la liberté, de retirer la sanction de la loi aux vœux monastiques.

Il arrive souvent, dans l'Indostan, qu'une femme, à la mort de son mari, prend la résolution de se brûler vive pour faire éclater son courage et sa tendresse. Il y auroit peut-être de la tyrannie à s'y opposer. Mais on ne doit accorder la permission qu'après un certain délai et un examen qui ne laisse aucun doute sur la liberté de son consentement.

5. *L'avantage net de la loi sera comme son avantage abstrait, déduction faite des mécontentemens qu'elle entraîne, et des inconvéniens que ces mécontentemens peuvent produire.*

Les innovateurs, entêtés de leurs idées, ne font attention qu'aux avantages abstraits. Ils comptent les mécontentemens pour rien. Leur impatience de jouir est le plus grand obstacle à la réussite. Ce fut là le plus grand tort de Joseph II. La plupart des changemens qu'il voulut tenter étoient bons abstraitement. Mais comme il ne considéroit point les dispositions des peuples, il fit avorter, par cette imprudence, les meilleurs desseins.

Combien les hommes sont dupes des mots ! Le bonheur public est-il donc autre chose que le contentement public ?

6. *La valeur des mécontentemens sera en raison composée de ces quatre choses :*

1°. *Le nombre des mécontens.*

2°. *Leur degré de puissance.*

3°. *L'intensité du déplaisir dans chacun d'eux.*

4°. *La durée de ce déplaisir.*

Voilà les bases du calcul pour opérer avec succès. Plus le nombre des mécontens est petit comparativement, plus le succès est probable. Mais ce n'est pas une raison pour mettre moins d'humanité dans la manière de les traiter. N'y eût-il qu'un seul malheureux par l'effet de l'innovation, il est digne de l'attention du législateur. Il faut au moins retrancher de l'opération l'insulte et le mépris, donner des espérances, accueillir tous ceux qui reviennent, publier des amnisties. Les changemens vraiment utiles ont en leur faveur une puissance de raison et de conviction qui opère à chaque instant.

Chaque espèce de mécontentement peut avoir une espèce particulière de remèdes. Une perte pécuniaire nécessite une compensation pécuniaire. Une perte de pouvoir peut être compensée, soit par une indemnité en argent, soit par une indemnité en honneur. Une perte d'espérances peut être adoucie par des arrangemens qui ouvrent à l'espérance de nouvelles carrières (1).

---

(1) Voyez les principes qui ont été suivis dans l'union de l'Écosse et de l'Angleterre, et récemment dans l'union de l'Irlande.

7. *Pour obvier au mécontentement, la législation indirecte est préférable à la législation directe.*

Les moyens doux valent mieux que les moyens violens. L'exemple, l'instruction, l'exhortation doivent précéder ou accompagner la loi, et même en tenir lieu, s'il est possible.

Auroit-on dû établir l'inoculation par une loi directe? Non, sans doute : en supposant que cette mesure eût été possible, elle eût été bien funeste : on auroit porté l'effroi dans une multitude de familles. Cette pratique est devenue universelle en Angleterre, par la seule force des grands exemples et par la discussion publique de ses avantages.

Catherine II étoit bien habile dans l'art de régir les esprits : elle ne fit point de loi pour obliger la noblesse russe, qui répugnoit au service, à y entrer; mais, en déterminant tous les rangs, en fixant toutes les préséances, même dans le civil, d'après les grades militaires, elle arma la vanité contre l'indolence : les nobles des provinces les plus reculées, pour n'être pas effacés par leurs subalternes, se sont empressés d'obtenir les honneurs de l'armée.

8. *Si vous avez plusieurs lois à introduire, commencez par celle qui, étant établie, facilitera l'admission des suivantes.*

9. *La lenteur de l'opération est, proportionnellement, une objection contre une mesure. Mais si cette lenteur est un moyen d'obvier au mécontentement, elle peut être préférable à une marche plus expéditive.*

Quand les préjugés du peuple sont violens et opiniâtres, il est à craindre que le législateur ne se porte aux extrêmes : l'un de ces extrêmes est de s'enflammer contre ces préjugés, et de vouloir les extirper, sans peser, dans la balance de l'utilité, les bons et les mauvais effets de cette mesure; l'autre extrême est de souffrir que ces préjugés ne servent de prétexte à l'indolence et la pusillanimité, pour laisser le mal sans remède.

Les préjugés nuisibles et les dogmes pernicieux renferment presque toujours quelque *correctif*, quelque moyen d'*évasion* pour un bon gouvernement et une bonne morale. C'est au législateur à se saisir de ce *correctif* et à en faire usage. Il élude, il arrête les plus mauvais effets du préjugé, au nom et sous l'autorité de ce préjugé même.

C'est ainsi, comme l'a observé Rousseau (1), que François I fit tomber l'usage des seconds dans les duels. « Quant à ceux, dit-il, qui auront la lâcheté » d'employer des seconds, etc. » Il opposa l'honneur à l'honneur; et comme on se battoit pour faire preuve de courage, on n'osa plus appeler des auxiliaires qui jetoient un soupçon sur le courage même.

Mais s'il ne peut parvenir à dénouer ce nœud gordien, il doit le couper avec hardiesse. Le bonheur du très-grand nombre ne doit pas être sacrifié à l'opiniâtreté du petit, ni celui des siècles au repos d'un jour.

---

(1) Lettre à d'Alembert sur les spectacles.

Les préjugés qui paroissent insurmontables au premier coup d'œil, peuvent être vaincus avec un peu d'adresse et de ménagement.

Parmi les gentous, un homme d'un certain rang se croiroit déshonoré s'il étoit forcé de comparoître dans une cour de justice. Qu'importe ce préjugé? des hommes de ce rang sont toujours riches. Quoi de plus aisé que d'envoyer une commission spéciale pour les examiner, à la charge pour eux de payer les frais?

Parmi les Indous, ceux d'un rang élevé se soumettroient à tout, plutôt qu'à faire un serment. Qu'importe? des hommes de ce rang méritent autant de confiance sur leur parole que les autres sur leur serment. Il n'y a qu'à les punir pour un simple mensonge comme on punit les autres pour un parjure. N'admet-on pas la déposition des quakers, en Angleterre, sur leur simple affirmation? Les pairs ne déposent-ils pas en certains cas sur leur *honneur?*

Ni les mahométans ni les Indous ne pourroient souffrir qu'un officier de justice visitât l'appartement de leurs femmes. N'est-il pas facile de ménager leur délicatesse sans violer la loi, dans les cas où elle ordonne des inspections de ce genre? Nommez des femmes pour cet office, et tout est concilié.

Les femmes angloises seroient alarmées si on soumettoit leur personne à la choquante inquisition d'un douanier. Mais, abusant des égards que la bienséance leur assure, il arrive fréquemment qu'en retournant de Calais à Douvres elles sont chargées de mousselines et de dentelles. Faut-il blesser la délicatesse des femmes ou leur permettre de frauder le fisc? Il est aisé de les soumettre à l'inspection de personnes de leur sexe.

Parmi les nombreuses tribus d'Indous, il y en a une dont les membres sont appelés *decoits*. Brama leur a révélé qu'ils doivent voler tout ce qui s'offre à eux, et tuer tous ceux qui tombent entre leurs mains. Doit-on, par respect pour leur conscience, leur permettre le libre exercice de leur vocation? Si c'est le bon plaisir de Brama que ces gens-là vivent de cette industrie, c'est aussi le bon plaisir de Brama qu'ils en souffrent les conséquences.

On se rappelle ce qu'étoient les *assassins* et leur chef surnommé le *Vieux de la montagne*. Chacun d'eux, fidèle aux ordres du chef, couroit exécuter un meurtre où que ce fût, pour mériter le prix éternel de l'obéissance. La terreur de cette secte fanatique se répandit au loin. Les rois n'étoient plus en sûreté sur leurs trônes. On ne savoit quelles victimes offrir pour appaiser ces dieux infernaux. Enfin, un prince tartare, ayant découvert leur retraite, sut appliquer à ce mal le seul remède dont il fût susceptible; il en extermina la race entière, et l'espèce ne s'en est pas reproduite.

M. Hastings, examinant comment l'on devoit agir avec les *decoits*, recommande un traitement plus doux et aussi effectif. Il veut qu'on les réduise à l'esclavage eux et leurs familles. L'esclavage, considéré comme peine, n'est pas bien sévère dans un pays où la liberté politique est inconnue: considéré comme moyen préventif, il remplit parfaitement son objet.

Montesquieu (livre XIX, ch. XIV) dit « Que » lorsqu'on veut changer les mœurs et les manières, » il faut les changer par d'autres mœurs et d'autres » manières, et non par des lois; parce que les lois, » dit-il, sont des institutions particulières du législateur, tandis que les mœurs et les manières sont » des institutions de la nation en général. » La maxime elle-même est vraie jusqu'à un certain point: mais la raison qu'il en donne est bien peu fondée; car tout ce que la loi peut défendre pourroit être un acte de la nation en général, si ce n'étoit à cause de la loi qui l'interdit. Pour comprendre ce qu'il y a de vrai dans la maxime, et pour en découvrir la raison, voyons l'exemple qu'il cite : car, sans ces exemples, on seroit souvent bien embarrassé à trouver le sens de ses préceptes.

Pierre-le-Grand fit une loi qui obligeoit les Russes à se faire couper la barbe, et à porter des habits courts comme les Européens. Des soldats apostés dans les rues avoient ordre de saisir ceux qui étoient en contravention, et de tailler impitoyablement les longues robes jusqu'à la hauteur des genoux. Cette mesure, dit Montesquieu, étoit tyrannique. Pour opérer cette révolution dans l'habillement, il ne devoit pas faire des lois; son exemple auroit suffi.

L'objet de Pierre Ier, dans cette ordonnance, pouvoit être, ou de se satisfaire lui-même en obligeant ses sujets à quitter une mode qui le choquoit pour une autre qui lui plaisoit, ou il se proposoit de les polir, c'est-à-dire de façonner leur caractère national sur les mœurs européennes qu'il croyoit plus propres à les rendre heureux. Cette dernière supposition est la plus probable aussi bien que la plus honorable à ce grand homme, et Montesquieu paroît l'adopter. Dans le premier cas, la loi coercitive est inconvenable : la peine annexée est destituée de fondement, et par conséquent on peut l'appeler violente et tyrannique. Dans le second cas, c'étoit une mesure de législation indirecte contre toutes ces habitudes nuisibles dont il espéroit corriger ses sujets en les formant sur le modèle des Européens. Pour amener l'imitation des mœurs, il falloit commencer par faire disparoître la distinction des habillemens. Il falloit introduire une nouvelle association d'idées. « Vous êtes européens, vouloit-il dire à ses nobles, conduisez-vous donc comme tels : traitez vos femmes et vos vassaux comme les hommes de votre rang traitent les leurs en Europe : rougissez de cette ivrognerie et de cette brutalité qui déshonoreroient des gentilhommes européens : cultivez votre esprit ; adoucissez vos manières : recherchez comme eux l'élégance et la politesse dans les arts et dans les plaisirs. »

Pouvoit-il opérer le changement du caractère national sans changer le mode de l'habillement ? ou pouvoit-il introduire l'habit européen par son seul exemple et d'autres moyens de douceur ? Dans ces deux cas, la peine n'auroit pas été inutile, comme le dit Montesquieu, mais elle n'étoit pas nécessaire. Le bien qui pouvoit résulter pour les mœurs du changement d'habit, étoit-il assez grand pour être acheté au prix de la sévérité de la loi ? S'il ne l'étoit pas, la peine étoit trop dispendieuse. Tel est le procédé lent et minutieux, mais sûr et satisfaisant, d'après lequel on doit estimer la tendance d'une loi sur le principe de l'utilité.

Lorsqu'on traite des sujets de cette importance, on ne sauroit trop éviter le ton péremptoire et décisif. Les conclusions doivent d'abord être hypothétiques. Chaque côté de la question doit être présenté avec le degré d'incertitude qui lui appartient. Défions-nous de ceux qui, par la véhémence de leurs assertions, par la confiance de leurs prédictions, compensent la foiblesse de leurs argumens. La première chose que doit savoir un homme d'état, c'est que la législation est une science de calculs moraux, et que l'imagination ne supplée ni au travail ni à la patience.

Le parlement britannique fit, en 1745, une loi pour obliger les montagnards d'Ecosse à quitter leur habillement national. Cette loi avoit un objet politique. Ce peuple étoit fort attaché à ce signe distinctif, et regardoit avec mépris les habitans du plat pays, qui depuis long-temps avoient adopté l'habit européen. Le prétendant, en se montrant revêtu de ce costume antique, avoit charmé ces braves montagnards, qui vinrent en foule sous ses drapeaux. Après que la rébellion fut terminée on voulut faire disparoître ce vêtement national qui retracoit d'anciennes idées et servoit de signalement à un parti ; mais cette ordonnance, qui mettoit incessamment l'image de la contrainte sous les yeux, ne servoit qu'à rappeler ce qu'on vouloit faire oublier. Après un demi-siècle d'expérience on a senti l'inutilité et le danger de cette loi tyrannique; elle a été révoquée, et l'Angleterre n'a pas de soldats plus fidèles, plus intrépides que ces montagnards, dont on auroit peut-être détruit l'énergie si on avoit eu le malheur de triompher de leurs anciennes coutumes par des moyens de force.

Il résulte en général de ces maximes que le législateur qui veut opérer de grands changemens doit conserver le calme, le sang froid, la tempérance dans le bien. Il doit craindre d'allumer ses passions, de provoquer une résistance qui peut l'irriter lui-même; il ne doit point se faire, s'il est possible, d'ennemis désespérés, mais environner son ouvrage d'un triple rempart de confiance, de jouissances et d'espérances, épargner, concilier, ménager tous les intérêts, dédommager ceux qui perdent, et s'allier, pour ainsi dire, avec le temps, ce véritable auxiliaire de tous les changemens utiles, ce chimiste qui amalgame les contraires, dissout les obstacles, et fait adhérer les parties désunies. Quand on a la force réelle pour soi, il ne s'agit pas de la déployer pour la faire sentir. A demi voilée, elle a plus de succès. Tout le monde sent son intérêt à se réunir le plus tôt possible au parti de la véritable puissance, et l'on ne persévère pas dans une résistance inutile, à moins que l'amour propre n'ait été blessé.

CHAPITRE IV.

Que les défauts des Lois se manifestent davantage lorsqu'elles ont été transplantées.

Après avoir montré le danger qui accompagne l'introduction d'un nouveau système de lois supposées les meilleures possibles, il n'est pas besoin de prouver que ce danger seroit beaucoup plus grand s'il s'agissoit de lois imparfaites; mais ce qui vaut la peine d'être observé, c'est que ces lois paroîtroient beaucoup plus défectueuses dans le pays où elles auroient été transplantées, que dans celui où elles auroient été long-temps établies. Observation qui doit être pesée par les gouvernemens qui veulent donner les lois du peuple conquérant à un pays conquis.

Le peuple en tout pays est attaché aux lois sous lesquelles il a vécu : il les estime comme un héritage qu'il tient de ses ancêtres; il ne connoît rien de mieux : il n'est point en état de les comparer à d'autres. Tous les avantages qu'il retire de la société politique dérivent de ces lois. Le bien qu'elles font est évident, le mal qui en résulte est obscur : on est porté à l'attribuer à d'autres causes, à le regarder comme une suite nécessaire des imperfections de la nature humaine, et comme un prix qu'il faut payer pour jouir de leurs bienfaits. Cette classe nombreuse d'hommes, qui sont, pour ainsi dire, les prêtres de la loi, ne cessent d'entretenir le peuple dans cette superstition qui leur est si favorable en assurant leur fortune, et en augmentant leur importance personnelle. En effet, si la multitude ouvroit les yeux sur les défauts des lois, quelle opinion auroit-elle des hommes dont tout le mérite consiste à les maintenir ? Quand une religion tombe, ses ministres tombent avec elle : tout ce qui diminue la vénération pour l'idole, affoiblit le respect pour les sacrificateurs. Ainsi la voix de tous les juristes s'élève de concert pour célébrer le système établi; et le peuple, entraîné par cette réunion imposante de suffrages, ne songe pas même à examiner l'intérêt qui les dicte. La tolérance des nations pour des abus indigènes, et leur intolérance contre des lois étrangères, ont leur source dans ce mélange inévitable d'ignorance et de préjugés. On veut bien supporter les inconvéniens auxquels on est accoutumé; on ne veut pas en souffrir de nouveaux. La partialité jette un voile sur les préjugés dans lesquels on a été nourri; mais des préjugés étrangers n'ont point la protection de la vanité nationale, et sont repoussés avec horreur.

Qu'on transporte des lois imparfaites du pays conquérant dans le pays conquis, on verra que les deux nations en formeront les jugemens les plus opposés : l'une les estimera beaucoup au-delà de leur valeur; l'autre en concevra un mépris exagéré.

La branche constitutionnelle des lois d'Angleterre est admirable à plusieurs égards. L'organisation du corps législatif est, à peu de chose près, un modèle de perfection. Telle a été du moins l'opinion d'un grand nombre d'hommes judicieux et impartiaux (1); opinion qui paroîtra d'autant plus juste, que l'on considérera mieux cette constitution dans son rapport avec la situation et les circonstances du peuple qui jouit de cet inestimable avantage. Une autre partie de la loi, qui a une grande liaison avec la première, et qui mérite aussi de grands éloges pour quelques-uns de ses principes fondamentaux, c'est l'organisation des tribunaux, la publicité de la procédure, le jugement par jury dans les causes politiques, la liberté de la presse, l'*habeas corpus*, le droit d'association et de pétition, et quelques autres lois qui sont l'égide de la liberté publique et individuelle. Cette base excellente de la législation est bien la première par son importance, mais comparée à la masse totale des lois, elle n'en fait pas la centième partie. Cependant il est aisé de sentir que l'estime due à la branche constitutionnelle s'étend naturellement à toutes les autres par un procédé simple et facile de l'imagination, et surtout des affections. Le bien sert de sauvegarde au mal. Il n'entre pas même dans l'esprit qu'avec des lois si excellentes on ait pu en laisser subsister de mauvaises. Il se forme un préjugé naturel en faveur de l'ensemble : l'estime refuse de s'allier avec le mépris, et la haute opinion que l'on a conçue pour une partie

---

(1) Tout le monde connoît le panégyrique de Montesquieu dans l'*Esprit des Lois*, et l'ouvrage de M. Delolme sur la constitution de l'Angleterre.

de ce code est un obstacle à tout examen qui tendroit à en dégrader une autre. Peut-on croire en effet que le code civil et criminel d'un peuple qui a une constitution si supérieure à toutes les autres, ne soit qu'un amas de fictions, de contradictions et d'inconséquences? Admettroit-on que le bon et le mauvais principe eussent combiné leurs forces dans le même ouvrage, qu'ici l'on reconnût une création de l'intelligence, un plan formé avec profondeur, exécuté avec ordre, suivi avec constance, et que là on aperçût l'irrégularité du chaos, les caprices du hasard et l'entassement confus de matières indigestes? Ces discordances choquantes, pour un observateur attentif, ne frappent point la multitude, qui se plaît à s'imposer à elle-même le dogme d'une admiration absolue. La seule immensité de ces lois, dont la collection forme une bibliothèque qu'un homme studieux ne sauroit lire en dix ans, est une enveloppe ténébreuse qui les défend contre toutes sortes d'attaques (1). Essayez de vous mesurer avec quelque athlète de la loi; hasardez quelque critique modeste. Il vous accable aussitôt du double poids de son ignorance et de la vôtre. Avez-vous étudié cette jurisprudence? vous dit-il d'un air de triomphe. En avez-vous saisi l'ensemble? — Non. — Eh bien, sachez que vous ne pouvez former aucun jugement sur des parties détachées. Tout se tient dans cette doctrine;

---

(1) *La glorieuse obscurité de la loi*, expression d'un juge d'Angleterre, qui croyoit faire un éloge en prononçant la plus forte de toutes les censures.

et si vous ôtez un anneau, vous risquez de briser la chaîne.

Le droit anglois, comme tout autre système de lois formé successivement par agrégation et sans aucun plan, se divise en deux parties, les statuts et la loi commune, ou la coutume. Les statuts, c'est-à-dire les actes du corps législatif, rédigés avec une grande attention pour les circonstances et pour les intérêts de l'Angleterre, n'ont pu avoir aucun égard au bien-être de ces pays dont l'acquisition n'étoit pas même prévue. La loi commune, c'est-à-dire la loi non écrite, résultat des coutumes, mêle à quelques principes d'une valeur inestimable une foule d'incohérences, de subtilités, d'absurdités et de décisions purement capricieuses. Il est impossible de croire que dans cet ouvrage fantastique on ait eu en vue le bien-être d'aucun pays.

Que ne pourroit-on pas dire des vices nombreux de la branche pénale de la loi, — du manque absolu d'ordre et de symétrie dans l'ensemble, — de noms propres pour plusieurs chefs de délit, — de définitions pour le petit nombre d'offenses qui ont un nom propre? Que ne pourroit-on pas dire de l'impunité de plusieurs pratiques malfaisantes et des peines imméritées attachées à plusieurs actes dont le mal est presque imperceptible, — de la négligence totale de toute règle de proportion entre les peines et les délits, — du mauvais choix de l'espèce des peines qui n'ont aucune analogie avec la nature des offenses, — de l'abus qu'on a fait, ou plutôt de la prodigalité dans l'emploi de cette peine invariable, inégale, incommensurable, improfitable, impopulaire, irrémissible, la peine de mort; — de ce défaut total de méthode et de justesse dans la très-imparfaite attention qu'on a donnée aux différentes bases de justification, d'aggravation, d'atténuation et d'exemption; — du manque de principes fixes, et de règles positives pour estimer la quantité et la qualité des compensations, et des satisfactions que requièrent les différentes espèces d'injures?

Plus le crime est atroce, moins il y a de remède pour la partie lésée. Demandez à un jurisconsulte ce qu'il pense de cette maxime : il vous répondra sans doute qu'elle est injuste, qu'elle est absurde, faite pour une nation d'idiots, ou pour ce monde renversé et ces peintures grotesques destinées à l'amusement des enfans, dans lesquelles on représente le cochon qui met le cuisinier à la broche, et le voleur qui pend le juge. Cependant, il est plusieurs cas où cette maxime a été suivie par la loi commune de l'Angleterre avec la plus grande exactitude. Si un homme vous poche un œil, vous pouvez le faire payer pour cela : mais s'il vous crève les deux yeux, il n'y a point de dédommagement pour vous : tout ce qu'on lui prend appartient nominativement au roi, et passe réellement au shérif. Si on vous tue un cheval, vous en aurez la valeur : si on tue un de vos enfans, vous n'aurez rien. La confiscation, s'il y en a une, passe à un étranger comme dans l'autre cas. Qu'on mette le feu à votre maison, si c'est par malheur, vous recevrez une indemnité, si c'est par malice, vous n'en recevrez point : mais tel autre qui n'a rien souffert, recevra pour sa consolation les biens confisqués si le délinquant a des biens. Il est des avocats qui soutiennent que cela revient au même. « Dès qu'il y a » une satisfaction, disent-ils, la justice a fait son » devoir, n'importe qui la reçoit ». Pour récompenser de tels raisonneurs, il faudroit statuer que tout ce qui leur est dû par leurs clients sera payé au trésor public.

Quant à la variété des procédures devant les divers tribunaux, aux longueurs, aux formalités, aux embarras, aux frais énormes qu'elles entraînent, c'est un autre chapitre dont il est impossible de présenter les détails. L'intégrité des juges anglois est parfaitement à l'abri de tout reproche et de tout soupçon : mais la procédure est bien loin de cette simplicité, de cette clarté, cette brièveté, cette économie qu'on doit se proposer dans cette partie.

Vous êtes père de famille ; vous venez à moi, et vous me dites : « Deux de mes enfans sont en querelle » pour un jouet : l'aîné s'en est saisi, et prétend que » son frère le lui a donné : le cadet le nie absolu- » ment : que ferai-je pour les mettre d'accord, et » pour découvrir la vérité du fait. »

La chose est sérieuse, lui répondrai-je : il y a ici usurpation et mensonge : je vous conseille d'approfondir cette dispute, et de ne pas la traiter légèrement. Gardez-vous bien de mander les deux jeunes gens pardevant vous, de les interroger l'un en présence de l'autre, d'appeler immédiatement les témoins s'il y en a, et de hâter ainsi la conclusion. Voici ce que vous devez faire. Sans parler ni à l'un ni à l'autre, sans souffrir qu'ils vous parlent, faites que le cadet de vos fils couche par écrit toute sa plainte, adressant à son frère toutes les questions qu'il croit convenables : donnez à l'autre un temps raisonnable pour préparer ses réponses : d'abord six semaines, ensuite un mois, puis trois semaines, puis quinze jours. Si ces réponses sont évasives, suivez la même marche : accordez de nouveaux délais : ils serviront à donner au cadet le loisir d'adresser à son frère quelques autres questions qu'il avoit omises la première fois, ou une série d'autres questions rendues nécessaires par la réponse faite aux premières. Nouveaux ajournemens pour cela. Cependant l'aîné à son tour voudra peut-être raconter son histoire, et faire aussi des questions. Par-là le temps de la délibération sera doublé. Quand les affaires en seront venues à ce point, vous pouvez lire vous-même leurs écritures, ou prier un tiers de s'informer dans la famille de tout ce qu'on a pu connoître relativement au fait primitif, mais toujours en prenant bien garde de ne point parler aux enfans eux-mêmes. Quand ce tiers vous aura communiqué ce qu'il a appris, alors l'affaire sera mûre pour la décision. Il est bien vrai que pendant cet intervalle on aura dépensé la valeur du jouet en plumes et en papier : le souvenir des événemens à l'origine de la dispute sera effacé : vos enfans se seront exercés dans l'art de la fausseté et de la chicane : il y aura beaucoup de temps perdu pour vous et pour vos gens : toute votre maison aura pris parti pour l'un ou pour l'autre, et il y aura des deux parts une animosité profonde ; mais aussi vous aurez découvert la vérité, vous aurez montré l'importance que vous mettiez à la querelle, et la paix renaîtra parmi vos enfans. Après avoir entendu ce savant discours, je ne sais si le père famille qui m'a consulté me regardera comme un fou, mais je sais que j'ai représenté sans aucune altération la marche d'un procès dans la cour d'équité, sans parler de mille incidens qui compliquent encore cette marche, sans faire mention de ces termes techniques qui en font un mystère pour tout autre que pour les adeptes. Je sais bien qu'un état est plus grand qu'une famille : mais c'est aux partisans de cette procédure à montrer pourquoi les mêmes moyens qui rempliroient le but de la justice dans un cas, ne le rempliroient pas également dans un autre. Sans être admirateur de la justice sommaire des cadis, on peut dire qu'elle ressemble plus à celle d'un père de famille que celle que nous venons de décrire.

Qui le croiroit ? Cette masse d'absurdités n'est point une production de l'ancienne barbarie, ce sont des raffinemens modernes. On voit encore dans l'histoire les traces du temps où un juge anglois avoit le pouvoir de faire prompte justice. Chaque partie étoit prête à parler et à répondre, à examiner et à être examinée en présence du juge. Il y avoit alors peu d'avocats, point de procureurs, pas un denier de frais, jusqu'à ce qu'on eût vu qui avoit mérité de les payer. Pourquoi a-t-on abandonné ces formes si simples et si pures? Pourquoi ne les a-t-on pas rétablies quand on avoit à instituer des tribunaux dans une autre contrée?

CHAPITRE IV.

Influence du temps.

Les meilleures lois possibles en tel pays, dans l'époque actuelle, étant trouvées, on demande si ces mêmes lois auroient été également les meilleures possibles pour le futur. On voit d'abord que ces deux questions sont purement spéculatives, puisque les deux époques dont il s'agit sont hors de notre puissance; mais comme des idées saines sur ce sujet peuvent contribuer peut-être à nous garantir de certaines méprises dans la pratique, il n'est pas inutile de l'examiner.

Le temps n'étant rien en lui-même, son influence n'est autre que celle des causes physiques et des causes morales. Quant aux causes purement physiques, leurs variations ne peuvent jamais être bien considérables. Le sol peut subir quelques changemens par l'action des eaux, par celle du feu, ou par l'industrie de l'homme. Des marais se dessèchent, d'autres terrains s'inondent, des péninsules se détachent du continent, les sommets des montagnes s'affaissent par leur propre poids, des îles se forment à l'embouchure des fleuves, ou par l'irruption des volcans, l'Océan par ses mouvemens rétrogrades ou progressifs peut occasionner quelques changemens sur ses rivages; mais ces diverses altérations ne peuvent pas changer la nature générale des lois, ni créer de nouveaux genres de délits : tout ce qui peut en résulter, c'est quelque modification dans les réglemens locaux pour les adapter aux nouvelles circonstances.

Il en est de même par rapport au climat et aux productions animales ou végétales : soit par le moyen de la culture et de la population, soit par d'autres causes moins bien connues, la quantité de la chaleur sensible répandue sur la surface de la terre paroît tendre graduellement à une distribution moins inégale. Les zones brûlantes deviennent peut-être un peu plus tempérées ; les climats froids deviennent certainement un peu plus chauds. Des végétaux de l'Amérique ont été transportés en Europe. Les alimens et les cultures peuvent varier en conséquence. S'il en résulte quelque changement correspondant dans les lois, ces changemens se réduisent à peu de chose, et sont absolument les mêmes que ceux que nous avons indiqués comme relatifs aux circonstances locales.

Si les causes physiques produisent peu de variations, il n'en est pas de même des causes morales. Les nations les plus éclairées et les plus polies ont eu des commencemens grossiers et barbares. Leurs mœurs étoient farouches et violentes ; leur religion, toujours sombre, toujours effrayante, se bornoit à quelques jongleries : point de communication entre les peuples, et peu entre les individus. Les lois étoient en proportion avec les autres progrès de l'art social. Les législations même les plus vantées dans l'antiquité sont bien loin de ce que nous concevons aujourd'hui comme le modèle de la perfection. Nous trouvons particulièrement celles des Indous et des mahométans remplies de contraintes inutiles, de pratiques minutieuses, d'omissions capitales; il n'y auroit aucun homme raisonnable qui choisît de vivre sous de telles lois; et le ministre d'état le plus ignorant de nos jours composeroit un systême de législation bien supérieur à ceux de Numa et de Mahomet.

Mais ne falloit-il pas des lois de cette nature pour des peuples grossiers? pouvoient-ils supporter une législation plus parfaite? Si un instituteur très-éclairé avoit voulu leur donner le code que nous regarderions aujourd'hui comme le meilleur en lui-même, auroit-il été assorti à des entendemens demi-barbares? auroit-il convenu à des mœurs effrénées? Ces défauts que nous reprochons à ces lois n'étoient-ils point une condescendance nécessaire pour les préjugés de ces peuples? Ou, pour réduire toutes ces questions à une seule, les lois qui seroient les meilleures aujourd'hui auroient-elles été les meilleures autrefois?

SECTION PREMIÈRE.

Vue rétrospective : Les meilleures Lois possibles dans l'époque actuelle, auroient-elles été les meilleures possibles dans les temps passés ?

Il y a deux classes de personnes qui tiennent pour la négative. Les uns sont ceux qui, par indolence, par timidité ou par des motifs moins pardonnables, se sont déclarés contre toute idée de réforme et d'amélioration. Rien de plus heureux, rien de mieux imaginé pour favoriser leur inertie que de pouvoir tirer de l'excellence même d'un système de lois une objection décisive contre sa convenance, et de prononcer solennellement que l'auteur est un utopien, un fou dangereux. Il est vrai que leur prétendu argument, quand on l'approfondit, ne paroît plus qu'une contradiction dans les termes ; mais combien peu de gens seront capables d'examiner à fond des absurdités revêtues d'un ton sentencieux ! Or il est bon, pour accoutumer les esprits à l'erreur, d'appliquer ce faux raisonnement aux lois du temps passé, afin de le transférer aux lois présentes. Ce n'est pas la seule occasion où l'on place, pour ainsi dire, un sophisme à deux mille ans en arrière, pour surpendre plus adroitement les esprits.

La seconde classe est composée de ceux qui ont à défendre ces religions fausses et absurdes qui sont entrées dans les détails de la législation.

Un musulman capable de réfléchir et de s'éclairer, appelé à passer plusieurs années en Angleterre, est frappé des effets de son gouvernement. Il s'élève jusqu'à admirer la liberté des cultes, celle des individus, le progrès des sciences et de l'industrie : il ne peut s'empêcher de reconnoître dans ces lois humaines une sagesse très-supérieure aux institutions de Mahomet qu'il rapporte à Dieu même : les défauts de ces lois émanées du ciel sont si palpables et si manifestes, qu'il est impossible de se les dissimuler. Mais je le suppose encore attaché aux préjugés de son enfance, que fera-t-il dans un tel embarras ? Comment parviendra-t-il à fasciner son entendement ? Comment conciliera-t-il ce ramas d'extravagances et de sottises avec la prétendue inspiration du prophète ? Voici ce qu'il fera : il disculpera le législateur en accusant le peuple : C'étoit, dira-t-il, un peuple stupide, grossier, opiniâtre, porté à l'idolâtrie, et qui avoit besoin, comme les animaux indociles, d'un traitement rigoureux. Après avoir mis sa conscience en sûreté, il conviendra sans peine que, dans un certain sens, ces lois étoient mauvaises, mais il soutiendra que, dans un autre sens, elles étoient les meilleures possibles. Elles étoient mauvaises en théorie, vous dira-t-il, elles étoient bonnes en pratique : elles étoient mauvaises pour un autre peuple, elles étoient bonnes pour celui-là. Elles étoient mauvaises en apparence, elles étoient excellentes en réalité.

Cet argument est assez plausible, tant qu'on reste dans des termes généraux : mais si vous entrez dans les détails, si vous en venez à l'application, vous mettrez votre musulman mal à son aise; l'illusion ne pourra plus se soutenir. En effet, supposez le peuple le plus superstitieux et le plus grossier, quel avantage verra-t-on à laisser chez ce peuple de grands délits sans aucune peine, à infliger au contraire de grandes peines à des délits imaginaires, à omettre totalement toutes les bases d'aggravation, d'atténuation, de justification et d'exemption dans les cas individuels, à abandonner toute la procédure judiciaire à l'arbitraire le plus absolu, à fatiguer le peuple de restrictions minutieuses, à lui imposer des devoirs absurdes, des obligations frivoles, à le condamner à l'ignorance et à l'esclavage politique, à lui défendre toute espèce de progrès, en faisant de toutes ses lois et de toutes ses coutumes, des institutions divines qu'il ne peut songer à perfectionner sans commettre un attentat contre Dieu même? Vous étiez, dites-vous, une nation ignorante et superstitieuse : mais pourquoi Mahomet vous a-t-il donné des lois capables d'augmenter ces défauts plutôt que de les diminuer? Il est possible qu'il eût été forcé d'employer des peines un peu plus sévères, parce que dans un état de demi-barbarie les hommes ont moins d'influence les uns sur les autres par l'opinion, par la sanction populaire, et parce qu'ils sont moins accoutumés à obéir aux lois, à reconnoître l'autorité du gouvernement : mais si des peines un peu plus sévères sont peut-être nécessaires pour un peuple qui n'est pas encore civilisé, ne devoit-il pas prévoir la civilisation future, et laisser la possibilité d'adoucir les châtimens? D'ailleurs, est-ce une raison pour punir ce qui ne doit jamais être puni? Est-ce une raison pour punir sans choix et sans mesure? L'ignorance du peuple est-elle une raison pour ne définir aucun droit, pour ne limiter aucun pouvoir, et pour laisser le code civil dans la même imperfection que le code criminel?

Le mahométan vous dira peut-être que ces définitions, ces limitations supposoient un état de connoissance qui n'existoit pas, et que le législateur n'auroit pas pu se faire comprendre. Mais cette évasion ne mène pas loin; car avec les mots de l'Alcoran, avec les idées de l'Alcoran, et rien de plus, on peut faire un code qui contiendra cent fois plus de choses utiles que l'Alcoran, sans aucune de ses absurdités.

Le mahométan vous dira encore que si le peuple avoit pu comprendre un code plus parfait il n'auroit pas voulu le recevoir; que Mahomet flatta les passions et les préjugés de ses sectateurs, et que s'il avoit voulu les heurter il auroit échoué dans son entreprise.

Mais quelque ignorant, quelque opiniâtre que fût ce peuple, Mahomet n'a-t-il pas attaqué hardiment ses habitudes les plus invétérées, ses préjugés les plus enracinés? N'a-t-il pas cherché les penchans auxquels ce peuple étoit le plus adonné pour les punir avec la plus grande rigueur? Et puis, si ce peuple n'avoit pu supporter les restrictions les plus nécessaires, pourquoi lui auroit-il imposé cette multitude de restrictions frivoles? On s'étonne bien plus de l'obéissance des disciples, qu'on ne croit à la timidité de l'instituteur. Où s'est-il montré foible, craintif, pusillanime ? Dans quelle occasion a-t-il ménagé les opinions dominantes? Quand un homme possède cette âme intrépide, ce grand caractère qui le met à la tête d'un peuple, qui le rend législateur et prophète, l'empire du passé s'efface, il commande à l'avenir, il devient maître des opinions et des affections. Un enthousiaste est composé d'un courage actif et d'une ardente imagination. Un homme timide, un égoïste ne sera jamais le fondateur d'une nouvelle loi. *Nemo unquam vir magnus sine aliquo afflatu divino fuit.* Ce n'est donc pas à des considérations de prudence personnelle qu'on peut attribuer l'imperfection des lois de Mahomet. Il a osé tout ce que lui a montré son génie. Il n'est point resté en arrière de lui-même. Les défauts de son ouvrage ne sont que les défauts de son intelligence. S'il avoit mieux su, il auroit mieux fait. Cette conséquence, il est vrai, ruineroit entièrement les bases de la religion musulmane. Aussi ne néglige-t-on rien pour l'éluder, et l'ignorance universelle des Turcs n'est qu'une précaution du législateur pour les empêcher de découvrir son imposture.

On attribue à Solon d'avoir dit de ses lois, qu'elles étoient non les meilleures en elles-mêmes, mais les meilleures que les Athéniens fussent capables de recevoir. Ce témoignage paroît d'un grand poids aux temporiseurs législatifs.

Il est bien permis de douter que Solon, tout éclairé qu'il étoit parmi les Athéniens, fût en état de composer les meilleures lois possibles. On n'aperçoit nullement parmi les philosophes Grecs, la connoissance des vrais principes de la législation. Quelle preuve peut-on avoir que Solon fût plus éclairé que les autres ? N'auroit-il pas transmis ses connoissances à quelques disciples ? N'auroit-il pas laissé ce modèle de perfection pour servir après lui, ou de monument à sa gloire, ou de règle à la postérité ?

Cependant, le mot de Solon pouvoit être vrai dans un sens. Il pouvoit être vrai dans son application à la branche constitutionnelle des lois. Les principes de la constitution des gouvernemens sont beaucoup plus arbitraires que ceux du code pénal et du code civil. Ils dépendent des habitudes du peuple, et de la tournure qu'ont prise ses espérances et ses craintes. Il est probable que les Athéniens, accoutumés à la violence et à la jalousie des états démocratiques, ne pouvoient pas être heureux sous la même forme de gouvernement que les Lacédémoniens et d'autres républiques de l'Italie ou de la Grèce. Mais ces formes constitutionnelles peuvent admettre des différences, sans être moins propres à l'objet de l'utilité publique. D'ailleurs, qu'est-ce que cela prouve ? Que le meilleur système de lois, chez un peuple à demi-barbare, comme étoient alors les Athéniens, ne seroit pas si bien observé, et ne produiroit pas de si bons effets que chez une nation civilisée : il ne s'ensuit nullement qu'un système de lois imparfait seroit mieux obéi et produiroit de meilleurs effets que le système perfectionné. Il se peut que les Athéniens, trompés par leurs préjugés, eussent refusé une excellente législation, mais il n'est pas possible que la législation inférieure leur convînt mieux, fût mieux adaptée à leur bonheur. Ainsi le mot de Solon exprimoit un regret, et non pas un choix. Il en faisoit une apologie, et non une règle.

SECTION II.

Vue prospective : Les lois les plus parfaites aujourd'hui seroient-elles encore les plus parfaites dans les temps futurs ?

Peut-on croire que nous avons atteint en perspective le beau idéal, le beau immuable de la législation ? Y a-t-il des progrès sans bornes pour l'esprit humain ? Les lois que nous concevons aujourd'hui comme parfaites, ne seront-elles pas, aux yeux de nos descendans plus éclairés, aussi défectueuses que les législations anciennes le paroissent aux nôtres ?

L'auteur de la *Félicité publique* a soutenu que depuis le commencement des choses jusqu'à nos jours la condition de l'homme n'avoit cessé de s'améliorer, ou du moins qu'elle étoit meilleure dans le siècle actuel que dans aucun âge précédent, et qu'il étoit probable qu'elle s'amélioreroit encore. Le docteur Priestley a exalté ses espérances au point de penser que les hommes arriveroient à un degré de bonheur qui surpasse aujourd'hui notre conception. Le progrès des lumières, le perfectionnement des mœurs et des lois ouvriront de nouvelles sources de félicité, et feront disparoître à peu près tous les maux de la terre.

Cet optimisme futur, pris dans un sens littéral,

ne semble guère moins appartenir à la poésie que l'âge d'or des siècles passés. Il vaut mieux pour l'imagination placer le bonheur en avant, et nous donner des espérances qui nous animent, que des regrets qui nous découragent; mais quand il s'agit de questions de cette nature, il ne faut pas défigurer la raison par un mélange de chimères.

Sur quel fondement raisonnable un philosophe peut-il nous parler d'un perfectionnement dont nous ne saurions aujourd'hui concevoir l'idée? Tous les termes de la question nous sont bien connus : il n'y a point ici de mystère. Les hommes dont il se forme des idées si exaltées seront des hommes de la même nature que nous, vivant dans le même état, doués des mêmes sens, environnés des mêmes objets, tirant leurs plaisirs et leurs peines des mêmes sources. Ainsi nous connoissons le plus haut point des souffrances et des jouissances dont l'homme est capable. Donnez-lui un sens nouveau, et l'objection tombe; mais alors ce n'est plus le même être qui est le sujet de la question. Vous ne parlez plus de l'homme, vous parlez d'un être supérieur. Or, comment les lumières des peuples et la perfection des lois peuvent-elles tendre à développer en l'homme de nouvelles facultés? Voilà ce que devoit montrer le philosophe qui vouloit rendre probable cette opinion d'une perfectibilité indéfinie.

On pourra juger que les lois sont à leur *maximum* de perfection, et les hommes au *maximum* du bonheur en tant qu'il dépend des lois, lorsque les grands crimes seront inconnus, excepté par les lois qui les défendent : lorsque dans le catalogue des actes prohibés il n'y aura plus des délits de mal imaginaire : lorsque les droits et les devoirs des différentes classes d'hommes seront si bien définis dans le code civil, qu'il n'y aura plus de procès qui roulent sur le point de droit : lorsque la procédure sera tellement simplifiée, que les controverses qui s'élèveront de temps en temps sur des questions de fait pourront être terminées sans autres frais ni délais que ce qui est absolument nécessaire : lorsque les cours de justice, quoique toujours ouvertes, seront rarement occupées : lorsque les nations ayant posé les armes et licencié leurs armées par des traités mutuels, et non par une mutuelle impuissance, ne paieront plus que des impôts imperceptibles : lorsque le commerce sera tellement libre, que ce qui peut se faire par plusieurs ne sera point accordé exclusivement à un petit nombre, et que des impôts oppressifs, des prohibitions et des faveurs ne nuiront pas à son développement naturel : lorsqu'on laissera en parfaite liberté ces branches d'industrie qui ne demandent que la liberté, et qu'on accordera des encouragemens positifs à celles qui en ont besoin : lorsque par le perfectionnement de la loi constitutionnelle les droits et les devoirs des officiers du public seront si bien distribués, et les dispositions du peuple à la soumission et à la résistance si bien tempérées que la prospérité résultant des causes précédentes sera hors du danger des révolutions : enfin lorsque la loi, qui est la règle des actions des hommes, sera concise, intelligible, sans ambiguité, et dans les mains de tout le monde. Mais à quoi s'élève tout ce bonheur? Il se *réduit à l'absence d'une certaine quantité de mal;* à l'absence d'une partie des maux de différentes espèces auxquels la nature humaine est sujette. L'augmentation de bonheur qui en résulteroit est sans doute assez grande pour exciter le zèle de tous les hommes vertueux dans cette carrière de perfectionnement qui nous est ouverte; mais il n'y a rien là d'inconnu et de mystérieux, rien qui ne soit parfaitement à la portée de l'intelligence humaine.

Tout ce qui passe ces objets appartient aux chimères. Le parfait bonheur est dans les régions imaginaires de la philosophie, comme le remède universel et la transmutation des métanx. Dans cette époque de la plus grande perfection, le feu causera des incendies, les vents causeront des naufrages, l'homme sera toujours sujet aux infirmités, aux accidens, à la décrépitude et enfin à la mort. On peut diminuer, mais on ne sauroit prévenir toutes les passions tristes et malfaisantes : les dons inégaux de la nature et de la fortune feront toujours naître d'amères jalousies; il y aura toujours des oppositions d'intérêt, et par conséquent des rivalités et des haines; les plaisirs seront toujours achetés par des peines, les jouissances par des privations. Un travail pénible, un assujettissement journalier, un état voisin de l'indigence, seront toujours le lot du grand nombre. Dans les conditions élevées comme dans les classes inférieures, ce qu'il y aura de commun à tous, ce sont des désirs qu'ils ne pourront pas satisfaire, des penchans qu'il faudra surmonter; car la sûreté réciproque ne peut s'établir que par le renoncement forcé de chacun à tout ce qui peut blesser les droits légitimes des autres. Supposez donc les lois les plus raisonnables, c'est toujours la contrainte qui est la base des lois, et la contrainte la plus salutaire dans son effet éloigné est toujours un mal, toujours une peine, dans son effet immédiat.

A certains égards la perfectibilité paroît avoir des limites un peu moins connues : on ne sauroit assigner précisément jusqu'où l'esprit humain peut aller dans les régions de la poésie, dans les diverses branches de la littérature, dans les beaux-arts, comme la peinture, la musique, etc. Cependant il est probable que les sources de la nouveauté s'épuisent, et que si les moyens de plaisir deviennent plus exquis, le goût devient à proportion plus sévère.

Ce tableau, fidèle résultat des faits, vaut mieux qu'une exagération trompeuse qui exalte un moment les espérances, et nous laisse ensuite retomber dans le découragement, comme si on nous avoit menti en nous promettant le bonheur. Ne cherchons que le possible. C'est une carrière assez vaste pour le génie, assez difficile pour les plus grandes vertus. Nous ne ferons jamais de ce monde le séjour d'un bonheur parfait: quand il seroit devenu tout ce qu'il peut devenir, ce paradis ne seroit encore, selon l'idée des Asiatiques, qu'un jardin; mais ce jardin seroit une demeure délicieuse comparée à cette forêt sauvage où les hommes ont erré si long-temps.

Cette discussion étoit nécessaire pour montrer que

dés à présent on pouvoit atteindre à de justes idées de la perfection en matière de gouvernement. Jusqu'à ce qu'on eût mis en évidence le grand principe de l'utilité; jusqu'à ce qu'on l'eût séparé des deux faux principes avec lesquels il s'est trouvé sans cesse dans un état de confusion ; jusqu'à ce qu'on eût, à l'aide de ce principe, reconnu le but où l'on devoit tendre, et les moyens qu'on devoit employer ; jusqu'à ce qu'on eût fait, pour ainsi dire, tout l'*appareil* législatif, et mis en ordre toutes les notions fondamentales, on ne pouvoit concevoir aucune idée précise d'un système parfait de législation. Mais si enfin ces divers objets sont remplis au gré des philosophes, l'idée de la perfection n'est plus une chimère; elle s'est, pour ainsi dire, livrée à l'homme qui sait méditer : on embrasse son horizon tout entier ; et quoiqu'il ne soit donné à aucun homme vivant d'entrer dans cette terre promise, cependant celui qui saisit ce vaste et superbe ensemble peut se réjouir, comme Moïse lorsqu'au sortir du désert il découvrit du sommet de la montagne toute l'étendue et la magnificence des contrées dont il avoit ouvert le chemin.

VUE GÉNÉRALE
D'UN CORPS COMPLET
DE LÉGISLATION.

AVERTISSEMENT DE L'ÉDITION DE 1802.

L'AUTEUR ne regardoit cet ouvrage que comme une esquisse qui avoit servi à le guider lui-même, mais qui étoit trop peu développée pour être offerte au public. En effet, les manuscrits ne m'ont présenté pour quelques chapitres que des fragmens, des tables de matière : mais comme la route étoit toujours tracée, je ne crains pas de m'être écarté du but.

Il m'a paru que dans un bon ordre de lecture, il falloit commencer par se faire une idée générale de l'ensemble. C'est là qu'on voit les grandes divisions, les points de coïncidence et de séparation de toutes les branches de la loi. C'est là qu'on apprend à s'orienter dans la vaste région de la jurisprudence.

La *division des délits* qui étoit un hors-d'œuvre dans l'*introduction aux principes de morale et de jurisprudence*, où elle occupoit un si grand espace, a trouvé ici sa place naturelle : mais je n'ai pas osé me jeter dans les profondeurs analytiques, et j'ai toujours regardé le rivage.

L'esprit philosophique, l'esprit d'invention

ne s'est point encore appliqué à cette géographie générale de la loi. C'est un sujet sur lequel il n'y a pas encore de trace d'homme.

On va voir un plan lumineux et régulier succéder à un état de confusion et de désordre.

Jam mare littus habet : plenos capit alveus amnes :
Flumina subsidunt : colles exire videntur.
Surgit humus. MÉTAM. lib. I.

On sent bien qu'un traité de méthode et de classification ne peut pas être un ouvrage d'amusement. La précision et la clarté sont presque les seuls ornemens dont il soit susceptible. Il faudroit avoir le goût puéril et faux pour y introduire des embellissemens que le sujet ne comporte pas.

Mais ceux qui ne sont pas appelés par inclination ou par devoir à faire une étude approfondie de la science des lois ne doivent pas s'appesantir sur ce traité préliminaire : il n'est pas absolument nécessaire à l'intelligence du reste. Après avoir lu l'ouvrage en son entier, on reviendra avec plus d'intérêt et d'instruction sur ce tableau général (1).

---

(1) Dans la première édition, ce traité faisoit partie du premier volume, et venoit d'abord après les *principes de législation* : Sa forme analytique avoit arrêté un grand nombre de lecteurs. Il n'étoit pas convenable de faire commencer par la partie la plus difficile.

VUE GÉNÉRALE

D'UN CORPS COMPLET

DE LÉGISLATION.

CHAPITRE PREMIER.

Division générale.

Un corps de lois est comme une vaste forêt : mieux il est percé, plus il est connu.

Pour rédiger un corps de lois complet, il faut connoître toutes les parties qui doivent y entrer. Il faut savoir ce qu'elles sont en elles-mêmes, et les unes par rapport aux autres. C'est ce qui a lieu lorsqu'en prenant le corps dans son entier on le divise en deux parties, telles que tout ce qui appartient au corps intégral se trouve compris dans l'une ou dans l'autre, et que rien ne se trouve à la fois dans toutes les deux. Voilà le seul cas où la division soit complète.

Divisions usitées.

Première division. 1° *Droit intérieur.* 2° *Droit des gens.* Le premier est le *droit national* qui prend le nom du pays dont il est question. *Droit français, droit germanique.*

Une partie détachée de ce droit qui ne concerne que les habitans d'une ville, d'un district ou d'une paroisse, forme une subdivision qu'on appelle le *droit municipal.* Le second est celui qui règle les transactions mutuelles entre les souverains et les nations. On pourroit l'appeler exclusivement *droit inter-national* (1). Cette division est complète, mais ses parties sont inégales et peu distinctes.

Seconde division. 1° *Droit pénal.* 2° *Droit civil.* Lorsqu'on a donné cette division pour complète, on avoit oublié au moins le *droit des gens.*

Troisième division. 1° *Droit pénal.* 2° *Droit civil.* 3° *Droit politique.* Pour distinguer ce dernier du *droit des gens*, il vaudroit mieux dire avec les Anglais : *droit constitutionnel.* Si la seconde division est complète, que penser de celle-ci? Il faut que la troisième partie soit renfermée de façon ou d'autre dans les deux premières.

Quatrième division. 1° *Droit civil* ou *temporel.* 2° *Droit ecclésiastique* ou *spirituel.* Division complète, mais inégale, et dont les parties sont bien embrouillées.

---

(1) Ce mot est nouveau, mais analogue et facile à comprendre. Il n'y a que la force de l'habitude qui puisse faire conserver un terme aussi impropre, aussi dépourvu de signification que celui de *droit des gens.* Le chancelier d'Aguesseau avoit déjà observé que ce qu'on appelle communément *droit des gens* devroit être appelé *droit entre les gens.* Mais les *gens*, dans la langue française, ne signifient pas les *nations.*

Cinquième division. 1° *Droit civil.* 2°. *Droit militaire :* autre division bornée apparemment au droit intérieur.

Cette malheureuse épithète *civil*, opposée tour à tour aux mots *pénal*, *ecclésiastique*, *politique*, *militaire*, a quatre sens différens, qui se confondent sans cesse. C'est un des plus insignes faux-fuyans qu'il y ait en jurisprudence.

Cinquième division. 1° *Loi écrite.* 2° *Loi non écrite* ou *droit coutumier.*

Les lois peuvent subsister soit sous la forme de *statut*, soit sous la forme de *coutume*. On appelle *statut* la loi écrite, la loi positive. La *coutume* est une loi conjecturale; elle se tire par induction des décisions antérieures rendues par les juges dans des cas semblables.

Sixième division. 1° *Lois naturelles.* 2° *Lois économiques.* 3° *Lois politiques*, auxquelles se rapportent, dit-on, les devoirs de l'homme seul, les devoirs de l'homme en famille, les devoirs de l'homme en société. Mais où y a-t-il des hommes sans société? Et s'il y en a, d'où tiennent-ils ces lois? Que sont ces lois *naturelles* que personne n'a faites, que chacun suppose à sa fantaisie? Que signifient ces lois *économiques* qui ne sont pas *politiques?* N'est-ce pas comme si on distribuoit la zoologie en science des chimères, science des chevaux et science des animaux? — Voilà pourtant la nomenclature de la législation, d'après les plus beaux génies de ce siècle, les d'Alembert, les Diderot et les principaux économistes. Qu'on juge par là de l'état de la science.

On tire encore du corps de droit des parties considérables qui ne font pas naître l'idée de division, parce que les mots qui les expriment respectivement n'ont pas de termes corrélatifs pour marquer le résidu de la masse des lois. *Droit maritime, droit de police, de finance, d'économie politique, de procédure*, etc. Ces parties extraites, quel est leur rapport avec les divisions les plus formelles? Dans laquelle peut-on les placer?

Loi criminelle ou *Droit criminel :* c'est une partie tout-à-fait indéterminée des lois pénales. C'est une loi portée contre un délit auquel on s'accorde à donner le nom de *crime :* il faut pour cela le concours de plusieurs circonstances indéterminées; — procédé odieux; — mal énorme, ou réputé tel; — mauvaise foi; — punition sévère.

Lois canoniques : c'est une partie assez bien déterminée du droit ecclésiastique : la partie de ces lois qui est venue d'une certaine source.

Divisions nouvelles.

Les divisions qui suivent sont tout-à-fait nouvelles, ou n'ont reçu qu'une demi-dénomination, ou ont été peu considérées jusqu'à présent. Je les annonce ici à cause du jour qu'elles répandent sur la théorie, et de leur utilité dans la pratique.

Septième division. 1° *Lois substantives.* 2° *Lois adjectives.* Ce dernier est le nom que je donnerois aux lois de procédure, afin de pouvoir désigner par un mot corrélatif les lois principales dont on a si souvent besoin de les distinguer. Les lois de procédure ne peuvent ni exister, ni même se concevoir sans ces autres lois qu'elles tendent à faire observer. Qui entend le sens de ces deux mots en grammaire ne peut manquer d'entendre celui que je voudrois leur donner en jurisprudence.

Huitième division. 1° *Lois coercitives et punissantes.* 2° *Lois attrayantes* ou *rémunératoires.* Les premières s'appuient sur des peines, les secondes sur des récompenses.

Neuvième division. 1° *Lois directes.* 2° *Lois indirectes.* J'appelle *directes* celles qui vont à leur but de la manière la plus simple, en ordonnant ou en défendant l'acte même qu'il s'agit de faire naître ou de prévenir. J'appelle *indirectes* celles qui, pour arriver à un but, se servent de moyens plus éloignés, en s'appliquant à d'autres actes qui ont une liaison plus ou moins immédiate avec les premiers. Défense du meurtre sous peine de mort : *moyen direct* de prévenir les assassinats. Défense de porter des armes offensives : *moyen indirect* (1).

Dixième division. 1° *Lois générales.* 2° *Recueil de lois particulières.* Dans les premières, tout le monde a un intérêt égal : les secondes sont celles qui n'intéressent directement que telle ou telle classe de

---

(1) On voit par là qu'une loi indirecte par rapport à un acte, devient directe par rapport à un autre. Ces épithètes ne sont justes qu'autant qu'on rapporte à un seul et même acte deux ou plusieurs lois différentes.

citoyens. Cette division est d'une grande utilité pratique pour faciliter la connoissance des lois.

Onzième division. 1° *Lois permanentes.* 2° *Lois nécessairement passagères.* Il y a des lois qui mourroient d'elles-mêmes, lorsque la circonstance qui les a fait naître vient à cesser. Une loi ne porte-t-elle que sur la conduite d'un certain individu, il faut qu'elle meure avec lui. Parmi les lois passagères, la plupart passent sous le nom de *règlemens.* Ce sont des ordres particuliers, des lois qui peuvent et qui doivent même être changées, et qui ne répondent qu'à un certain état de choses.

Douzième division. 1° *Code des lois mêmes.* 2° *Code des formulaires.* Une formule fait partie des lois dès qu'elle est ordonnée par le législateur. Une patente de création, un procès-verbal, un certificat, un acte, une forme de supplique, tout cela devient partie de la loi.

De toutes ces divisions, la troisième en *droit pénal, droit civil, droit constitutionnel,* est la plus complète, la plus usitée et la plus commode. C'est donc le centre de réunion où je ramenerai toutes les parties.

Quant aux écrivains en matière de jurisprudence, ils peuvent se ranger sous deux classes. Les uns font l'exposé des lois d'un pays, les expliquent, les commentent, les rapprochent. Tels sont Heineccius pour les lois romaines, et Blackstone pour les lois d'Angleterre.

Les autres traitent de l'art même de la législation, soit parce qu'ils expliquent les notions préliminaires, les termes de jurisprudence universelle, tels que *pouvoirs*, *droits*, *titres*, *contrats*, *obligations*, *délits*, *etc.*; soit parce qu'ils recherchent les principes généraux sur lesquels les lois doivent être fondées; soit enfin qu'ils examinent la législation de tel ou tel pays pour en montrer le fort ou le foible.

Peu d'ouvrages de loi sont d'un genre unique et distinct. Grotius, Puffendorf, Burlamaqui revêtent successivement et quelquefois réunissent tous ces caractères. Montesquieu, dans l'*Esprit des lois*, s'étoit proposé de faire un traité de l'art; mais dans ses derniers livres le législateur est devenu antiquaire et historien, et on a pu comparer son ouvrage à ce fleuve qui, après avoir parcouru et fertilisé de superbes contrées, n'arrive pas jusqu'à la mer, et se perd dans les sables.

Hobbes et Harrington, qui n'ont traité que des principes du droit constitutionnel, l'on fait d'une manière générale, mais avec des vues d'application locale. Beccaria, dans son *Traité des délits et des peines* s'en est tenu exclusivement à la branche philosophique.

CHAPITRE II.

Relation entre Lois, Délits, Obligations et Services.

Dans un corps de loi tout roule sur des *délits*, des *droits*, des *obligations*, des *services*. Il faut donc se faire des idées claires de ces termes abstraits, et pour cela il faut savoir comment ces différentes notions se sont formées, et quels sont leurs rapports réciproques. Montrer leur génération, c'est montrer leur nature.

On peut aisément imaginer une époque où les hommes existoient sans connoître des lois, des obligations, des délits, des droits : qu'y avoit-il alors? Les personnes, les choses, les actions : les *personnes* et les *choses*, les seuls êtres réels; les *actions*, qui n'existent que dans un instant fugitif, dans un moment donné, qui périssent en naissant, mais qui laissent une postérité nombreuse.

Parmi ces actions, les unes produisoient de grands maux, et l'expérience de ces maux donna naissance aux premières idées morales et législatives. Les plus forts voulurent arrêter le cours de ces actions malfaisantes, et pour cela, ils les transformèrent en *délits*. Cette volonté, revêtue d'un signe extérieur, reçut le titre de *loi*.

Ainsi, déclarer par une loi que tel ou tel acte est

prohibé, c'étoit ériger cet acte en *délit*. Assurer aux individus la possession de tel ou tel bien, c'étoit leur conférer des *droits*. Ordonner aux hommes de s'abstenir de tous les actes qui pouvoient nuire à la jouissance de tel ou tels autres, c'étoit leur imposer une *obligation*. Les assujettir à contribuer par tel ou tel acte à la jouissance de leurs semblables, c'étoit les soumettre à un *service*. Les idées de *loi*, de *délit*, de *droit*, d'*obligation*, de *service*, sont donc des idées qui naissent ensemble, qui existent ensemble, qui sont et qui demeurent inséparables.

Ces objets sont tellement simultanés que tous ces mots peuvent se traduire indifféremment les uns par les autres. La loi m'ordonne-t-elle de vous nourrir? Elle m'impose l'*obligation* de vous nourrir; elle vous accorde le droit d'être nourri par moi; elle convertit en *délit* l'acte négatif que je ferois en omettant de vous nourrir; elle me soumet à vous rendre le *service* de vous nourrir. — La loi me défend-elle de vous tuer? Elle m'impose l'*obligation* de ne pas vous tuer; elle vous accorde le *droit* de n'être pas tué par moi; elle érige en *délit* l'acte positif que je ferois en vous tuant; elle exige de moi de vous rendre le *service* négatif qui consiste à m'abstenir de vous tuer.

Ce n'est qu'en créant des *délits* (c'est-à-dire, en érigeant certaines actions en délits) que la loi confère des *droits*. Si elle confère un *droit*, c'est en donnant la qualité de *délits* aux diverses actions par lesquelles la jouissance de ce droit seroit interrompue ou contrariée. La division des droits peut donc se rapporter à la division des délits.

Les délits, en tant qu'ils concernent un individu déterminé, peuvent se distribuer en quatre classes, suivant les quatre points dans lesquels on peut le blesser : délits contre la personne, délits contre l'honneur, délits contre les biens, délits contre la condition. On peut de même distribuer les droits en quatre classes : droits de sûreté pour la personne, droits de sûreté pour l'honneur, droits de sûreté pour les biens, droits de sûreté pour la condition.

La distinction entre les droits et les délits est donc purement verbale : il n'y en a point entre les idées : on ne sauroit se former l'idée d'un *droit* sans s'être formé l'idée d'un *délit.*

Je me représente le législateur contemplant les actions humaines selon la mesure de ses vues : les unes, il les défend; les autres, il les ordonne : il en est plusieurs qu'il s'abstient également d'ordonner ou de défendre. Par la prohibition des premières, il crée les *délits positifs.* Par l'injonction des secondes, il crée les *délits négatifs.* Mais créer un délit positif, c'est créer une *obligation de ne pas faire;* créer un délit négatif, c'est créer une *obligation de faire.* Créer un délit positif, c'est créer un *service négatif* (le service qui consiste à s'abstenir d'une action nuisible). Créer un délit négatif, c'est créer un *service positif* (ce service qui consiste à exercer une action utile). Créer des délits, c'est donc créer des obligations ou des services forcés. Créer des obligations ou des services forcés, c'est conférer des *droits.*

Par rapport aux actions sur lesquelles le législateur

ne prononce ni défense ni injonction, il ne crée aucun délit, aucune obligation, aucun service forcé; cependant il vous confère un certain droit, ou il vous laisse un pouvoir que vous aviez déjà, celui de *faire* ou de *ne pas faire*, selon votre propre volonté. Si par rapport à ces mêmes actions il avoit existé auparavant une injonction ou une défense, et que cette injonction ou cette défense fussent révoquées, on pourroit dire sans difficulté que le droit qui vous revient, la loi vous le *confère* ou vous le *restitue*. La seule différence, c'est qu'à présent vous le tenez de son activité, comme auparavant vous l'avez tenu de son inaction. Dans l'état actuel, il paroît comme si vous le deviez à elle seule, tandis qu'auparavant vous paroissiez en être redevable en partie à la loi et en partie à la nature. C'est à la nature que vous le deviez en tant qu'il étoit l'exercice d'une faculté naturelle : c'est à la loi que vous le devez, en tant qu'elle auroit pu étendre à ces actes la même prohibition qu'à d'autres.

Par rapport même à ces actes sur lesquels la loi s'abstient d'ordonner ou de défendre, elle vous confère un droit positif, le droit de les faire ou de ne les pas faire, sans être troublé par personne dans l'usage de votre liberté.

Je puis rester debout ou m'asseoir, entrer ou sortir, manger ou ne pas manger, etc., la loi ne prononce rien sur cela. Cependant le droit que j'exerce à cet égard je le tiens de la loi, parce que c'est elle qui érige en délit toute violence par laquelle on voudroit m'empêcher de faire ce qui me plaît.

Voici donc la filiation de ces êtres légaux : ils ne sont que la *loi*, considérés sous différens aspects; ils existent dès qu'elle existe; ils naissent et meurent avec elle. Rien n'est plus simple, et les propositions mathématiques ne sont pas plus certaines. Tout cela est nécessaire pour avoir des idées claires des lois, et cependant rien de cela ne se trouve dans aucun livre de jurisprudence; le contraire même se trouve partout. Il y a eu tant d'erreurs en ce genre, qu'on peut espérer que les sources en sont épuisées.

Ce sont les mots *droits* et *obligations* qui ont élevé des vapeurs épaisses, par lesquelles la lumière a été interceptée. On n'a point connu leur origine; on s'est perdu dans des abstractions; on a raisonné sur ces mots comme sur des êtres éternels qui ne naissoient point de la loi, et qui au contraire lui donnoient naissance. On ne les a point considérés comme des productions de la volonté du législateur, mais comme les productions d'un droit chimérique, un droit des gens, un droit de la nature.

Je n'ajoute qu'un mot pour faire sentir l'importance de se faire des idées nettes sur l'origine des droits et des obligations. Ce sont des enfans de la loi : il ne s'agit donc plus de les mettre en opposition avec elle. Ce sont des enfans de la loi : ils doivent donc être subordonnés comme elle à l'utilité générale.

L'idée fondamentale, l'idée qui sert à expliquer toutes les autres, c'est celle de *délit*. Elle a une clarté par elle-même parce qu'elle présente une image; elle s'adresse aux sens, elle est accessible aux intelligences les plus bornées. Délit, c'est un acte un acte dont il résulte du mal. Faire un acte positif, c'est se mettre en mouvement; faire un acte négatif, c'est se tenir en repos. Or, un corps en mouvement, un corps en repos, voilà ce qui présente une image. Un être blessé, un être souffrant par les suites d'un acte, c'est encore une image également familière. Il n'en est pas de même des êtres purement fictifs, appelés *droits* et *obligations*. On ne sauroit les peindre sous aucune forme; on peut cependant les revêtir d'images sensibles, mais il faut pour cela les désabstraire, si je puis parler ainsi; il faut les appliquer à des choses réelles : *droit de faire tel ou tel acte ; — obligation de le faire ou de ne le pas faire*. Plus on les rapproche de l'idée du délit, plus ils sont faciles à entendre.

CHAPITRE III.

Rapport du Pénal et du Civil.

Si on demande quelle est la distinction entre le code civil et le code pénal, la plupart des jurisconsultes répondent que le code civil contient la description des droits et des obligations, et que le code pénal contient celle des délits et des peines.

Si l'on a bien saisi le sens du chapitre précédent, on sentira que cette distinction est peu fondée. Créer les droits et les obligations, c'est créer les délits. Créer un délit, et créer le droit qui s'y rapporte, c'est une seule et même loi, une seule et même opération.

Direz-vous que le *droit* que vous avez d'être nourri par moi appartient à une certaine classe de lois qu'il faut appeler *civiles*, et que le *délit* que je commettrois en omettant de vous nourrir, appartient à une classe de lois différentes qu'il faut appeler *pénales*? Seroit-ce là une distinction claire et intelligible?

Il règne entre ces deux branches de la jurisprudence une liaison des plus intimes: elles se pénètrent dans tous les points. Tous ces mots: *droits*, *obligations*, *services*, *délits*, qui entrent nécessairement dans les lois civiles, se présentent de même dans les lois pénales. Mais en envisageant les mêmes objets sous deux points de vue, on s'est fait deux langues différentes. *Obligations*, *droits*, *services*, voilà le langage du code civil. *Injonction*, *prohibition*, *délits*, voilà le langage du code pénal. Connoître le rapport d'un code avec l'autre, c'est savoir traduire l'une par l'autre ces deux langues.

Dans l'intime liaison de ces deux droits, il semble bien difficile de trouver entre eux une distinction réelle. Cependant je vais l'essayer.

Une loi civile est celle qui établit un droit. Une loi pénale est celle qui, en conséquence du droit établi par la loi civile, ordonne de punir de telle ou telle manière celui qui l'auroit violé. Ainsi la loi qui se borneroit à interdire le meurtre ne seroit qu'une loi civile : la loi qui ordonne la peine de mort contre le meurtrier est la loi pénale.

La loi qui convertit un acte en délit et la loi qui ordonne une peine pour ce délit ne sont, à proprement parler, ni la même loi, ni parties de la même loi. *Tu ne déroberas point*, voilà la loi qui crée un délit. *Que le juge fasse mettre en prison celui qu aura dérobé*, voilà la loi qui crée une peine. Ces lois sont tellement distinctes, qu'elles portent sur des actes différens, et qu'elles s'adressent à des persones différentes. La première ne renferme point la seconde, mais la seconde renferme implicitement la première. Dire aux juges : *Faites punir les voleurs*, c'est intimer clairement la défense de voler. Dans ce sens, le code pénal pourroit suffire à tout.

Mais la plupart des lois renferment des termes complexes qui ne peuvent être entendus qu'après beaucoup d'explications et de définitions. Il ne suffit pas de défendre le larcin en général. Il faut exprimer ce que c'est que *propriété* et ce que c'est que *larcin*. Il faut que le législateur, entre autres choses, fasse deux catalogues, l'un contenant les événemens qui confèrent un droit à posséder telle ou telle chose, l'autre contenant les événemens qui détruisent ce droit.

Ce sont ces matières *explicatives* qui appartiennent principalement au code civil : la partie *impérative* enveloppée dans les lois pénales constitue proprement le code pénal.

On pourroit placer dans le code civil toutes les lois qui n'ont point de clauses pénales, ou qui ne prescrivent que la simple obligation de restituer quand on s'est mis en possession du bien d'autrui sans mauvaise foi. On réserveroit pour le code pénal toutes les lois qui infligent une peine au dessus de cette simple restitution ; par exemple l'emprisonnement, le travail forcé, une amende, etc.

Dans le code civil, ce qui s'empare le plus de l'attention, c'est la description du délit ou du droit. Dans le code pénal, le point saillant c'est la peine.

Chaque loi civile forme un titre particulier qui doit enfin aboutir à une loi pénale. Chaque loi pénale est la suite, la continuation, la terminaison d'une loi civile.

Dans les deux codes, il y aura des titres généraux. Ils auront pour objet d'éclaircir tout ce qui appartient aux titres particuliers : définitions, ampliations, restrictions, dénombrement d'espèces et d'individus, enfin, *expositions* de toutes sortes.

Ce qu'il ne faut jamais oublier, c'est que ces deux codes n'en font qu'un pour leur nature et leur objet ; qu'ils ne sont divisés que pour la commodité de la distribution, et qu'on pourroit disposer toutes les lois sur un seul plan, sur une seule mappemonde.

Le législateur donne-t-il la description complète de tous les actes qu'il veut qu'on regarde comme délits, il a donné le recueil entier des lois. Voilà tout ramené au pénal. — Le législateur a-t-il établi toutes les obligations des citoyens, tous les droits créés par ces obligations, tous les événemens par lesquels ces obligations et ces droits peuvent commencer et finir, il aura encore donné le recueil entier des lois, et voilà tout ramené au civil.

Le corps de droit, sous ce point de vue, cesse d'être un épouvantail par son immensité. On aperçoit les moyens de le mesurer, d'en saisir l'ensemble, et d'en ramener toutes les parties vers un centre commun.

CHAPITRE IV.

De la Méthode.

DANS quel ordre convient-il d'arranger les diverses parties qui composent un corps complet de législation ?

Il y a des personnes qui ont besoin de connoître le système entier des lois : ce sont ceux qui sont chargés de les maintenir et de les appliquer. D'autres ont seulement besoin de connoître la partie qui les concerne et qu'il leur seroit dangereux d'ignorer : ce sont les individus qui ne sont tenus qu'à leur obéir.

Ce qui est le plus convenable pour la généralité du peuple, voilà ce qu'il faut considérer dans l'arrangement des lois. Le peuple n'a pas le loisir d'en faire une étude approfondie : il n'a pas la capacité de rapprocher des dispositions éloignées : il n'entendroit pas les termes techniques d'une méthode arbitraire et artificielle. Il faut donc distribuer les matières dans l'ordre le plus facile pour des entendemens peu exercés, dans l'ordre le plus intéressant par l'importance des sujets, en un mot, dans l'ordre le plus naturel.

Mais qu'est-ce ici que l'ordre le *plus naturel?* C'est l'ordre selon lequel il sera le plus aisé de consulter la loi, de trouver le texte qui s'applique à un cas donné, et d'en saisir le véritable sens. La meilleure méthode est celle qui donne la plus grande facilité de trouver ce qu'on cherche.

Règles de méthode.

1°. *La partie des lois qui porte le plus clairement l'empreinte de la volonté du législateur, doit précéder les parties où sa volonté ne se montre qu'indirectement.*

Par cette raison, le code pénal doit précéder le code civil, le code politique, etc. Dans le premier, le législateur se manifeste à chaque individu; il permet, il ordonne, il défend, il trace à chacun en particulier les règles de sa conduite, c'est le langage d'un père et d'un maître. Dans les autres codes, il s'agit moins de commandement que de règlemens et d'explications qui ne s'adressent pas si clairement à tous les individus, et ne les intéressent pas également dans toutes les époques de leur vie.

2°. *Les lois qui vont le plus directement au but de la société, doivent précéder celles dont l'utilité, toute grande qu'elle est, n'est pas aussi évidente.*

Le code pénal, suivant cette règle, doit encore précéder le code civil, et le code civil doit précéder le code politique. Rien ne va plus directement au grand but de la société que les lois qui prescrivent aux citoyens la manière de se conduire entre eux, et les empêchent de se nuire. Puisque l'idée du délit est fondamentale dans la législation, que tout en émane, et que tout y revient, c'est la première sur laquelle il faut fixer l'attention publique.

3°. *Les titres les plus faciles à concevoir doivent précéder ceux dont la conception est moins simple.*

Dans la partie pénale, les lois qui protègent la personne, comme les plus claires de toutes, précéderont celles qui protègent la propriété. On placera successivement celles qui concernent la réputation, celles qui constituent l'état légal des personnes, celles qui embrassent un objet double, comme la personne et la propriété, la personne et la réputation, etc.

Dans le civil, on placera les titres qui concernent les *choses*, objets matériels et palpables, avant ceux qui concernent les *droits*, objets immatériels et abstraits. On placera les titres qui concernent les droits de propriété avant ceux qui concernent la condition des personnes, etc.

Dans le livre de la procédure, en vertu de cette règle, on mettra en tête le cours le plus sommaire.

4°. *Si, de deux objets, l'on peut parler du premier sans parler du second, et qu'au contraire la connoissance du second supposât celle du premier, c'est au premier qu'il faut donner la priorité.*

Ainsi, dans le pénal, il faut placer les délits envers les individus avant les délits envers le public, — et les délits envers la personne avant les délits envers la réputation.

Dans le civil, malgré un autre principe d'ordre plus apparent mais moins utile, il conviendra de placer l'état de maître et celui de serviteur, l'état de tuteur et celui de pupille, avant ceux de père et de fils, de mari et d'épouse, parce qu'un père et un mari sont à certains égards le maître, et à d'autres, le tuteur des enfans et de l'épouse.

En vertu de cette règle, le code civil et le code pénal doivent marcher avant l'organisation judiciaire et la procédure.

Intenter une procédure, c'est demander satisfaction pour un délit, ou c'est exiger un service en vertu d'un droit. Mais le catalogue des délits, des services, des droits, se trouve dans le code pénal et dans le code civil : c'est donc par ceux-ci qu'il faut commencer.

La procédure est un moyen pour parvenir à un but. C'est le moyen de se servir de cet instrument qu'on nomme *loi*. Décrire les moyens d'employer l'instrument avant d'avoir décrit l'instrument lui-même, c'est un bouleversement d'ordre inconcevable.

Etablir un nouveau système de procédure en laissant subsister des lois informes, c'est bâtir sur des fondemens qui s'écroulent; c'est reconstruire un édifice caduc en commençant par le faîte. Il faut de l'ensemble et de l'harmonie entre toutes les parties de la législation. On ne sauroit faire marcher une bonne procédure avec de mauvaises lois.

5°. *Les lois dont l'organisation est complète, c'est-à-dire, qui ont tout ce qu'il faut pour produire leur effet, pour être mises en exécution, doivent marcher avant celles dont l'organisation est nécessairement défectueuse.*

Une certaine partie du droit politique est nécessairement dans ce dernier cas. Il faut s'arrêter quelque part dans l'établissement des lois : *Quis custodiet ipsos custodes ?* Les lois qui obligent les sujets doivent précéder celles par lesquelles on cherche à lier la puissance souveraine. Les premières, les lois *in populum*, forment un tout complet : elles sont accompagnées de dispositions pénales et de la procédure qui en assure l'exécution. Mais les lois *in imperium*, à moins de changer de nature, ne peuvent avoir pour appui, ni l'une ni l'autre espèce de ces lois auxiliaires. On ne peut ni assigner des peines pour les délits du souverain ou du corps qui exerce la souveraineté, ni instituer un tribunal et des formes pour avérer ses délits. Tout ce que la sagesse humaine a pu trouver, se réduit plutôt à un système de précautions et de moyens indirects, qu'à un système de législation. L'amovibilité, par exemple, est employée pour obvier à la corruption d'un corps représentatif. La nature de la chose n'admet pas un moyen juridique, une procédure régulière.

Le droit inter-national est dans le même cas. Un traité entre deux peuples est une obligation qui ne peut pas atteindre à la même force qu'un contrat entre deux particuliers. Les usages qui constituent ce qu'on appelle le *droit des gens*, ne peuvent être appelés *lois* que par extension et par métaphore. Ce sont des lois dont l'organisation est encore plus incomplète, plus défectueuse que celles du droit politique. Le bonheur du genre humain seroit fixé, s'il étoit possible d'élever ces deux classes de lois au rang de lois organisées et complètes.

La seule chose commune entre tous les corps de droits qui existent, c'est d'être également étrangers à toutes ces règles.

Justinien, dans les *Pandectes* et les *Institutes* a suivi deux plans indépendans et incommensurables, qui ont déterminé l'allure de tous les jurisconsultes postérieurs. Ceux qui ont voulu corriger Justinien, n'ont osé le faire que par Justinien même. Heineccius, l'un des plus sensés romanistes, a voulu tout ramener à l'ordre des Pandectes, et Beger a voulu tout plier à celui des Institutes. Les deux méthodes sont également vicieuses.

N'est-ce pas l'idée du *délit* qui domine toute la matière de la loi ? Qui le croiroit ? Dans ce vaste système du droit romain, il n'y a pas un seul chef en entier sous le titre de délit. On a tout distribué sous trois divisions, *droits des personnes, droits des choses, actions*. Les délits se trouvent incidemment mêlés çà et là. Les plus voisins par leur nature se trouvent souvent très-éloignés l'un de l'autre, et les plus étrangers se touchent.

Les codes modernes ne sont pas plus méthodiques. Le code danois commence par la procédure civile. Le code suédois commence par la partie du droit civil qui regarde l'état des personnes.

Le code Frédéric, qui porte le titre pompeux d'*universel,* débute par la partie civile à laquelle il se borne en la laissant incomplète.

Le code sarde présente d'abord quelques dispositions pénales : mais les premiers délits dont il traite se rapportent à la religion. Le civil et le politique se succèdent et se mêlent dans un désordre continuel.

Le code Thérèse est purement pénal ; mais par où commence-t-il ? Premièrement le blasphème, puis l'apostasie, puis la magie. Dans la première partie on traite de la procédure.

Blackstone, qui se bornoit à faire le tableau des lois de l'Angleterre, n'a cherché qu'à placer d'une manière commode les termes techniques les plus usités de la jurisprudence angloise. Son plan est arbitraire, mais il est préférable à tous ceux qui l'avoient précédé. C'est une œuvre de lumière en comparaison des ténèbres qui couvroient auparavant le corps entier de la loi.

CHAPITRE V.

Plan du Code Pénal.

Les lois pénales, comme nous l'avons déjà vu, sont les seules qui puissent faire une suite régulière, un tout complet. Ce qu'on appelle *lois civiles* ne sont que des fragmens détachés appartenant en commun aux lois pénales. Les lois dépourvues de toute sanction factice exercent une influence trop foible pour qu'on doive s'y fier quand on peut faire autrement. Les lois à sanction rénumératoire, outre leur foiblesse, sont trop coûteuses pour qu'on puisse leur confier jamais le fort de l'ouvrage. Reste la loi pénale, seule matière dont on puisse construire le gros de l'édifice des lois. Il faut donc prendre cette loi pénale, qui seule embrasse tout, pour base de toutes les autres divisions de lois.

Faire une loi pénale, c'est créer un délit. La distribution des lois pénales sera donc la même que celle des délits. En déterminant, dénominant, arrangeant, dénombrant les délits, on aura déterminé, dénominé, arrangé, dénombré les lois pénales. Cet arrangement est-il bien fait, on aura de même arrangé toutes les autres espèces de lois. Voilà l'ordre qui se fonde sur une base manifeste et inaltérable. Le regne du chaos finit.

Je commence par l'arrangement même : je ferai voir ensuite les considérations qui l'ont suggéré, les avantages qui en découlent. Pour entendre le commentaire, il faut avoir vu le texte.

CHAPITRE VI.

De la division des Délits.

Sous le principe de l'utilité, on ne doit ranger parmi les délits que les actes qui peuvent être nuisibles à la communauté.

Un acte ne peut nuire à la communauté qu'autant qu'il est nuisible à un ou à plusieurs des individus qui la composent. Ces individus seront assignables ou non assignables (1).

L'individu assignable auquel le délit est nuisible peut être le déliquant lui-même ou toute autre personne que le délinquant.

Mais il y a des actes qui peuvent avoir des effets nuisibles à plusieurs personnes, sans qu'on puisse assigner individuellement ces personnes. Le mal pourra être renfermé dans un cercle moins grand que l'état parmi les individus d'une seule condition, d'une seule profession, d'un seul district, où il pourra se répandre indistinctement parmi les individus qui composent tout l'état.

---

(1) Individu assignable est celui qu'on peut distinguer de tout autre, soit par son nom, soit par quelque circonstance particulière; par exemple, Jacques, Pierre, Guillaume, ou bien, le maître de telle maison, le conducteur d'une telle voiture, etc.

Cette première division est complète et fournit quatre classes de délits.

1. Les actes nuisibles en première instance à des individus assignables autres que le délinquant : ce sont des *délits privés.*

2. Les actes nuisibles en première instance au délinquant, et pas à d'autres, à moins que ce ne soit par une conséquence du mal qu'il s'est fait à lui-même. Nous les appellerons, pour les faire contraster avec ceux des autres classes, *délits personnels* ou *délits contre soi-même.*

3. Les actes qui peuvent être nuisibles a des individus non assignables, renfermés dans un cercle particulier moins grand que celui de l'état (comme une compagnie de commerce, une corporation, une secte religieuse). Ce sont des délits contre une portion de la communauté : nous les appellerons, pour les faire contraster avec les autres classes, *délits demi-publics.*

4. Les actes qui peuvent être nuisibles ou qui menacent d'un danger plus ou moins éloigné un nombre indéterminé d'individus non assignables, sans qu'il paroisse qu'aucun en particulier soit plus exposé que tout autre. C'est ce que nous appellerons *délits publics* ou *délits contre l'état.*

Quatre classes de Délits.

1. Délits privés.
2. Délits contre soi-même.
3. Délits demi-publics.
4. Délits publics.

SUBDIVISION DES DÉLITS.

1°. *Subdivision des Délits privés* (1).

Dans le période actuel de son existence, le bien-être d'un homme et sa sécurité, en un mot ses plaisirs et son exemption de souffrance, dépendent premièrement de l'*état de sa personne*, et secondement des objets extérieurs qui l'environnent. Si donc un homme souffre en conséquence d'un délit, ce doit être ou d'une manière *immédiate*, dans sa personne; ou d'une manière *relative*, en raison de ses rapports avec les objets extérieurs. Or ces objets extérieurs sont des *choses* ou des *personnes*, des choses dont il fait usage pour son

(1) Les limites des délits privés, demi-publics et publics, sont, à proprement parler, impossibles à distinguer; s'agit-il de délits privés, d'un meurtre, par exemple? Si ce meurtre est commis dans une affaire de parti, il menace la sûreté de tous les membres de ce parti, et le délit privé devient un délit demi-public. Si ce meurtre est commis par brigandage, il menace la sûreté de tous, et par cette circonstance le délit privé vient toucher aux délits publics. S'agit-il d'un délit demi-public, par exemple d'un libelle contre une classe particulière; moins il y a d'individus dans cette classe, plus il est probable que les personnes lésées peuvent devenir assignables, et le délit se rapproche des délits privés. Plus il y a d'individus dans cette classe, plus le délit se rapproche des délits publics. Les trois classes sont donc sujettes jusqu'à un certain point à se confondre dans ces certains cas. C'est un inconvénient inévitable dans toutes les divisions idéales qu'on emploie pour distribuer des objets qu'on ne sauroit considérer en masse.

bien-être en vertu de ce qu'on appelle *propriété*, — des personnes dont il tire avantage en vertu de quelques services qu'elles sont disposées à lui rendre. Cette disposition à rendre des services peut être fondée simplement sur la liaison générale qui unit tous les hommes, ou sur une liaison qui unit certains individus entre eux plus particulièrement qu'avec les autres. Ces liaisons plus étroites forment une espèce de propriété fictive et incorporelle qu'on appelle *condition* : — condition domestique, liaison entre un père et un enfant, un époux et une épouse, — condition politique, liaison entre les citoyens d'une même ville, etc.

Lorsqu'on ne considère que la liaison générale entre les hommes, leur disposition à se rendre service est ce qu'on appelle *bienveillance*. Cette bienveillance est une faveur ; et la chance qu'on a d'obtenir cette faveur est une espèce de propriété fictive qu'on appelle *honneur* ou *réputation*. La réputation est donc une espèce de fonds, une sûreté d'obtenir ces services libres et gratuits qui dépendent de la bienveillance.

Il est évident qu'un homme ne peut souffrir que par des actes qui l'affectent dans l'un ou l'autre de ces quatre points : sa personne, sa propriété, sa condition, sa réputation. C'est de là qu'il faut tirer la subdivision des délits privés.

1. Délits contre la personne.
2. Délits contre la propriété.
3. Délits contre la réputation.
4. Délits contre la condition.

On peut appeler *délit simple* celui qui n'affecte l'individu que dans un de ces points; *complexe*, celui qui l'affecte dans plusieurs à la fois.

5. Délits contre la personne et la propriété.
6. Délits contre la personne et la réputation.

GENRES *de la première Classe.*

Quant à la personne, il faut la considérer comme composée de deux parties différentes : l'âme et le corps. Ce qui l'affecte en mal peut opérer immédiatement sans l'intervention de sa volonté ou par une contrainte exercée sur sa volonté même. Cette contrainte peut être positive en lui faisant faire ce qui lui est désagréable; ou négative, en l'empêchant de faire ce qui lui est agréable. Le mal qui affecte la personne peut être mortel ou ne l'être pas. S'il n'est pas mortel, il peut être passager ou permanent. Quant à l'âme, le mal qui l'affecte peut être une peine actuelle ou une peine d'appréhension. — Cette analyse abrégée de tous les maux qui peuvent affecter la personne donne pour ce premier ordre dix *genres* de délits.

Ier. ORDRE. *Contre la Personne.*

1. Injures corporelles simples, produisant malaise ou douleur passagère.
2. Injures corporelles irréparables : *espèces :* Défiguration, — mutilation, détérioration d'un organe quant à ses fonctions essentielles.

3. Injures mentales simples, c'est-à-dire portant directement sur l'âme, sans affecter le corps. *Synonyme:* vexation

Illégitime.

4. Restriction. *Synonyme :* empêchement.
5. Contrainte.
6. Bannissement.
7. Confinement.
8. Emprisonnement.
9. Homicide.

IIe. ORDRE. *Contre l'Honneur* ou *la Réputation.*

En fait d'honneur ou de réputation, il n'y a qu'une manière de souffrir, c'est de perdre une portion de la bienveillance des autres : or vous pouvez la perdre 1° par votre propre conduite, 2° par la conduite d'autrui à votre égard. Vous attribuer des actions dont l'effet doit être la diminution de la bienveillance d'autrui, c'est vous diffamer. Se porter contre vous à des paroles ou des gestes de mépris dont l'effet sera de diminuer l'estime d'autrui à votre égard, c'est vous avilir. Ce n'est pas tout : comme on peut vous faire perdre la bienveillance, on peut vous empêcher de l'acquérir soit en interceptant une portion d'honneur qui vous seroit due, soit en vous ôtant les moyens d'y atteindre. De là quatre *genres* de délits.

1. Diffamation.
2. Discours insultans ou gestes insultans.
3. Usurpation de la réputation d'autrui.

4. Empêchement à autrui d'acquérir de la réputation.

IIIe. ORDRE. *Contre la Personne et l'Honneur.*

Des motifs bien différens, tels que l'amour et la haine, peuvent porter à des actes qui attaquent la personne et l'honneur : on peut avoir pour objet ou la satisfaction immédiate d'un plaisir des sens, ou le désir de jouir de la souffrance qu'on fait naître.

Si la satisfaction des sens est obtenue par un consentement libre, mais illégitime, c'est un acte de séduction : si elle est arrachée par contrainte, c'est viol. Si les insultes faites à la pudeur ne vont pas jusqu'à la consommation de ces deux délits, elles seront comprises sous la dénomination de simples injures lascives.

Lorsque l'objet est de jouir de la souffrance d'autrui, l'insulte peut aller jusqu'à des procédés corporels, ou s'arrêter à la menace de ces procédés.

Cette analyse nous donne six *genres* de délits pour ce troisième ordre.

1. Insultes corporelles.
2. Commination insultante.
3. Séduction.
4. Séduction par menaces.
5. Viol.
6. Injures lascives simples.

IVe. ORDRE. *Délits contre la Propriété.*

Les délits contre la propriété sont si variés qu'il est bien difficile d'en faire un tableau analytique qui ne soit pas par lui-même un ouvrage. D'ailleurs ces délits ont reçu dans l'usage commun, des dénominations qui ne sont ni déterminées ni uniformes; en sorte qu'aucune définition donnée par un individu privé ne peut être exacte. Il n'appartient qu'au législateur d'en fixer le sens.

Les délits de cet ordre peuvent concerner soit le droit à la propriété, soit la jouissance ou l'exercice de ce droit.

Par rapport aux délits qui affectent la possession légale, il se peut qu'ils concernent une possession actuelle ou une possession future.

Une possession contingente ou future peut vous être ôtée par deux genres de délits : 1° par l'omission d'un acte nécessaire pour vous faire entrer dans votre droit; c'est ce que j'appellerai *non-investissement* ou *non-collation de propriété* : 2° par quelque acte positif pour intercepter votre droit, pour l'enlever, par exemple, dans sa transition du possesseur actuel à vous possesseur désigné : c'est ce que j'appellerai *interception de propriété*.

Si c'est une possession dont vous êtes actuellement en jouissance qui vous soit ôtée par le délit, il se peut que le délit ait pour objet de vous exclure de votre propriété, sans y substituer personne : dans ce cas, c'est simplement *spoliation de propriété*. Il se peut qu'il ait pour objet de la faire passer au délinquant lui-même; c'est alors *usurpation de propriété*. Il se peut qu'il ait pour objet de la faire passer à un tiers; c'est alors *attribution* ou *collation illégitime de propriété*.

Par rapport aux délits contre la propriété qui affectent seulement la jouissance de l'objet en question, cet objet doit être une *chose* de la classe de celles dont on tire des *services*. Or vous pouvez être privé du service de la chose soit par un changement dans sa nature intrinsèque, soit par un changement dans sa position qui la soustrait à votre usage. Si le changement dans la nature de la chose est tel que vous ne puissiez plus en tirer aucun service, elle est *détruite*. Si le changement ne va qu'à en diminuer la valeur, elle est *endommagée*. Si elle vous est simplement soustraite pour un temps sans être altérée, c'est un acte de *détention illégitime*.

La chose détenue peut avoir été obtenue du propriétaire avec ou sans son consentement : dans le premier cas, c'est le *non-paiement d'une dette* : dans le second cas, si le détenteur, connoissant n'avoir aucun droit à la chose, a eu l'intention de la garder pour toujours, et en même temps de se soustraire à la justice, c'est ce qu'on appelle communément *vol* ou *larcin*. S'il a employé la force ou la menace contre le propriétaire ou toute autre personne qui auroit voulu prévenir l'occupation illégitime de la chose, c'est un des cas où le délit prend le nom de *brigandage*. Si le consentement est obtenu du propriétaire, mais qu'il ait été trompé par de fausses apparences, c'est un acte d'*escroquerie* ou acte de *faux*. Si le consentement est obtenu par l'appréhension de quelque mal résultant d'un abus de pouvoir, c'est ce qu'on appelle communément *extorsion*.

Cette analyse, quoiqu'elle ne présente qu'une esquisse imparfaite, suffira pour faire entendre les principaux *genres* de délits compris dans le quatrième et le cinquième ordre.

Délits affectant le droit de propriété.

1. Non-collation illégitime de propriété.
2. Interception illégitime de propriété.
3. Ablation illégitime de propriété.
4. Usurpation de propriété.
5. Collation illégitime de propriété.
6. Non-reddition de services constituant propriété.

Délits affectant l'usage de la propriété.

7. Dégât ou destruction illégitime.
8. Imposition illégitime de frais.
9. Détention illégitime.
10. Empêchement illégitime d'occupation (1).
11. Occupation illégitime.
12. Larcin. *Synonyme :* Enlèvement furtif, clandestin. Filouterie.
13. Acquisition frauduleuse, c'est-à-dire, sous de faux prétextes. *Synonyme:* Stellionat. Escroquerie.

---

(1) *Occuper*, en ce sens, c'est avoir la jouissance de la chose.

Délits affectant l'usage de la propriété.

14. Recèlement. *Synonyme :* Détention clandestine, furtive.
15. Extorsion.
16. Non-paiement de dettes. *Synonyme :* Insolvence.

Vᵉ. ORDRE. *Délits contre la personne et la propriété.*

Si la contrainte ou la force est appliquée à la personne même du propriétaire pour commettre un des délits susdits contre la propriété, il en résulte les délits complexes de ce cinquième ordre.

Titres.

1. Interception forcée de propriété ou à main-forte.
2. Spoliation forcée de propriété.
3. Usurpation forcée de propriété.
4. Collation forcée de propriété.
5. Dégât commis à main-forte.
6. Occupation d'objets mobiliers à main-forte.
7. Entrée forcée (comme dans une maison habitée).
8. Détention forcée de mobiliers.
9. Détention forcée d'immeubles.
10. Brigandage, vol, extorsion, exaction à main armée.

VIe Ordre. *Délits contre la Condition.*

Qu'entend-on par la *condition* d'un individu, condition d'un époux, d'un père, d'un maître, d'un tuteur, d'un noble, d'un roturier, d'un médecin, d'un avocat? Quelle idée générale est attachée à ce terme?

Ce qui constitue la condition d'un individu, ce sont des *obligations* qui, étant imposées d'une part, donnent naissance à des *droits* d'autre part. Les relations qui en résultent peuvent être presque infiniment diversifiées, mais nous pouvons d'abord les diviser en deux classes principales : celles qui peuvent se renfermer dans le cercle d'une famille privée; celles qui s'étendent hors de ce cercle. Les premières forment les *conditions domestiques :* les secondes forment les *conditions civiles.*

Les conditions domestiques sont fondées sur des relations *naturelles* ou sur des relations purement *légales.*

Les relations purement légales, comme celles de maître et de serviteur, de tuteur et de pupille, sont constituées par des droits et des obligations qui établissent dans ces rapports un *supérieur* et un *inférieur.*

Dans ces relations, il y a donc à considérer un avantage d'une part, un fardeau de l'autre part. Dans la condition du maître, le pouvoir est institué en sa faveur; dans la condition du tuteur, le pouvoir dont il est investi est institué en faveur du pupille.

Les relations naturelles fondées sur la cohabitation de l'homme et de la femme, et sur les fruits de leur union, ont servi de base pour fixer les relations légales, c'est-à-dire les droits et les obligations des époux, des pères et des enfans.

Ces droits et ces obligations sont les mêmes que dans les deux états précédens. L'époux, par rapport à l'épouse, est à certains égards un tuteur, et à d'autres égards, un maître. Le père, par rapport aux enfans, est à certains égards un tuteur, et à d'autres égards, un maître.

Quand aux conditions *civiles*, il faudroit, pour les énumérer, épuiser tous les modes possibles par lesquels on peut établir des obligations et des droits; car être soumis à une certaine obligation, ou posséder un certain droit, c'est ce qui constitue une *condition* civile.

Cette variété, ou plutôt cette infinité de conditions civiles, peut être réduite à trois classes : 1° Charge fiduciaire, 2° rang, 3° profession.

Une charge fiduciaire a lieu entre deux ou plusieurs parties intéressées, quand une des parties étant investie d'un *pouvoir* ou d'un *droit*, elle est tenue dans l'exercice de ce pouvoir et de ce droit à se conformer à certaines règles pour l'avantage de l'autre partie. Cette relation constitue deux états, celui d'*administrateur fiduciaire*, celui de *partie fidéicommise* (1).

---

(1) Ce mot est pris dans un sens plus étendu que celui qu'on lui donne dans la jurisprudence française.

Le *rang* est souvent combiné avec la circonstance d'un pouvoir fiduciaire; mais il est des cas où on peut le considérer comme tout-à-fait à part. Comment la condition de chevalier est-elle constituée ? C'est en permettant à tel ou tels individus certains actes, comme de prendre tel titre, d'avoir telles armoiries, de porter tel ruban, et en défendant à tous autres individus de faire les mêmes actes. La loi crée un bénéfice pour les personnes favorisées, et impose un devoir aux autres sujets, un devoir négatif qui consiste à s'abstenir de certains actes.

La condition qui résulte d'une *profession* est constituée d'une manière encore plus simple. C'est une permission que la loi accorde à tel individu d'exercer son industrie de telle ou telle manière, de vendre telle ou telle marchandise, de fabriquer telle ou telle manufacture. La permission dans la plupart des cas n'est pas même accordée expressément : le service de la loi se borne à ne pas défendre, etc., mais il y a des cas où la loi, en permettant tel ou tel exercice d'industrie, l'interdit à tous ceux qui n'ont pas reçu la même permission : c'est ce qu'on appelle, dans certaines circonstances, *monopole ;* dans d'autres, *profession privilégiée.*

En s'abtenant de vous soumettre à certains désavantages auxquels les étrangers sont soumis, la loi vous confère la condition de *sujet naturel :* en vous soumettant à ces désavantages, la loi vous impose la condition d'*étranger.*—En vous donnant certains priviléges qu'elle refuse à un roturier, la loi vous confère la condition de *gentilhomme :* en s'abstenant de vous donner ces priviléges, elle vous impose la condition de *roturier.*

Cette analyse, qui n'est qu'une esquisse du sujet, peut faire entendre ce que c'est qu'une *condition*, et ce que peuvent être des délits contre la condition. Pour entrer dans l'analyse de ces délits, il faudroit prendre chaque condition séparément, énumérer tous les *bénéfices* ou toutes les *charges* dont elle est composée, et montrer toutes les manières dont on peut se soustraire à ses *charges* ou être privé de ses *bénéfices*. Mais ce procédé entraîneroit un grand nombre de répétitions, et pour les éviter il vaut mieux représenter tous les genres de délits communs à toutes les conditions, et ensuite les délits incidentels à telle ou à telle condition particulière.

Genres de Délits contre la Condition.

Illégitime.

1. Non collation de condition.
2. Interception de condition.
3. Ablation de condition.
4. Usurpation de condition.
5. Collation de condition.
6. Abdication de condition.
7. Refus de condition.
8. Imposition de condition.
9. Perturbation des droits de condition.

Délits incidens aux états qui emportent Pouvoirs.

10. Abus de pouvoir.
11. Non-reddition de services dus.
12. Mauvaise gestion.
13. Corruption passive.
14. Corruption active.
15. Péculat.

Délits incidens aux états qui emportent subordination.

16. Fuite.
17. Désobéissance.
18. Non reddition de services exigibles.

Délits incidens à l'état du mariage.

19. Adultère.
20. Polygamie.

SECONDE CLASSE.

Subdivision des Délits contre soi-même.

Les délits contre soi-même sont, à proprement parler, des actes d'erreur ou d'imprudence : nous avons déjà vu, en examiuant les limites qui séparent la morale et la législation, qu'il y a de fortes raisons de ne pas traiter ces délits comme les délits des autres classes. Les soumettre à des peines, ce seroit faire par les lois mêmes un mal beaucoup plus grand que celui qu'on prétendroit prévenir.

Il est cependant utile de classer ces délits, 1° pour montrer en général quels sont les délits qu'il ne faut pas soumettre à la sévérité des lois; 2° pour faire trouver ceux contre lesquels il convient de faire une exception par des raisons particulières.

La subdivision de ces délits est exactement la même que celle des délits privés. Le mal que nous pouvons éprouver de la part des autres nous pouvons nous le faire à nous-mêmes.

GENRES *des Délits personnels ou contre soi-même.*

Ier. ORDRE. *Contre la Personne.*

1. Injures corporelles simples. *Exemples:* Jeûnes. — Continence outrée. — Macération. — Excès d'intempérance.
2. Injures corporelles irréparables. *Ex.* Mutilations. — Membres perdus par négligence ou témérité, ou par suites d'excès.
3. Injures mentales simples. *Ex.* Craintes religieuses conçues pour autre cause que pour des faits nuisibles à la société. — Ennui par indolence. — Affoiblissement des facultés intellectuelles par excès ou par inaction.
4. Restriction.
5. Contrainte.

} *Ex.* Privations ou pratiques ascétiques en vertu de vœux religieux.

6. Bannissement.
7. Emprisonnement.
8. Confinement.

} *Ex.* Séjour forcé dans un couvent, en vertu de vœux monastiques. —Pélerinage forcé en vertu de vœux.

9. Suicide. — Mort en conséquence d'un défi donné ou accepté.

IIe. ORDRE. *Contre l'Honneur.*

1. Confessions indiscrètes, imprudentes.
2. Invectives contre soi-même.
3. Négligence de sa réputation.

IIIe. ORDRE. *Contre l'Honneur et la Personne.*

1. Perte de la virginité hors du mariage.
2. Pratiques indécentes à la vue d'autrui.

IVe. ORDRE. *Contre la Propriété.*

1. Dégât sur ses propres biens.
2. Omission des moyens d'acquérir.
3. Prodigalité, y compris gros jeu.
4. Acquisition qui devient onéreuse.
5. Convention imprudente.

Ve. ORDRE. *Contre la Personne et la Propriété.*

1. Mutilation qui empêche d'exercer une industrie profitable.
2. Maladies par excès d'intempérance dont il résulte frais et pertes.

VIe. ORDRE. *Contre la Condition.*

1. Investissement d'un état injurieux à soi-même. *Ex.* Mariage mal assorti.
2. Divestissement d'un état avantageux à soi-même. *Ex.* Divorce téméraire.

TROISIÈME CLASSE.

Subdivision des Délits demi-publics.

Ce n'est jamais un mal présent ni passé qui peut constituer un délit demi-public. Si le mal étoit présent ou passé, les individus qui le souffrent ou qui l'ont souffert seroient *assignables :* ce seroit un délit privé. Quel est donc le mal dont il s'agit dans les délits demi-publics ? C'est un mal *futur :* or un mal futur, c'est-à-dire un mal qui n'est pas encore réalisé, mais qui est probable, prend le nom de *danger.*

Le danger peut concerner tous les points dans lesquels un individu peut souffrir. Ainsi la subdivision des délits de cette classe peut être la même que celle des délits privés.

Ier. ORDRE. *Délits demi-publics contrs la Personne.*

1. Injures corporelles simples. 2. Injures corporelles irréparables.	*Ex.* 1. Fabriques injurieuses à la santé. 2. Débit de comestibles malsains. 3. Disette artificielle.

3. Injures mentales simples. *Ex.* Expositions d'ulcères ou maladies dégoûtantes. — Spectacles obscènes. — Faux bruits de désastres en temps de guerre ou d'autres malheurs publics. — Publications de fables effrayantes, de sortiléges, de revenans, vampires, etc.

4. Menaces. *Ex.* Affiches, écrits, lettres portant menaces contre telle classe, telle profession, tel parti, telle secte, etc.

5. Restriction.
6. Contrainte.

Ex. Harangues, billets, affiches, à dessein de contraindre ou d'empêcher les individus relativement à des actions libres, comme illuminations, processions, assemblées, etc.

7. Bannissement.
8. Confinement.

Ex. Communications interrompues au moyen de dégâts faits à chemins, ponts, auberges, etc.

9. Emprisonnement. Il n'y a point de délit correspondant à celui-là dans cette troisième classe.

10. Homicide. *Ex.* Meurtre commis par querelle de parti. (Délit privé par rapport à l'individu tué; délit demi-public par rapport au parti.)

IIe. ORDRE. *Contre l'Honneur.*

1. Diffamation. *Ex.* Procédés criminels ou déshonnêtes, attribués à certaines classes, comme protestans, catholiques, moines, etc.

2. Invectives. *Ex.* Harangues, écrits, estampes, tendant à témoigner haine ou mépris contre

une classe d'individus, sans cause articulée ou vraie.

IIIe. ORDRE. *Contre la Personne et l'Honneur.*

Cet ordre n'a pas de délits correspondans dans cette classe.

IVe. ORDRE. *Contre la Propriété.*

Mêmes dénominations que pour les délits privés. Un délit contre la propriété est *demi-public*, 1° lorsque la chose ou les services dont il s'agit appartiennent en commun aux sociétaires individuels ou aux administrateurs d'une classe entière; 2° lorsque le nombre des personnes lésées ou exposées à l'être est trop grand pour qu'on puisse tenir à chacune un compte séparé, comme dans le cas de loterie frauduleuse, de faux bruits pour agiotage.

V^e. ORDRE. *Contre la Personne et la Propriété.*

LISTE *des Calamités physiques.*

1. Ecroulemens de rochers, d'avalanches, de mines, de bâtimens délabrés.
2. Inondation.
3. Sécheresse.
4. Tempête.
5. Incendie.
6. Explosions.

7. Tremblement de terre.
8. Vents malsains.
9. Maladies contagieuses.
10. Famine et autres espèces de disette.
11. Maux produits par animaux destructeurs, bêtes de proie, locustes, fourmis, insectes.
12. Maux produits par enfans, — maniaques, — idiots, etc.

On peut être complice d'une calamité physique, 1° lorsqu'on a contribué à la faire naître, même sans en avoir l'intention, comme en rompant la *quarantaine*, en important des marchandises d'un lieu pestiféré, etc.; 2° lorsqu'on a omis des précautions ou des moyens qu'on avoit en son pouvoir pour la prévenir ou en adoucir les effets.

N. B. Ces calamités ne tombent pas toujours sur la *personne et la propriété*, en sorte que ces délits ne correspondent pas exactement à ceux du cinquième ordre; mais c'est le cas le plus fréquent.

VIe. ORDRE. *Contre la Condition.*

Délits contre la condition matrimoniale. *Ex.* Attaquer la validité du mariage parmi les personnes d'une certaine classe ou secte religieuse, comme protestans, etc.

Délits contre la condition paternelle ou filiale. *Ex.* Attaquer la légitimité des enfans nés dans une certaine classe, comme protestans, etc.

Les délits concernant les états civils sont tous

demi-publics dans un sens, en tant qu'en possédant un certain état on appartient à une certaine classe.

QUATRIÈME CLASSE.

Subdivision des Délits publics.

Les délits par lesquel l'intérêt du public peut être affecté sont d'une nature très-variée et très-complexe. On ne donne la subdivision suivante que comme un essai dont on sent les imperfections; mais on se seroit jeté dans des longueurs décourageantes, si on eût voulu suivre la méthode exhaustive pour donner un catalogue complet. Une des grandes difficultés que le sujet présente c'est que plusieurs délits de cette classe n'ont point reçu de dénomination, et qu'il faudroit avoir recours à des périphrases longues et obscures. La science étant très-imparfaite, la nomenclature ne peut pas être bonne; et avec une mauvaise nomenclature, on ne peut pas faire une bonne distribution.

Ier. ORDRE. *Délits contre la sûreté extérieure.*

Ce sont ceux qui ont une tendance à exposer la nation aux attaques d'un ennemi étranger.

1. Trahison. Complicité avec une puissance ennemie, ou qu'on cherche à rendre telle.
2. Espionnage en faveur des puissances ennemies ou rivales.

3. Délits portant contre étrangers. *Ex.* Pirateries.
4. Délits portant contre étrangers privilégiés, tels qu'ambassadeurs, etc.

IIe. ORDRE. *Délits contre la Justice.*

L'objet direct de l'institution des tribunaux est de maintenir les lois, c'est-à-dire de punir les délits qui les violent. Les délits contre la justice sont de deux genres : 1° Ceux qui sont commis par les officiers de la justice, contre leurs devoirs positifs : 2° Ceux qui sont commis par d'autres personnes, pour contrarier ou égarer les opérations des tribunaux.

1. Mauvaise gestion d'office judiciaire.
2. Abus de pouvoir judiciaire.
3. Usurpation du pouvoir judiciaire.
4. Prévarication. *Syn.* Corruption de la part d'officiers de justice.
5. Péculat de la part d'officiers de justice.
6. Concussion. *Syn.* Extorsion de la part d'officiers de justice.
7. Non reddition de services dus à officiers de justice.
8. Non délation de délits à officiers de justice.
9. Désobéissance à ordres judiciaires.
10. Coutumace.
11. Infraction du ban.
12. Bris de prison.
13. Faux serment en justice. *Syn.* Parjure.

14. Rébellion à justice.
15. Perturbation de pouvoirs judiciaires.
16. Vexation juridique.

IIIe. ORDRE. *Délits contre la Police.*

La police est en général un système de précautions, soit pour *prévenir les crimes*, soit pour *prévenir les calamités*. Elle est destinée à prévoir les maux et à pourvoir aux besoins.

Les actes qui contrarient la police, ou qui vont contre les précautions qu'elle a instituées, forment autant de genres de délits qu'il y a de genres de précautions ; mais leur nature est si variée, si différente selon les temps et les lieux, qu'il est comme impossible de les énumérer.

On peut distribuer la police en huit branches distinctes.

1. Police de sûreté pour la prévention des délits.
2. Police de sûreté pour la prévention des calamités.
3. Police de santé pour la prévention des maladies endémiques.
4. Police de charité.
5. Police pour les communications intérieures.
6. Police des divertissemens publics.
7. Police des intelligences et informations récentes.
8. Police d'enregistrement pour conserver la mémoire de divers faits intéressans au public, tels

que naissances, — mariages, — morts, — population, — nombre de maisons, — situation et qualités de divers biens-fonds, — contrats, — délits, — Procès, etc.

IVe ORDRE. *Délits contre la force publique.*

Ce sont ceux qui ont une tendance à contrarier ou égarer les opérations de la force militaire, destinée à protéger l'état soit contre ses ennemis du dehors, soit contre ses ennemis du dedans, que le gouvernement ne peut soumettre qu'à une force armée.

1. Délits concernant le titre et les fonctions des employés militaires.
2. Désertion.
3. Délits concernant les choses affectées au service militaire, comme arsenaux, fortifications, artillerie, munitions, vaisseaux de guerre, chantiers, etc.

Ve ORDRE. *Délits contre la Richesse nationale.*

La richesse nationale n'est que la somme des richesses de tous les individus. Les actes qui tendent à diminuer la richesse des individus nuisent à la richesse nationale. Mais les délits spécifiques, quels sont-ils? Que faut-il défendre en ce genre? L'étude de l'économie politique mène à conclure que le gouvernement ne doit intervenir que pour protéger les individus dans l'acquisition et la jouissance de leur propriété, ou n'intervenir que très-rarement pour les diriger dans la manière d'acquérir et de jouir. Les plus grands obstacles à l'accroissement de la richesse nationale sont presque toujours dans les lois mêmes par lesquelles on a cherché à l'augmenter.

Les délits les plus apparens de cet ordre sont :

1. Oisiveté.
2. Prodigalité absolue.

VIe. ORDRE. *Délits contre le Trésor public.*

Ce sont les actes qui ont une tendance à diminuer le revenu, à contrarier ou égarer l'emploi des fonds destinés au service de l'état.

1. Non-reddition de services dûs, comme corvéage, etc.
2. Non-paiement d'impôts, y compris la contrebande.
3. Dégât concernant les biens domaniaux, — chemins publics, — poste publique, — édifices publics, etc.

L'état, en qualité de personne collective, peut posséder, et par conséquent souffrir dans ses propriétés de la même manière que tout individu.

VIIe. ORDRE. *Délits contre la Population.*

Ce sont ceux qui tendent à diminuer le nombre des membres de la communauté.

1. Suicide.
2. Emigration.
3. Avortement.

4. Célibat volontaire.
5. Commerce des sexes hors du mariage, etc.

Je ne fais cette énumération que pour avertir de l'erreur commune qui regarde ces actes comme contraires à la population, quoiqu'ils n'aient sur elle aucune influence perceptible. J'en excepte pourtant l'émigration, qui en certaines circonstances peut acquérir un degré d'étendue digne peut-être de l'attention du gouvernement. La population ne dépend que des moyens de subsistance. Elle augmente ou elle diminue avec ces moyens.

VIIIe. ORDRE. *Délits contre la Souveraineté*.

Il est bien difficile de décrire ces délits, parce qu'il faudroit auparavant décrire la constitution politique de l'état dont il s'agit. Il est bien des constitutions où il seroit presque impossible de résoudre cette question de fait : Où réside le pouvoir suprême ? Voici l'idée la plus simple qu'on puisse s'en former.

On donne pour l'ordinaire le nom collectif de *gouvernement* à l'assemblage total des personnes chargées des diverses fonctions politiques. Il y a communément dans l'état une *personne* ou un *corps* de *personnes* qui assigne et distribue aux membres du gouvernement leurs départemens, leurs fonctions et leurs prérogatives ; qui exerce le pouvoir législatif ; qui dirige et surveille le pouvoir administratif ; enfin qui a autorité sur le tout. La personne ou le corps qui exerce ce pouvoir suprême est ce qu'on appelle le *Souverain*. Les délits contre la souveraineté sont ceux qui tendent à contrarier ou égarer les opérations du souverain, ce qui ne peut se faire sans contrarier ou égarer les opérations de différentes parties du gouvernement.

1. Rébellion offensive ou défensive.
2. Diffamation politique ou libelles politiques.
3. Conspiration contre la personne du souverain ou la forme du gouvernement.

IXe. ORDRE. *Délits contre la Religion.*

Pour combattre toutes les espèces de délits dont la nature humaine est capable, l'état n'a que deux grands moyens, les *peines* et les *récompenses*; les peines pour être appliquées à tous et dans les occasions ordinaires; les récompenses pour être réservées à un petit nombre et dans des occasions extraordinaires. Mais cette administration des peines et des récompenses est souvent contrariée ou égarée, ou rendue impuissante, parce qu'elle n'a pas des yeux pour tout voir et des mains pour tout atteindre. Pour suppléer à cette insuffisance du pouvoir humain, on a cru nécessaire ou du moins utile d'inculquer dans les esprits la croyance d'un pouvoir qui s'applique au même but, et qui n'a pas les mêmes imperfections [1]: le pouvoir d'un Être suprême invisible auquel on attribue la disposition de maintenir les lois de la société, de punir et de récompenser d'une manière infaillible les actions que les hommes n'ont pu ni récompenser ni punir. Tout ce qui sert à conserver et fortifier parmi les hommes cette crainte du juge suprême est compris sous le nom général de *religion;* et pour la clarté du discours, on parle souvent de la religion comme on parleroit d'un être distinct, d'un personnage allégorique, auquel on attribue telle ou telle fonction. Ainsi, diminuer ou pervertir l'influence de la religion, c'est diminuer ou pervertir dans la même proportion les services que l'état en retire pour réprimer le crime ou encourager la vertu. Ce qui tend à affoiblir ou égarer les opérations de cette puissance, c'est *délit contre la religion* (1).

Les uns tendant à affoiblir la *force* de la sanction religieuse.

1. Athéisme.
2. Blasphèmes.
3. Profanations. *Syn.* Voies de fait contre tel ou tel objet de culte.

Les autres tendant à pervertir l'emploi de la sanction religieuse. Je les comprends sous le nom de *Caco-Théïsme :* il se divise en trois branches.

1. Dogmes pernicieux : dogmes attribuant à la

---

(1) Pour aller au-devant des objections, j'avertis qu'il s'agit ici de la religion considérée sous le point de vue de son utilité politique et nullement de sa vérité. — Quant aux effets que la religion peut avoir pour nous préparer à une meilleure vie ou pour nous l'assurer, c'est ce qui n'est point du tout du ressort du législateur.

Il faut dire *délits contre la religion*, l'entité abstraite, et non pas *délits contre Dieu*, l'Etre existant. Car comment un chétif mortel pourroit-il offenser l'Etre impassible et affecter son bonheur? Dans quelle classe rangeroit-on ce crime imaginaire? Seroit-ce un délit contre sa personne, sa propriété, sa réputation ou sa condition?

Divinité des dispositions contraires au bien public ; par exemple : dogmes attribuant à Dieu d'avoir créé un fonds de souffrance supérieur à celui des plaisirs. — Dogmes imposant des peines mal fondées, excessives et inutiles. — Dogmes suborneurs qui accordent des pardons dans les cas où la peine seroit convenable, qui offrent des récompenses pour des actes qui ne sont bons à rien, etc.

2. Dogmes frivoles : dogmes de la croyance, desquels il ne résulte aucun bien moral, et de l'antorité desquels il résulte de très-mauvais effets entre ceux qui les admettent et ceux qui les rejettent.

3. Dogmes absurdes : autre moyen d'attribuer à Dieu la malveillance, — le faire auteur d'un système de religion obscur et inintelligible.

Le caco-théisme produit des délits atroces : il abrutit le peuple, il fait persécuter les sages, il remplit les hommes de terreurs, il leur interdit les plaisirs les plus innocens, il est le plus dangereux ennemi de la morale et de la législation. Les peines contre les propagateurs de ces doctrines funestes seroient bien fondées, car le mal qui en résulte est réel, mais elles seroient inefficaces, elles seroient superflues, elles seroient ineptes. Il n'y a qu'un seul antidote contre ces poisons. C'est la vérité. Ces dogmes, une fois convaincus de fausseté, cessent d'être pernicieux et ne sont plus que ridicules. L'opinion qui les soutient doit être attaquée comme toute autre opinion. Ce n'est pas le glaive qui détruit les erreurs, c'est la liberté de l'examen. Le glaive dirigé contre les opinions ne prouve autre chose que l'union de l'ineptie et de la tyrannie.

J'en dis de même de l'athéisme, quoique l'athéisme soit un mal par comparaison avec un système de religion conforme au principe de l'utilité, consolante pour le malheur et propice à la vertu; cependant il n'est pas nécessaire de le punir : c'est à la sanction morale à en faire justice. Cette opinion n'est ici qu'énoncée, mais elle sera prouvée ailleurs.

CHAPITRE VII.

Avantages de cette classification des Délits.

Je me borne à exposer les principaux avantages qui me paroissent résulter de cette classification.

1. Elle est la plus naturelle, c'est-à-dire la plus facile pour l'intelligence et pour la mémoire. Car qu'est-ce qu'une classification naturelle ? C'est, par rapport à un individu donné, celle qui se présente la première à son esprit, celle qu'il saisit avec le plus de facilité. Cela étant, qu'un individu en invente une qui soit à lui, elle doit lui paroître la plus naturelle, et l'être en effet par rapport à lui. Mais s'il s'agit des hommes en général, la classification la plus naturelle sera celle qui leur présentera les objets sous les qualités les plus frappantes et les plus intéressantes. Or qu'y a-t-il de plus frappant et de plus intéressant pour un être sensible que les actions humaines considérées sous le rapport du mal qui peut en résulter pour lui et pour ses semblables ?

2. Cette classification est simple, uniforme, malgré la multiplicité des parties, parce qu'elles sont toutes analogues, calquées les unes sur les autres, laissant apercevoir au premier coup d'œil les liaisons qui les unissent, les points de contact et de ressemblance.

Connoître la première classe c'est connoître la

seconde et la troisième. La quatrième s'appuie sur la même base, quoique les points de communication soient moins apparens que dans les autres. Si les délits des trois premières classes n'étoient pas malfaisans, ceux de la dernière ne le seroient pas non plus.

3. Cette classification est plus commode pour le discours, plus propre à l'énonciation des vérités qui appartiennent au sujet.

Dans chaque genre de connoissances, le désordre dans le langage est à la fois effet et cause de l'ignorance et de l'erreur. La nomenclature ne sauroit se perfectionner qu'à mesure que la vérité se découvre. Comment s'exprimer avec justesse avant d'avoir pensé de même? Et comment penser avec justesse tant que pour enregistrer ses pensées on se sert de mots tellement constitués, que par leur moyen on ne peut composer que des propositions fausses (1)?

4. Cette classification est complète. Il n'y a point de loi imaginable à laquelle on ne puisse assigner, au moyen de cette division, sa véritable place, si cette loi porte contre un acte nuisible de quelque manière

(1) Qu'une nomenclature ait été formée sur un assemblage d'objets avant que leur nature fût connue, il est impossible d'en tirer des propositions générales qui soient vraies. Que dire des *huiles*, par exemple, lorsque sous le même appellatif d'*huile* on comprenoit et les huiles douces d'olive et d'amande, et l'acide sulfurique et le carbonate de potasse?

Que dire de vrai des *delicta privata* et des *delicta publica*, des *delicta publica ordinaria* et des *delicta publica extraordinaria*, établis par Heineccius pour expliquer les lois romaines? Que dire que ce soit. Si c'est une loi capricieuse, une loi malfaisante, elle aura sa place aussi parmi les actes malfaisans : elle sera classée elle-même parmi les délits.

5. Elle est motivée : elle imprime sur le front des objets qu'elle renferme la raison de la place qu'elle leur assigne. En marquant comment ces actes sont mauvais, elle fait voir pourquoi il faut les traiter comme tels. En éclairant le jugement, elle se concilie l'affection. Au citoyen, elle se justifie elle-même, en faisant voir d'un coup d'œil la raison de chaque sacrifice qu'on en exige. Au souverain, elle sert de leçon et de frein. A-t-il des préjugés, des passions; elle l'avertit, elle l'éclaire. Un mal véritable lui auroit-il échappé, il ne manquera pas de s'en apercevoir en étudiant ce tableau. Chercheroit-il à y faire entrer un délit imaginaire, la difficulté de lui trouver une place l'avertira de son erreur. Chaque classe repousse de son sein le prétendu crime qui ne lui appartient pas. Un délit de mal imaginaire peut se cacher dans un entassement confus; il ne sauroit se faire recevoir dans un arrangement méthodique. Il est là comme un étranger qui auroit voulu usurper

---

des *cas royaux* et des *cas prévôtaux*, du *petit criminel* et du *grand criminel* de l'ancienne jurisprudence françoise? Que dire des *félonies*, des *præmunire*, des *misdemeanors* de la jurisprudence angloise? Des cas *pénaux*, des cas *civils*, des délits *privés* des délits *publics* de toutes les jurisprudences? Ce sont des objets composés de parties si disparates, des mots renfermant des choses si hétérogènes, qu'il est impossible d'en former aucune proposition générale.

un rang, et qui est bientôt reconnu et démasqué quand on le compare à ceux de la caste à laquelle il veut faussement appartenir. C'est une grande conquête sur l'arbitraire. Un tyran, un bigot n'oseroient envisager cette table : elle feroit la satire de leurs lois.

6. Elle est universelle. Fondée sur des principes communs à tous les hommes, elle est applicable à toutes les jurisprudences. Aussi n'a-t-on pas songé, en la composant, à une nation plus qu'à une autre. Au moyen de cette universalité, elle pourroit bien avoir une utilité indépendante de l'accueil que les gouvernemens peuvent lui faire. Rejetée par eux, elle peut être adoptée par les juristes de tous les pays, leur servir de glossaire commun, leur fournir une mesure commune pour des systèmes qui ont été jusqu'à présent incommensurables, et sans parvenir à être dominante, elle peut servir à des comparaisons de lois faites sur un plan uniforme. Si on rangeoit selon cette méthode les lois pénales de différentes nations en regard les unes des autres, toutes leurs imperfections deviendroient sensibles sans qu'on eût besoin de raisonnement : on découvriroit par la seule inspection du tableau, là des délits omis, là des délits de mal imaginaire, là des lois rédondantes de nombreuses énumérations d'espèces sur le larcin, sur les offenses personnelles, au lieu d'une seule loi générale. Cette classification est donc à la science législative ce que des instrumens comparatifs, tels que le baromètre et le thermomètre, sont aux sciences physiques.

Je reviens maintenant sur le plus grand avantage de cette division. Tous les délits d'une classe sont rangés sous le même chef, en vertu de quelque qualité commune qui les unit et les caractérise. Les délits qui composent chaque genre ont donc entre eux des propriétés semblables, et ils ont en même temps des propriétés différentes d'avec les délits d'un autre genre. Il en résulte qu'on peut appliquer à chacun de ces groupes des propositions générales qui leur conviennent en commun.

Une science est dans un état misérable d'imperfection lorsqu'il est impossible de faire, avec les seuls mots qui lui appartiennent, aucune proposition d'une certaine latitude, qui soit juste et vraie, c'est-à-dire juste et vraie à tous égards. Il n'y auroit donc que des vérités particulières, que des faits isolés. On manqueroit de principes et de résultats. Que seroit la botanique, par exemple, si les classes étoient telles qu'on ne pût trouver entre elles aucun caractère commun? On seroit réduit à connoître toutes les plantes individuellement. On n'auroit pu faire aucune proposition un peu étendue sur les genres et les ordres. L'instruction d'un homme n'ajouteroit rien à celle d'un autre.

Je vais donner ici les propositions les plus générales qui forment le caractère particulier de ces quatre classes de délits. Il faut suivre des yeux le catalogue, et comparer chaque proposition avec les délits qu'elle embrasse, afin d'en sentir la justesse.

Caractères de la première classe, soit des délits privés, ou délits contre des individus assignables.

1. Quand ces délits sont arrivés à leur terme, c'est-à-dire quand ils sont consommés, ils produisent tous, sans exception, un mal du premier et du second ordre.

2. Les individus qu'ils affectent en première instance sont constamment assignables. Ceci s'étend même aux attentats et aux préparatifs, tout comme au crime consommé.

3. Ils sont tous susceptibles de compensation.

4. Ils le sont aussi de talion (1).

5. Il y a toujours quelque personne qui a un intérêt naturel et particulier à les poursuivre juridiquement.

6. Le mal qui en résulte est toujours sensible ou apparent.

7. Ils sont partout sujets à la censure générale des hommes, et doivent toujours l'être.

8. Ils ne sont pas sujets à varier dans différens pays, ou, en d'autres termes, le catalogue de ces délits sera semblable à peu près dans tous les temps et dans tous les lieux (2).

---

(1) Je veux dire qu'on *peut* leur appliquer la peine du talion, mais non pas qu'on *doive* le faire. Je ne dis pas même que le talion pût s'appliquer dans tous les cas individuels de chaque délit, mais dans quelques cas de chaque espèce.

(2) C'est en raison de ces trois dernières propriétés que la coutume s'est établie de regarder ces délits comme contraires à la *loi naturelle* : expression vague et sujette à bien des inconvéniens.

9. Par certaines circonstances d'aggravation ils seront sujets à se transformer en délits demi-publics et en délits publics.

10. Dans des cas légers, une *compensation* faite à l'individu lésé peut être une cause suffisante pour remettre la peine; car si le mal du premier ordre n'a pas été assez grand pour produire de l'alarme, la compensation peut remédier à tout.

Caractères des délits de la seconde classe, soit des délits personnels ou envers soi-même.

1. Dans les cas individuels, il sera souvent douteux s'ils produisent aucun mal du premier ordre (1). Ils n'en produisent aucun du second.

2. Ils n'affectent aucun individu qu'autant qu'ils affectent le délinquant lui-même, excepté dans des cas particuliers, et cela même non pas nécessairement, mais accidentellement.

3. Ils n'admettent ni compensation ni talion.

4. Personne n'est intéressé à les poursuivre juridiquement, si ce n'est en vertu de quelque liaison de sympathie ou d'intérêt avec le délinquant.

5. Le mal qu'ils produisent est sujet à n'être pas sensible et apparent; il est en général plus douteux que celui de toutes les autres classes.

---

(1) C'est que la personne qui doit vraisemblablement sentir le plus le mal du délit, s'il y a du mal, montre par sa conduite qu'elle ne le sent point.

6. Plusieurs de ces délits sont cependant plus sujets à la censure du monde que les délits publics. (Ce qui s'explique par l'influence des deux faux principes d'ascétisme et d'antipathie.)

7. Ils sont moins sujets que les délits des autres classes à varier de contrée en contrée.

8. Entre les motifs de les punir, l'antipathie contre le délinquant agit plus souvent que la sympathie pour le public.

9. La meilleure raison pour les soumettre à une peine, c'est la foible probabilité qu'ils peuvent produire un mal, lequel, s'il se réalise, les rangeroit dans la classe des délits publics. Cela est vrai surtout de ceux contre la population et contre la richesse nationale.

Caractères de la troisième classe, soit des délits demi-publics ou délits qui affectent une classe subordonnée de personnes.

1. Comme tels, ils ne produisent point de mal du premier ordre, mais seulement quelque portion d'alarme ou de danger.

2. Les personnes lésées en première instance ne sont pas individuellement assignables.

3. Ils sont sujets à se terminer dans quelque mal du premier ordre : dès lors ils avancent dans la première classe et deviennent délits privés.

4. Comme délits demi-publics, ils n'admettent ni compensation ni talion.

5. Comme délits demi-publics, il n'y a point d'individu en particulier qui ait un intérêt exclusif à les poursuivre juridiquement, quoiqu'il y ait un cercle d'individus qui aient un plus grand intérêt à les poursuivre que le reste de la communauté.

6. Le mal qu'ils produisent est assez apparent, mais moins que celui des délits privés.

7. Ils sont moins sujets à la censure du monde que les délits privés, mais ils le sont plus que la plupart des délits privés.

8. Ils sont plus sujets à varier dans différens pays que les délits publics.

9. On peut être fondé à les punir avant qu'il soit prouvé qu'ils ont nui, ou qu'ils sont sur le point de nuire à quelque individu en particulier. L'étendue du mal compense ici son incertitude.

10. Une compensation faite à un individu en particulier ne seroit jamais une raison suffisante pour remettre la peine, parce qu'il y auroit toujours une portion du mal qui resteroit sans remède.

Caractères de la quatrième classe, soit des délits publics, ou contre l'État en général.

1. Comme tels, ils ne produisent point de mal du premier ordre: celui du second consiste fréquemment en danger sans alarme : ce danger, quoique grand en valeur, est fort indéterminé dans son espèce.

2. Les individus qu'ils affectent ne sont point assignables, excepté lorsqu'ils aboutissent accidentellement à des délits privés.

3. Ils n'admettent ni compensation ni talion.

4. Personne n'auroit un intérêt particulier à les poursuivre juridiquement, excepté autant qu'ils affecteroient l'intérêt privé de quelque personne constituée en autorité.

5. Le mal qui en résulte est comparativement peu sensible ou peu apparent.

6. Ils sont comparativement moins sujets à la censure du monde.

7. Ils sont plus sujets que tous les autres à varier en différens pays, selon la diversité des gouvernemens.

8. Ce qui les constitue, en plusieurs cas, c'est une circonstance d'aggravation ajoutée à un délit privé. Lorsque le mal public éclipse le mal privé, ils appartiennent à la quatrième classe plutôt qu'à la première.

9. 10. La neuvième et la dixième proposition générale, sont les mêmes que la neuvième et la dixième des délits demi-publics.

CHAPITRE VIII.

Titres du Code pénal.

Je les distingue en titres particuliers et titres généraux.

Chaque chef de délit constitue un titre particulier.

J'appelle *titres généraux* ceux où je place des matières qui appartiennent en commun à une grande partie des titres particuliers. Premier avantage, répétitions évitées. Second avantage, vues étendues et affermies.

Voici le catalogue des titres généraux que j'ai traités dans le code pénal.

1. Des personnes qui sont sous la puissance de la loi.
2. Délits positifs et négatifs.
3. Délits principaux et accessoires.
4. Co-délinquans : soit associés en fait de délits.
5. Moyens de justification (1).
6. Moyens d'aggravation.
7. Moyens d'atténuation.

---

(1) *Moyens*, c'est-à-dire circonstances qui influent sur le besoin de punition, qui le rendent plus grand, plus petit, ou tout-à-fait nul.

8. Moyens d'exemption.

9. Peines.

10. Dédommagement et autres satisfactions à donner à la partie lésée.

Quant aux titres particuliers, ils sont tous calqués sur un même modèle. Connoît-on le premier, on connoît tous les autres. En voici un exemple.

Titre I. *Injures corporelles simples.*

SECTION I.

TEXTE PRINCIPAL.

Il y a injure corporelle simple là où sans raison légitime (*a*) un individu cause (*b*) ou contribue (*c*) à causer (*d*) à un autre (*e*) de la douleur, soit malaise (*f*) de corps, sans qu'aucun autre mal (*g*) corporel en arrive.

Exposition.

(*a*) *Sans raison légitime :* C'est ici qu'il faut un renvoi à ce titre général : *Moyens de justification.*

(*b*) *Un individu.* Renvoi au titre général des *personnes soumises à la loi.*

(*c*) *Contribue.* Renvoi au titre général des *Codélinquans.*

(*d*) *Causes.* N'importe ni de quelle façon ni par

quels moyens le mal a été causé : par exemple, si la personne a été battue ou fouettée ou blessée avec ou sans instrumens ; ou si le fait est arrivé par le moyen soit d'une pierre ou autre corps solide, soit d'un courant d'eau ou autre liquide, d'air, de lumière, de chaleur ou de matière électrique dirigé contre le corps de la partie lésée : ou en présentant un objet dégoûtant ou dolorifique au toucher, au goût, à l'odorat, à l'ouïe ou à la vue : ou en administrant par force ou autrement une drogue produisant vomissement, défaillance ou autre malaise.

N'importe à quel point les moyens dont on s'est servi aient été indirects : par exemple, si on a fait d'un chien ou autre animal l'instrument de la douleur : ou si par insinuations fausses ou autres artifices on s'est servi à mêmes fins d'une personne innocente ou de la partie même : comme si on l'avoit persuadée de marcher sur un piége ou sur un puits qu'on auroit déguisé en le couvrant d'herbe : ou de s'exposer volontairement à l'action de causes injurieuses à sa santé.

Le délit peut se commettre également en écartant le remède dont on auroit besoin contre quelque mal venant même de la nature toute seule : comme, par exemple, si l'on écartoit des comestibles de la portée d'un homme pressé par la faim, si l'on ôtoit des drogues médicinales à un malade (1).

---

(1) De tels détails paroîtront-ils trop particuliers ? C'est une objection qui a été prévue, et j'ai montré la nécessité de ce qu'on seroit tenté de regarder comme minutieux.

(*e*) *Un autre.* Renvoi au titre qui traite des délits contre soi-même, lesquels répondent à ce genre-ci des délits privés.

Autre renvoi aux titres qui traitent des délits demi-publics du même genre : d'où il faut renvoyer encore aux divers codes particuliers établis pour le règlement des fabriques et métiers, de l'abus desquels il peut résulter douleur, malaise corporel ou danger pour des personnes non assignables : tels sont ceux de vivandiers, chandeliers, tanneurs, distillateurs d'eau-forte, chaudronniers, etc.

(*f*) *Malaise.* N'importe à quel point le contact qui en est la cause soit léger. Pour en produire, il suffit que ce contact ait lieu contre le gré de la partie lésée. Ainsi le mal de ce délit peut monter du malaise le plus foible aux tortures les plus extrêmes.

(*g*) *Autre mal.* Si un dommage ultérieur en arrive, il se rapporte à quelque autre chef de délits, comme injures corporelles irréparables, emprisonnement, etc. Renvoi à la table des délits.

SECTION II.

Moyens de mettre fin au délit.

C'est ici qu'on placera les matières suivantes ou qu'on y renverra.

1. Droit, ou pouvoir de résistance contre une attaque injuste.

2. Droit, ou pouvoir et obligation de prêter secours à autrui contre une attaque injuste.

3. Droit, pouvoir et obligation aux officiers de police de prêter secours.

4. Droit et obligation aux individus de réclamer le secours des officiers de police pour faire cesser, etc.

Peines.

1. Amende (*h*), à option (*i*) et à discrétion, (*k*) ou qui ne passera pas la ...ème (*l*) partie (*m*) des biens du délinquant.

2. Emprisonnement (*n*) à option et à discrétion, ou qui ne passera pas le terme par exemple d'une année (*o*).

3. Caution pour bonne conduite (*p*) à option et à discrétion.

4. Dans les cas graves (*q*) bannissement de la présence (*r*) de la partie lésée à temps ou pour toujours.

5. Dépens réglés à option et à discrétion.

Autant de lettres, autant de renvois à diverses sections du titre général des Peines. C'est là, par exemple, qu'on aura expliqué ces phrases à *option* et à *discrétion*. A *option*, c'est une façon concise d'exprimer qu'il sera loisible au juge d'infliger cette peine ou de ne pas s'en servir. A *discrétion*, cela signifie que le juge doit employer une certaine quantité de cette peine, sauf à en employer autant ou aussi peu qu'il le jugera à propos, en se tenant dans les bornes prescrites par les règles générales sous le titre des *peines*.

Dédommagemens.

Pour ce qui regarde le dédommagement, on peut renvoyer au titre général qui en traite, sauf à détailler ici les dispositions particulières qu'on auroit jugées convenables.

C'est ici qu'on peut faire des renvois à la procédure. La procédure *ad compescendum*, qui consiste à mettre fin à un délit, n'a pas lieu dans ce cas, à moins que le délit ne soit compliqué avec un de ceux qui attaquent la liberté de la personne.

Les procédures *ad puniendum* et *ad satisfaciendum* sont les deux branches dont l'application est la plus universelle ; surtout la première.

Quant à la procédure *ad prœveniendum*, voyez le titre général des peines, qui traite de la caution à exiger pour bonne conduite.

Renvoi au titre des moyens d'exemption.

Renvoi à celui des moyens d'aggravation.

Je mets, 1° Les moyens d'aggravation qui ne font pas que le délit se rapporte à un autre nom. 2° Ceux qui lui ajoutent les qualités désignées par quelque appellatif de la même classe. 3° Ceux qui l'appellent à la classe des délits semi-publics. 4° Ceux qui l'appellent à la classe des délits publics.

Renvoi aux moyens d'atténuation.

Y a-t-il dans le délit une circonstance d'aggravation ; on peut en conséquence ou augmenter la quantité des peines ordinaires, ou permettre une peine ultérieure d'une espèce différente. Cette peine nouvelle, pour avoir un nom technique, sera appelée *extra-peine*. De la même manière, dans les cas d'exténuation, on peut établir une *infra-peine*.

Autre exemple.

Pour continuer à donner une idée du plan, prenons un exemple parmi les délits qui concernent la propriété. Ici un nouvel ordre de choses se présente. Ce qu'on a vu ne paroissoit appartenir qu'au pénal. L'article suivant rappellera l'idée du civil. N'oublions pas que c'est toujours un délit dont il s'agit.

Je choisis le *dégât* comme présentant le cas le plus simple.

TEXTE PRINCIPAL.

Il y a dégât injurieux là où sans cause légitime (*a*) un individu détruit ou contribue (*c*) à détruire ou à endommager (*d*) une chose (*e*) de quelque valeur (*f*).

Pour simplifier le cas, je laisse à part ce qui regarde la mauvaise foi. Ainsi dans la supposition l'acte nuisible ne tire la qualité qui le rend punissable que de quelque inadvertance ou quelque erreur dans ce qui regarde le droit.

(*a*) *Cause légitime*. Ici aux moyens ordinaires de justification, il faut en ajouter un nouveau, — la *propriété* de la chose. Mais à quoi doit-on cette propriété? Comment peut-on faire voir qu'on la possède?—Ici donc il faut un renvoi aux titres de propriété.

(*c*) *Contribue.* Même renvoi.

(*d*) *Détruire* ou *endommager.* Détruire une chose, c'est la priver entièrement des propriétés en vertu desquelles elle peut être utile à l'homme : endommager, c'est la priver de ces propriétés en partie. Si au lieu de quelques propriétés qui périssent tout-à-fait, il en vient d'autres de moindre valeur, cela revient au même. *Destruction* et *endommagement* ne diffèrent qu'à l'égard de la quantité de la valeur anéantie : destruction, c'est l'endommagement porté au comble: endommagement, c'est destruction partielle.

(*e*) *Chose.* Renvoi au titre général qui traite des choses et de leurs espèces.

(*f*) *Valeur.* N'importe si c'est une chose qui possède une valeur commerçable, c'est-à-dire si elle est de nature à être utile à une grande multitude de personnes sans distinction, par exemple, des comestibles: ou qu'elle n'ait qu'une valeur particulière comme n'étant utile qu'à tel ou tel particulier : par exemple, un papier où il aura fait des notes qui n'ont d'usage que pour lui.

N'importe que la valeur soit constante ou occasionnelle, pourvu qu'à l'époque du délit la chose eût une valeur actuelle, quoi qu'il en dût être du futur : comme si c'étoit une cloison qui garantît une plantation, ou une butte de terre élevée pour un service momentané.

En suivant le plan, je continue à expliquer le mot

valeur, de manière qu'on ne doute pas qu'il ne s'étende à une valeur qui n'est telle que par rapport à un certain lieu, comme une borne : à celle qui n'est que de convention, comme un papier qui contient un contrat : à celle qui n'est que représentative ; c'est-à-dire qui n'est telle que comme moyen de procurer une chose dont la valeur est intrinsèque : à celle qui n'est telle que par rapport au public, comme un écrit faisant preuve que tel particulier se trouve assujetti pour le bien public à telle ou telle obligation.

De quelque valeur. La valeur d'une chose peut être réputée nulle, lorsqu'elle est telle qu'on peut présumer qu'une personne de quelque humanité ou de quelque politesse l'abandonneroit volontiers à quiconque voudroit se donner la peine de la demander et de la prendre : par exemple, le blé qui reste dans un champ après la moisson, des fruits sauvages, des noisettes dans une haie, etc.

Mais pour anéantir cette présomption, il suffit d'un acte de la part du propriétaire qui fasse voir que sa volonté est de refuser cette permission, soit au public en général, soit à l'individu dont il s'agit en particulier.

Voilà le plan. Les autres sections correspondent à celle-ci.

CHAPITRE IX.

Premier Titre général du Code civil (1). (*Des choses.*)

COMMENÇONS par les *Choses*. Robinson Crusoé vécut bien des années sans exercer de puissance sur aucune personne, il ne l'auroit pas pu sans en exercer sur des choses.

Les *espèces* dans lesquelles on peut diviser les choses sont innombrables, et il n'en est aucune qui ne puisse tomber sous la connoissance de la loi : car toutes les productions des arts, tous les objets de la nature sont compris dans son domaine. S'il falloit en faire une mention séparée, l'*Encyclopédie* même ne seroit qu'un chapitre de la législation. Mais dans cette immensité, nous n'avons besoin de nous occuper que des choses sur lesquelles la loi a établi des différences dans la manière de statuer à leur égard, celles qui lui ont servi de base pour asseoir des obligations

(1) Les neuf chapitres suivans auroient pu être placés dans les *Principes du Code civil*; mais comme les objets y sont considérés d'une manière abstraite et scientifique, j'ai mieux aimé les insérer dans un ouvrage qui est, pour ainsi dire, l'anatomie de la jurisprudence.

et des droits. Au moyen de quelques divisions générales, nous parviendrons à dominer aisément un sujet si vaste : nous les rangerons selon leur source, selon leur emploi, selon leur nature.

Ire Division : *Choses naturelles* et *choses artificielles.* Au premier chef on peut rapporter celles auxquelles leurs noms respectifs peuvent convenir dans l'état où elles se trouvent lorsqu'elles sortent des mains de la nature, avant d'être modifiées par l'industrie de l'homme, c'est-à-dire la terre, ses diverses parties et les productions qu'elle enfante. Sous le nom de choses *artificielles* ou *factices*, on ne peut comprendre que celles qui ne peuvent acquérir leurs appellations respectives qu'en vertu des qualités que leur donne l'industrie humaine. Ainsi un champ, quoique cultivé, une vigne, quoique plantée, même une haie vive, seront choses naturelles. Une maison, un pressoir à vin, une haie morte seront des choses artificielles. Ces deux classes se rencontrent par une infinité de points, et il n'y a aucune démarcation fixe pour les séparer. Cependant une ligne de démarcation sera de nécessité absolue dans un code civil. Il en faut une, entre des objets dont la loi se mêle, pour avoir la paix : sans cela les disputes seroient interminables. La ligne sera plus ou moins arbitraire, mais n'importe ce qu'elle est, pourvu qu'elle existe.

IIe Division : *Choses mobilières* et *choses immobilières* ou *immeubles*. Autre ligne de démarcation positive. Les maisons sont pour l'ordinaire immobiles. Cependant on en a vu de fer et de bois qui voyageoient sur des roues (1). Comme les anciens Scythes, les Tartares de nos jours ne sont logés que de cette manière. Les navires sont des maisons : certains navires sont de petites villes flottantes. Les montagnes, les collines se déplacent même quelquefois. D'assez grands terrains ont changé d'assiette. Ces événemens sont communs dans des pays de volcans. A ces ravages de la nature, succède trop souvent le fléau de la chicane qui vient s'asseoir sur des ruines pour en disputer la possession.

IIIe Division : *Choses employables* et *choses consumables :* les premières qui peuvent servir à leur destination principale sans changer de forme, les secondes qui ne peuvent servir à ce but qu'autant qu'elles se détruisent. Au premier chef on rapporte sans difficulté les maisons, la vaisselle. — Au second, les boissons, les comestibles. Les dernières sont les *choses fungibles* des romanistes. Encore un pas, et l'on se trouve arrêté tout court par le défaut de démarcation. Ce bois qui peut servir indifféremment à construire une maison ou à chauffer un four, le bœuf qui traîne la charrue et qui va bientôt passer dans une boucherie, sont-ce ou ne sont-ce pas des *choses fungibles?* Toute la nature n'est qu'une suite continuelle de révolutions ; tout ce qui s'emploie se consume ; tout ce qui se détruit sous une forme se reproduit sous une autre. La distinction entre ces

(1) Le docteur Fordice en fit bâtir une, qu'il envoya aux Antilles, il y a environ vingt ans. Elle était de papier et de carton.

deux états, assez sensible dans quelques objets, l'est trop peu dans le système général des choses pour être d'une grande utilité.

IVe. Division : *Choses qui s'évaluent individuellement* et *choses qui s'évaluent en masse*. Au premier chef on rapportera sans difficulté les maisons, les ameublemens, les habits ; au dernier, les métaux bruts ou monnoyés, les grains, les boissons. Cette distinction est encore très-incertaine, et ne mène pas loin sans qu'on rentre dans la confusion. Utile en quelques cas, elle ne sera d'aucun usage en mille autres. Beaucoup de choses peuvent s'évaluer indifféremment de ces deux manières. Le législateur, en traçant ces divisions, auroit dû avoir un logicien à ses côtés : mais il y a force arpenteurs pour les terres ; l'arpentage pour les idées est une opération non moins nécessaire et tout autrement difficile.

Ve. Division. En voici une à laquelle les romanistes n'ont pas songé, et qui vaut toutes les autres. Puisqu'ils ont rangé les animaux parmi les choses, ils devoient donc distinguer les choses en deux classes, les *sensibles* et les *insensibles*. Le bœuf d'airain que fit Myron étoit à leurs yeux de la même espèce que le bœuf de chair qui lui servit de modèle. Eh, comment auroient-ils distingué des choses les animaux inférieurs, eux pour qui l'homme même tombé dans le malheur de l'esclavage n'étoit plus qu'*une chose*? Et qui peut savoir combien le sort des animaux et celui des esclaves a été aggravé par cette froide et cruelle classification ? La loi qui devoit les protéger commence par en donner une idée qui les dégrade :

elle parle d'eux comme si elle vouloit éteindre tout sentiment dans les cœurs, comme si elle avoit pour objet de nous faire oublier ce qu'il y a de commun entre eux et nous. Erreur pour erreur, j'aimerois encore mieux l'imbécillité qui adoroit les bêtes que la cruauté qui les maltraite. Oui, je pardonnerois plutôt ces caprices hideux que nous peint la fable, ces prétendus amours de Pasiphaë, que ces combats affreux du taureau, où l'art est de porter au plus haut point la souffrance et la rage de l'animal expirant pour le divertissement des barbares spectateurs.

VIe. Division : *Choses simples* ou *individuelles*, *choses complexes* ou *amas de choses*. Il faut distinguer parmi les complexes celles qui le sont naturellement, et celles qui le sont par institution.

Une chose complexe peut être soit un amas de choses simples également principales, soit une chose qu'on regarde comme *principale* unie à d'autres qu'on regarde comme *accessoires*.

Un tas de blé est un amas de choses également principales. Une terre avec certaines plantes et certains bâtimens est un amas de choses où il y en a de principales et d'accessoires. Le lien qui les unit est naturel. Mais un héritage dont les objets sont dispersés, un fonds de commerce, les fortunes respectives de deux personnes qui se marient, voilà des exemples de choses complexes qui ne sont unies que par un lien d'institution, tel que l'identité du propriétaire et la disposition de la loi.

Questions à décider. Dans les cas disputés, quelle

est la chose principale? Quelles sont les choses accessoires? Dans quels cas la disposition faite par rapport aux unes doit-elle comprendre les autres? — Cela dépend des contrats : il faut un renvoi à ce titre.

Que dirons-nous de cette division si fameuse parmi les romanistes en choses *corporelles* et choses *incorporelles*, c'est-à-dire, choses qui n'existent pas, qui ne sont pas des choses? C'est une fiction qui ne sert qu'à cacher et à augmenter la confusion des idées. Toutes ces choses incorporelles ne sont que des droits, soit sur des services d'hommes, soit sur des choses véritables : c'est ce que nous ferons voir en traitant des droits.

Si une chose nous intéresse assez pour devenir l'objet d'une loi, ce n'est qu'autant qu'elle possède une certaine *valeur*. Or, cette valeur est susceptible d'une quantité de modifications qui demandent à être articulées. — Faudra-t-il traiter de ces modifications dans un titre général, ou les réserver aux titres particuliers des délits, comme, par exemple, à celui du dégât? C'est une question qui ne peut guère se résoudre qu'après avoir vu toutes les parties de la législation.

Tout ce qui existe, existe dans une certaine *quantité*; et la qualité donnée, la valeur de la chose sera à raison de cette quantité. Pour exprimer les quantités, il faut des *mesures*. Ces mesures expriment ou la quantité de la matière ou l'espace qu'elle occupe. Ce sont des *poids* ou des *mesures* d'étendue. — On voit que les définitions des mesures de toute espèce, et le tarif de leurs proportions doivent former un titre général nécessaire pour compléter un corps de droit.

La difficulté n'est pas seulement de distinguer les espèces : il y en a quelquefois beaucoup à distinguer les individus. L'*individuation*, si je puis me servir de ce terme, voilà ce qui doit occuper les premiers soins du législateur dans chaque titre particulier qui la demande. On a loué une maison. — Mais que faut-il comprendre sous ce terme? Comprend-il les tapisseries, les serrures, les cuves à brasser, les citernes? — Qu'entend-on par un arpent carré? S'étend-il sans limites dans l'intérieur de la terre et au-dessus de la surface? etc.

Les romanistes, qui ont tant parlé des *choses*, ne sont jamais arrivés à des idées claires sur ce sujet.

Les choses, dit Justinien, sont ou hors du patrimoine des particuliers ou appartenantes à ce patrimoine. — Celles-là sont ou de droit divin ou de droit humain. — Les choses de droit divin sont encore ou sacrées, ou religieuses, ou saintes. — Les choses de droit humain sont ou appartenantes à tous les particuliers séparément, ou appartenantes à toute la communauté indistinctement, c'est-à-dire, privées ou communes. — Voilà des distinctions en forme. — Mais c'est un grand appareil qui ne mène à rien.

On s'imagine peut-être que le législateur va procéder à donner des noms spécifiques à toutes les choses dont il a composé ces classes. On se tromperoit; il s'est bien gardé de ce travail. Il l'abandonne aux disputes des juristes. Moi, législateur, je ne sais pas vous expliquer ma volonté : c'est à vous qui devez m'obéir à la deviner si vous pouvez.

Que diroit-on d'un maître qui expliqueroit ses ordres à ses subalternes d'une manière aussi confuse et aussi vague; — qui leur parleroit de *choses* en général, sans leur parler de *choses* spécifiques et individuelles; — et qui les puniroit pour n'avoir pas su comprendre ce qu'il n'a pas su leur exprimer?

L'histoire *de Nabucadnezzar* est un bel apologue pour les législateurs : il faisoit tuer les gens pour n'avoir pas deviné ses rêves. Combien de faiseurs de lois en ont fait autant sans subir la même métamorphose!

CHAPITRE X.

Second Titre général du Code civil. Des Lieux.

Et les choses et les hommes n'existent que dans quelque *lieu :* la circonstance du lieu sera donc souvent nécessaire dans les diverses parties de la loi, pour déterminer et les choses et les hommes, pour en fixer quelquefois les espèces, quelquefois même les individus. Y a-t-il un moyen plus exact, plus universel de déterminer un individu, de le définir, qu'en disant qu'à telle portion de temps il occupe telle portion de l'espace ?

Quelle est la situation, quelle est l'étendue du terrain que la loi tient pour compris dans son empire? Quelles en sont les divisions physiques? Par quels points passent les lignes qui séparent la terre de la mer? Mêmes questions au sujet des montagnes, lacs, rivières, forêts, canaux. Les régions atmosphériques et les régions souterraines, quelles bornes opposent-elles à la puissance du souverain et au droit du propriétaire?

Quelles en sont les divisions et sous-divisions politiques, fondées ou non sur les physiques? Il faut placer sous ce titre le système figuré, le catalogue de toutes ces divisions, selon les sources dont on les a fait découler, s'il y en a de différentes : comme établissemens juridiques, militaires, fiscaux, religieux, etc. (1).

Il faut autant de catalogues particuliers pour marquer tous les endroits privilégiés, comme villes de marché, villes de foire, siéges de justice, colléges, universités, etc., etc.

Enfin, c'est sous ce titre qu'il faut ranger le système des divisions que la loi adopte pour les grandes mesures géographiques : lieues, — milles, — etc.

---

(1) On voit des cartes de l'ancienne France selon ses divisions en diocèses, en provinces, en fermes générales, en gouvernemens militaires : on auroit pu en faire d'autres bien plus variées, selon la diversité des juridictions et des lois ou des coutumiers qui varioient de province en province.

CHAPITRE XI.

Troisième titre général du Code civil. Des Temps.

A la fixation des *lieux*, il faut ajouter celle des *temps*. En dernier ressort ce n'est que par la considération combinée du lieu et du temps, du lieu où il s'est trouvé à un certain temps, qu'un individu peut se distinguer de tout autre.

La loi, sous ce titre général, doit exposer ce qu'elle veut qu'on entende par les noms qui expriment les diverses portions de temps : seconde, minute, heure, jour, mois, année, siècle.

Les *mois* après un certain nombre desquels, à compter du décès ou de l'éloignement du père présomptif, un enfant sera censé ne lui pas appartenir, ces mois seront-ils ceux du soleil, de la lune, ou le mois bizarre du calendrier, qui n'est ni l'un ni l'autre? Les cas particuliers se trouveront dans les titres particuliers; par exemple, dans celui des bâtards ou celui des péres. — Mais il faut que l'explication des temps se trouve dans un titre général, auquel on fasse des renvois dans l'occasion.

Dans les cas où les mois peuvent occasionner des doutes, il vaut mieux se servir des jours.

Les fêtes, les carêmes, les jeûnes, tant que ces devoirs font partie d'une législation, doivent trouver leur place sous ce titre. Aussi le calendrier fut-il inseré dans un acte du parlement anglois, à l'époque où l'on adopta le nouveau style.

Ces deux titres, destinés à établir des points fixes, à amarrer les individus dans ces deux océans de l'espace et du temps, devroient se trouver dans le code de tout état, et ne se trouvent peut-être encore dans aucun. Aussi combien de disputes, combien d'incertitudes, combien de ressources pour la chicane dans les fluctuations de l'usage, et dans les différens systèmes qu'ont introduits différentes coutumes.

L'uniformité dans la mesure du temps, comme dans les poids et mesures de quantité, est encore le vœu de la philosophie, mais il ne paroît pas qu'il soit prêt à s'accomplir.

CHAPITRE XII.

Quatrième Titre général du Code civil. Des Services.

Des choses, passons à l'homme considéré comme sujet de propriété. Il peut être envisagé sous deux aspects, comme capable de recevoir les faveurs de la loi, et comme capable d'être soumis par elle à des obligations.

La notion des *services* est antérieure à celle des *obligations*. On peut rendre des services sans y être obligé : ils ont existé avant l'établissement des lois : ils ont été le seul lien de la société entre les hommes, avant qu'il y eût quelque forme de gouvernement. Les pères ont nourri leurs enfans avant que les lois leur en aient fait un devoir. Il y a encore un grand nombre de services de bienveillance, de bienséance, d'intérêt mutuel, qui se rendent librement. La loi peut étendre plus loin son domaine en créant de nouvelles obligations. Mais il y aura toujours au-delà une multitude de cas où les services volontaires peuvent seuls atteindre : et heureusement la sociabilité qui a précédé la loi supplée souvent à ce qui lui manque.

I. La première division des services peut se rapporter à celle des facultés qui leur donnent naissance. Autant de facultés, autant de classes de services.

On peut distinguer dans l'homme deux sortes de

facultés; la faculté *active*, et la faculté *passive*. C'est en vertu de la première, qu'il peut agir ou ne pas agir, exercer tel ou tel acte ou s'abstenir de l'exercer. La faculté passive peut se distinguer en deux branches, l'une purement *physique*, l'autre *sensible*. Cependant l'on peut sentir ou en bien ou en mal, éprouver des sensations agréables ou douloureuses. Voilà donc la faculté sensible qui se subdivise encore, faculté sensible *souffrante*, faculté sensible *jouissante*.

De là quatre classes de services.

1. Services *agendi* (1) : Services positifs de la faculté active. Par exemple : Secourir un homme qui se noie, prendre les armes pour son pays, arrêter un criminel, etc. Autant de délits négatifs, autant d'exemples des services de cette classe. Créer un délit négatif, c'est imposer l'obligation de rendre le service positif qui y répond.

2. Services *non agendi :* Services négatifs de la faculté active. Par exemple : Ne pas commettre un larcin, ne pas commettre un assassinat, etc.. Autant de délits positifs, autant d'exemples de cette espèce de services. Créer un délit positif, c'est imposer l'obligation de rendre le service négatif qui y répond.

3. Services *patiendi physicè :* Services de la faculté purement passive : On peut, en demandant

(1) Les appellatifs tirés du latin sont plus commodes : cette langue, comme on le sait, est beaucoup plus forte, plus précise, plus propre à former des mots composés que la langue françoise.

pardon aux mauvais plaisans, donner pour exemple la condescendance conjugale de la part de la femme. Au reste, l'homme, en qualité de corps inert, n'est pas bon à grand'chose. Il ne vaut pas la peine de citer les cas où des soldats morts ont servi à combler des fossés. Les corps dont on se sert pour l'anatomie forment un exemple plus important. La loi angloise a fait de ce service une addition à la peine des meurtriers. Ils sont livrés aux chirurgiens pour être disséqués. — On pent rapporter à ce chef les expériences de médecine, faites sur des hommes condamnés à mort.

4. Services *patiendi sensibiliter :* Services de la faculté passive, mais sensible, soit en bien, soit en mal.

Les peines légales sont des services imposés à ceux qui les subissent pour le bien de la société : aussi parle-t-on du supplice d'un criminel comme d'une dette qu'il a acquittée.

Les récompenses légales sont des services accordés à ceux qui les reçoivent pour leur propre avantage et pour celui de la société, lorsqu'il en résulte une satisfaction genérale et un encouragement aux actions utiles.

Comme nous avons une sensibilité commune avec ceux que nous aimons, nous pouvons recevoir dans leur personne de bons ou de mauvais services. Le bien qu'on me fait est un service rendu à mes amis. Le mal qu'on me fait est un service rendu à mes ennemis. Ai-je injurié quelqu'un : me punir, c'est servir la partie lésée.

II. Autre source de division, selon l'objet auquel le service s'applique, les *personnes* ou *les choses* :

Services { pour la personne.
pour la réputation.
pour la propriété.
pour la condition. }

Une branche du service *in personam*, c'est le service *in animam* : par exemple, le service du prêtre protestant qui m'enseigne à éviter l'enfer, du prêtre catholique qui me tire du purgatoire par ses messes. Quelle que soit leur puissance dans l'autre monde, ils peuvent servir à me tranquilliser dans celui-ci. Voilà un service dont un athée même ne sauroit nier la réalité. Qu'un médecin m'ait donné une maladie imaginaire qui me tourmente, ce seroit toujours un service que d'en calmer les angoisses.

III. Autre source de division, selon la partie qui agit dans la personne qui rend le service :

Services *corporels* : l'homme qui laboure mon champ.

Services *spirituels* : l'homme qui m'enseigne les sciences abstraites, etc.

On diroit que cette distinction n'étoit pas familière à nos ancêtres, eux qui ne voyoient qu'une même personne dans le barbier qui les rasoit, et dans le chirurgien qui les délivroit de la pierre.

IV. Autre source de division : La partie qu'on sert — un autre individu — soi-même — une classe limitée de personnes — l'état entier. Cette division se rapporte à celle des délits privés, personnels, demi-publics et publics. Autant de classes de délits, autant de classes de services.

V°. Autre division : Services qui naissent de droits établis. Les services, avons-nous dit, ont dû exister avant l'établissement des droits : mais les droits une fois établis donneront lieu à de nouveaux services, consistant à exercer en faveur de quelqu'un ces mêmes droits. Je transfère à un fermier le droit d'occuper ma terre à son profit : il me paie ce qu'il me doit pour la rente de ma terre. — Voilà deux espèces de services qui n'ont pu exister que depuis la naissance des droits.

Cette théorie des services est nouvelle : l'idée en est familière à tout le monde, mais elle est si étrangère à la jurisprudence que les juristes ne lui ont point donné de place dans la nomenclature; ils l'ont considérée comme une suite de l'obligation, au lieu qu'elle est antérieure à l'obligation même. Il est vrai que pour acquérir toute la force et toute l'étendue qu'il doit avoir, le service a besoin de s'appuyer sur l'obligation. C'est une plante trop foible par elle-même; il faut, pour donner ses fruits, qu'elle ait un soutien, et que, comme la vigne, elle s'entrelace à l'ormeau. Mais j'ai jugé d'autant plus convenable d'adopter dans la loi ce titre de service, qu'il a pour ainsi dire une affinité plus naturelle et plus apparente que les autres avec le principe de l'utilité. De quelque côté qu'on envisage le service, on voit d'abord son but; il semble dire, *respice finem*. Ce mot par lui-même est une leçon continuelle pour le législateur. C'est la logique qui prend les livrées de la morale. C'est la loi qui, par son langage même, rappelle que toute obligation doit avoir le caractère d'un bienfait.

Tableau de la division des Services.

Première division : selon celle des facultés qui serve.

1°. Services *agendi.* Consistant à faire.

2°. Services *non agendi.* Consistant à s'abstenir de faire.

3°. Services *patiendi physicè.* Passifs et non sentis.

4°. Services *patiendi sensibiliter.* Passifs et sentis.

Seconde division : selon l'objet auquel le service s'applique.

Services relatifs à la personne.
- la personne.
  - pour le corps.
  - pour l'esprit.
- la réputation.
- la propriété.
- la condition.

Troisième division : selon la partie qui agit dans la personne qui sert.

Services
- *ex corpore.* Rendus par le corps.
- *ex mente.* Rendus par l'esprit.

Quatrième division : selon la partie qu'on sert.

Services
- privés.
- réflectifs ou envers soi-même.
- demi-publics.
- publics.

Cinquième division : selon l'époque de leur naissance.

Services
- antérieurs aux droits. — *Service* libre et gratuit.
- postérieurs aux droits. — *Service* obligatoire.
- collatifs par rapport aux droits, c'est-à-dire, consistant à établir un individu dans ses droits.

CHAPITRE XIII.

Cinquième Titre général du Code civil. De l'Obligation.

Dans les systèmes textuels de législation et dans les traités de jurisprudence, l'idée d'*obligation* n'est que trop souvent indépendante de l'idée de *service.* Les juristes en général n'ont su quel fondement donner à l'obligation. Demandez-leur quel en est le principe? Vous verrez les nuages s'épaissir autour de vous. Ils vous parleront de la volonté divine, de la loi de la nature, du *for intérieur*, du *quasi-contrat.* Ils vous parleront de tout, excepté du service, la seule notion claire, la seule raisonnable, la seule qui puisse servir de guide et de limite dans l'établissement des obligations.

La définition la plus juste qu'on puisse donner d'une mauvaise loi est celle-ci : « Une mauvaise loi » est celle qui impose une obligation sans rendre » aucun service. »

Parcourez les codes religieux; parcourez les codes civils. A ce signalement vous pourrez reconnoître toutes les lois qui doivent être mises à l'*index*, sous le principe de l'utilité.

Dans les mauvaises religions, dans celles qui ont fait plus de mal en qualité d'épouvantail, qu'elles n'ont fait de bien en qualité de frein, à qui ont servi les sacrifices, les privations, les macérations, les contraintes? En est-il résulté le bonheur des dieux ou celui des hommes?

Dans un bon système, c'est toujours à raison du service que l'obligation est établie. Il y aura toujours une multitude innombrable de services libres et gratuits, mais il ne doit exister aucune obligation qui ne soit fondée sur un service reçu ou à recevoir.

Autant l'homme possède de facultés, autant peut-il rendre d'espèces de services; autant donc peut-on établir d'espèces d'obligations (1).

Pour ce qui regarde la faculté active, qui dit *service*, dit *acte serviable* : rendre un tel service, c'est exercer un tel acte. L'idée d'une obligation suppose donc celle d'un acte : obligation de rendre tel service, c'est obligation d'exercer tel acte serviable. Il est donc clair que la notion des obligations est postérieure à la notion des services.

Être soumis à une certaine obligation de faire, c'est être celui ou un de ceux à qui la loi a ordonné d'exercer certain acte. — Il n'y a pas plus de mystère. On peut employer le mot *obligation* dans un sens abstrait, on peut en faire une espèce d'être fictif, commode dans le discours ordinaire; mais il faut

---

(1) Ainsi le tableau des *obligations* est la contre-partie du tableau des services. On peut distinguer obligation *agendi* — obligation *non agendi* — obligation *patiendi* — obligation *non patiendi* — obligation *benè patiendi* — obligation *malè patiendi*.

L'idée des obligations portant sur la faculté passive, bien que moins familière, a été employée par les romanistes : exemple : *obligationes ex delicto*.

savoir le déchiffrer dans la langue de la pure et simple vérité, dans celle des faits. Entendre les termes abstraits, c'est savoir les traduire d'un langage figuré dans un langage sans figure.

Le profit de l'obligation, qui doit-il regarder? Il peut être soit pour la personne obligée, soit pour une autre; mais, dans tous les cas, le principe de l'utilité exige que le mal de l'obligation soit plus que compensé par le bien du service.

Le mal de l'obligation semble porté à son comble, dans le cas où l'individu est condamné à une mort ignominieuse et douloureuse, en vertu d'une loi pénale. Je n'examine point ici si cette obligation terrible est indispensable. Mais en la supposant telle, par exemple, contre des meurtriers atroces, il est évident que la société croit acheter au prix de la perte d'un individu dangereux, la sûreté de plusieurs individus innocens.

CHAPITRE XIV.

Sixième Titre général du Code civil. Des Droits.

C'EST en imposant des obligations, ou en s'abstenant d'en imposer, qu'on établit, qu'on accorde des *droits*. On peut imposer des obligations sans qu'il en résulte des droits : par exemple, des obligations ascétiques qui ne sont utiles ni à la personne obligée ni à d'autres; mais on ne peut pas créer des droits qu'ils ne soient fondés sur des obligations. Comment me confère-t-on un *droit* de propriété sur un terrain? C'est en imposant à tous les autres l'obligation de ne pas toucher à ses produits, etc., etc. Comment ai-je le *droit* d'aller et venir dans toutes les rues d'une ville? C'est qu'il n'existe point d'obligation qui m'en empêche, et que tous sont soumis à l'obligation de ne pas m'empêcher. Qu'on examine tous les droits un à un : les uns doivent leur existence à l'existence des obligations; les autres la doivent à la non-existence de ces mêmes obligations. Tous les droits portent donc sur l'idée d'obligation comme sur leur base nécessaire.

Pour parler des droits avec clarté, il faut d'abord les distinguer selon leurs espèces. Voici leurs principales divisions.

Première division, tirée de la diversité de leur *source :* 1° droits existans par absence d'obligation;

2° droits établis par obligation. Cette distinction est fondamentale. Les droits résultans d'obligations imposées par la loi, ont pour base des lois *coercitives :* les droits résultant de l'absence d'obligation ont pour base des lois *permissives.*

Seconde division, tirée de la diversité de leurs *buts.* Le droit sera établi, 1° pour le maintien de la propriété; 2° pour la sûreté générale, 3° pour la liberté personnelle, 4° pour la tranquillité générale (union de la sûreté avec la sécurité) : autant de buts distincts, autant de classes de droits.

Troisième division, tirée des *sujets* sur lesquels ils doivent s'exercer : 1° droits sur les choses; 2° droits sur les personnes, sur les services des personnes.

Les droits sur la personne peuvent se rapporter, soit purement à la personne, soit aux choses et à la personne.

Sous ce dernier chef se trouve le *droit d'interdiction,* par rapport à la chose : le droit d'*interdire* à un tel ou à tous, soit d'occuper la chose, soit d'en faire tel ou tel usage. C'est un droit sur un service négatif. Lorsqu'il est uni au droit d'occupation, il compose la propriété exclusive.

Le droit portant purement sur la personne, a deux branches : 1° Droit immédiat sur la personne *in corpus,* comme droit conjugal, droit de correction paternelle, droit d'un officier de justice de saisir un individu, d'exécuter une sentence légale, etc. 2° Droit immédiat sur la personne *in animam ;* consistant en moyens d'influence sur la volonté, comme droit de donner une place avantageuse, droit de destituer, droit de récompenser, droit de tester, droit de diriger l'enseignement public ou privé, etc. (1).

Quatrième division, tirée de l'*étendue* du droit, c'est-à-dire, du nombre des personnes qui en sont le sujet. 1° Droits *privés*. 2° Droits *politiques*.

Cinquième division, tirée des *personnes* en faveur desquelles le droit est établi. 1° Droits *propres* : ceux qui s'exercent pour l'avantage de celui même qui les possède. 2° Droits *fiduciaires* : ceux qu'on ne possède qu'à la charge de les exercer pour l'avantage d'autrui. Tels sont ceux de facteur, de procureur en justice, de tuteur, de père et d'époux en tant que tuteur. Tout pouvoir politique est fiduciaire. Les

---

(1) Ces deux branches de droits sont très-distinctes, mais elles n'ont point de nom propre, et je ne trouve pour les désigner aucun mot convenable dans la langue usuelle. J'appellerai le droit *in corpus*, *droit de contrectation physique* ; et le droit *in animam*, *droit de contrectation morale*. Au lieu de contrectation morale, j'aimerois mieux dire *pathologique*, si ce terme étoit plus familier.

Ces dénominations ont deux inconvéniens ; 1° elles sont nouvelles, et les mots nouveaux effarouchent les lecteurs ; et 2° elles sont formées de mots qui n'ont point d'analogue dans la langue françoise : *contrectare* signifie *manier*, *toucher*. Ce mot avoit passé au figuré. Cicéron a dit, *mente contrectare varias voluptates*. La nécessité seule peut justifier cette innovation dans la nomenclature.

Pathologique est un terme de médecine, mais en législation on en a besoin pour exprimer ce qui concerne les affections, les sentimens, les impressions intérieures. Dans l'usage ordinaire on fait contraster le *physique* et le *moral* : mais *moral* est employé dans des acceptions très-différentes, en sorte qu'il est souvent obscur et équivoque.

pouvoirs fiduciaires sont les mêmes en nature que les droits propres combinés avec certaines obligations.

Sixième division, tirée de la divisibilité des droits. 1° Droits *intégraux*. 2° Droits *fractionnaires*. 3° Droits *concaténés*. Ce que j'appelle *droit intégral*, c'est le plus illimité, le droit de propriété entière : il en renferme quatre.

1°. Droit d'occupation.

2°. Droit de donner exclusion à autrui.

3°. Droit de disposition, ou droit de transférer le droit intégral à d'autres personnes.

4°. Droit de transmission, en vertu duquel le droit intégral se trouve transmis après la mort du propriétaire, sans aucune disposition de sa part, à ceux qu'il a dû souhaiter d'en mettre en possession.

De tous ces droits, dans un système fondé sur l'utilité, il n'en est aucun qui ne doive avoir des limites.

Le premier sera limité par l'obligation de ne faire de la chose aucun usage nuisible à autrui.

Le second, par l'obligation de permettre l'usage de la chose, à propos de besoin urgent pour l'avantage d'autrui.

Tous ces droits peuvent encore recevoir différentes restrictions pour une utilité spéciale. Ainsi le propriétaire d'une distillerie pourra être soumis a des règlemens qui auront pour objet de l'empêcher de se soustraire aux impôts, etc.

Ces exceptions déduites, ce qui reste fait la quantité *intégrale* du droit (1).

Les droits moins étendus que le droit intégral, peuvent être considérés comme des fractions, et nommés *fractionnaires*.

Quand on possède le droit entier on est dit *avoir la propriété de la chose*. A-t-on moins que cela; ce qu'on est dit *avoir*, c'est un *droit*, un droit à exercer sur la chose matérielle : par exemple, un droit de chasse, un droit de passage, un droit de *servitude*.

Les droits *concaténés* sont ceux qui naissent non de lois absolues, mais de lois conditionnelles. La loi qui défend, permet ou ordonne, peut ajouter des conditions, de manière que l'accomplissement de l'une soit nécessaire à l'accomplissement de l'autre.

Le législateur fait par lui seul tout ce qu'il peut pour l'établissement du droit, à l'exception du seul acte par lequel l'individu y appose son sceau. A cette époque naît l'obligation.

Les lois conditionnelles sont dans un état mitoyen entre l'existence et la non-existence. Elles attendent l'opération de quelqu'un pour leur donner le souffle de vie.

Les droits fractionnaires et les droits concaténés

---

(1) Le droit intégral, quoique le plus composé de tous, est pourtant le plus simple à concevoir et le plus court à exprimer. C'est pour cette raison qu'en faisant l'exposition des droits, il faudra commencer par celui-là.

peuvent dans certains cas être dénominés droits *communaux.*

Revenons maintenant sur la seconde division, les droits sur les choses. Le seul droit qui porte purement sur les choses est celui d'*occupation.*

Pour comprendre les espèces, les modifications de ce droit, il faut connoître les limitations dont il est susceptible. Autant de limitations que peut éprouver un droit, autant peut-il exister de droits distincts, dont chacun peut avoir un propriétaire différent.

Jamais, sous une législation un peu avancée, ce droit ne peut exister sous une forme illimitée : point de personne qui puisse posséder de cette manière : point de chose qui puisse être ainsi possédée.

Le droit d'occupation peut être limité à sept égards.

1. Par rapport à la *substance* de la chose. — Ainsi du droit général d'occupation que je possède sur la terre qui est censée être à moi, on peut détacher en votre faveur le droit de faire passer un aqueduc, un égout, le droit de faire saillir un toit, le droit de laisser projeter un arbre, le droit d'exploiter des mines, etc.

Le droit d'occupation, par rapport à une maison, peut ou comprendre la maison entière, ou se borner à telle ou telle chambre, et ainsi de suite.

On voit que cette mesure de limitation suppose que chaque chose peut se distinguer de chaque autre, et que chaque partie d'une chose peut se distinguer de chaque autre partie : elle suppose un système d'individuation complet pour les choses.

2. Le droit d'occupation peut être limité *quant à l'usage*, c'est-à-dire la manière d'occuper. Je puis recueillir les fruits de ma terre : je ne puis pas l'entourer d'une haie, encore moins en fermer l'entrée contre vous. — Je puis faire le service divin dans l'église dont je suis curé : je ne puis pas y tenir boutique.

Le droit de recueillir un produit qui se renouvelle, tel que l'eau, le poisson, le bois, la tourbe, se rapporte t-il à la substance ou à l'usage? Encore une autre espèce d'individuation. Encore d'autres lignes de démarcation positive.

3. Le droit d'occupation peut être limité quant au *temps*. S'il n'est pas perpétuel, il peut être ou présent ou futur : dans le dernier cas, il peut être ou certain ou contingent. Présent ou futur, sa fin peut dater d'une époque déterminée ou indéterminée. — Remarquons ici que lorsqu'on suppose des droits certains qui ne sont pas présens, ce n'est que pour se conformer à l'usage : car en rigueur, pour tout ce qui est futur, il n'y a point de certitude. Pour avoir un droit certain, il faudroit être certain de vivre. Moyennant cette restriction, un droit qui doit commencer à l'échéance de dix années, par exemple, est un droit certain. Un droit qui doit me revenir lors de votre décès, est-il certain ou contingent? Il est certain que vous mourrez, mais il n'est pas certain quand vous mourrez, ni même que vous mourrez avant moi. Il faut encore ici des lignes de démarcation.

4. Le droit d'occupation peut être limité *par le lieu*. Tel essaim d'abeilles est à vous tant qu'il se tient

sur vos terres. Les a-t-il quittées pour les miennes, il est à moi, ou il n'est à personne. Sous le droit usité, les hommes sont à l'égard des divers souverains à peu près ce que sont les abeilles à l'égard de divers propriétaires.

On voit que cette distinction ne regarde que les choses mobilières. D'ailleurs cette espèce de limitation revient à celle qui se rapporte au temps. Car avoir un droit sur une chose tant qu'elle se trouve sur un certain lieu, c'est l'avoir pendant un certain temps. Le lieu sert d'indice au temps.

5. Le droit d'occupation peut encore être limité par un *droit d'interdiction* possédé par un autre : c'est-à-dire lorsqu'un autre a le droit de vous interdire l'occupation de la chose. Il semble d'abord que de ces deux droits l'un détruise l'autre ; mais si le droit d'interdire n'existe que par intervalles, s'il n'existe que par rapport à certains usages, l'un et l'autre droit peuvent exister, et l'un sert de limite à l'autre. Il est assez d'usage que le pauvre ait le droit de glaner dans le champ du riche, en tant que celui-ci ne s'avise pas de l'interdire.

Il s'en faut bien que ce droit d'occupation soit de nulle valeur. Il s'en faut bien qu'il soit anéanti par le droit *interdicendi* qui le limite. Le droit de glaner se trouve-t-il en force ? Que je ramasse pour plusieurs schellings de blé, si vous ne l'avez préalablement défendu, vous ne pourrez pas me faire condamner même à la simple restitution. Que j'eusse pris clandestinement un seul denier dans votre chambre, vous pourriez me faire condamner pour larcin.

6. Le droit d'occupation peut être limité par l'*addition d'autres personnes*, dont le concours est nécessaire pour que l'exercice en soit légitime. Trois cohéritiers ont entre eux un coffre-fort. Aucun d'eux n'a le droit d'ouvrir le coffre sans la présence et le consentement des deux autres. Le droit d'un chacun se trouve limité par celui de ses deux associés. Un droit dont l'exercice, pour être légitime, demande le concours de plusieurs volontés, peut s'appeler *fractionnaire*.

Cette espèce de limitation pourroit encore se rapporter au droit d'interdiction. Un des co-héritiers refuse-t-il son consentement à l'ouverture du coffre fort, il interdit cet acte aux deux autres.

7. Le droit d'occupation peut enfin être limité par un *autre droit d'occupation* accordé à un autre propriétaire. J'ai le droit d'habiter une certaine chambre; si vous avez aussi le droit d'habiter cette même chambre, il est évident que je ne pourrois pas m'en servir exactement comme si vous n'aviez pas un tel droit.

On voit que cette espèce de limitation peut encore se rapporter à la première et à la seconde.

Que plusieurs personnes se trouvent avoir de ces droits d'occupation limités les uns par les autres, ils s'appellent ordinairement *copropriétaires*; et l'on peut dire de la chose, qu'elle est possédée *en commun* par ces personnes.

Le droit *d'aliéner* a aussi ses limitations, ses

modifications. Elles répondent à celles du droit d'occupation. Qui connoît celles-ci ne sauroit ignorer les autres.

J'observerai que le droit d'aliénation renferme une espèce particulière de droits sur services ; car que fais-je en aliénant une chose en votre faveur ? Entre autres actes, il faut que je dispose de certains services de la part des officiers du gouvernement, dont l'assistance vous seroit nécessaire pour vous garantir l'occupation de cette chose. Les droits que vous acquerrez par là sur de tels services font partie du cortège nombreux des droits qui se transportent à chaque échange de propriété, lesquels peuvent s'appeler *droits corroboratifs* par rapport au droit *principal*.

La mesure d'un droit, ce sont les actes mêmes auxquels il s'étend : c'est sur ces actes qu'il faut porter la vue pour acquérir ces idées nettes qu'on n'obtient qu'en considérant des objets matériels. La mesure d'un droit d'occupation que j'ai, ce sont les actes physiques que je peux exercer sur la chose : la mesure du droit d'exclusion que j'ai, ce sont les actes que vous ne pouvez pas exercer sur la même chose : la mesure d'un droit de disposition, ce sont les actes qui se rapportent aux deux espèces de droits dont je peux disposer. Or, est-on arrivé à l'idée d'un acte physique, on a sous les yeux une image dessinable : on est à la source, au plus haut point de la clarté. Celui qui, au nom d'un droit, peut se le figurer sous une image sensible, entend la nature de ce droit : celui qui ne peut pas se le représenter de cette manière, ne l'entend point encore.

Tout droit *agendi* a donc un acte auquel il se rapporte : cet acte peut être *intransitif* ou *transitif;* — intransitif, si l'acte n'affecte que l'agent même; — transitif, lorsque l'acte affecte une chose ou une personne autre que l'agent.

Là même où l'acte ne paroît affecter que des choses, il affecte des personnes, c'est-à-dire les personnes à qui les choses peuvent être utiles, attendu qu'il n'y a rien à considérer dans les choses que les services que les hommes peuvent en tirer.

Ainsi, lors même que le droit paroît conféré nominativement à une chose, il l'est réellement à une personne, attendu que ce sont toujours des personnes qui retirent l'avantage résultant de ce droit.

Voilà ce que n'ont point compris les rédacteurs du Code romain. Suivant eux, tous les droits se trouvent divisés en deux masses, dont l'une ne regarde que les *personnes*, l'autre que les *choses*. Ils ont débuté par une division fausse, inintelligible, en deux parties, qui ne sont point exclusives l'une par rapport à l'autre : *jura personarum, jura rerum.* — On diroit qu'ils ont été déterminés à prendre cette division par une espèce de correspondance ou de symétrie grammaticale; car il n'y a de correspondance entre ces deux appellatifs que pour la forme; il n'y en a aucune pour le sens. *Droits des personnes*, — qu'est-ce que cela signifie? Droits appartenans à des personnes, droits conférés par la loi à des personnes, droits dont peuvent jouir les personnes, voilà qui est clair. Transportez cette explication aux *droits des choses*, qu'est-ce qui en résulte? Des choses qui ont des droits à elles; des choses auxquelles la loi a conféré des droits; des choses que la loi a voulu favoriser; des choses au bonheur desquelles la loi a voulu pourvoir..... C'est le comble de l'absurdité.

Au lieu de dire *droits des choses*, il falloit dire *droits sur les choses*. Ce changement paroît bien léger : cependant il fait tomber cette nomenclature, cette division des droits, tout ce prétendu arrangement des romanistes, adopté depuis par Blackstone, et sur lequel il a si mal classé tous les objets de la loi.

S'égare-t-on dès le premier pas; plus on va dans la même direction, plus on s'éloigne du but. Celui qui prend pour expliquer le tout une expression qui n'a point de sens, comment feroit-il connoître les parties?

Cette malheureuse équivoque a jeté les romanistes dans une confusion perpétuelle. Sous le chef *des droits des personnes*, il y est question de droits sur les choses à peu près autant que de droits sur les personnes : par exemple, droit de l'époux sur les biens de l'épouse, à lui acquis par le mariage; droit du père sur les biens acquis par le fils; droit des membres d'un corps politique sur des choses appartenantes à leurs corps, et ainsi du reste.

Quel système que celui où les termes fondamentaux changent de signification à chaque moment!

Pour exprimer d'une manière expéditive tous ces droits sur les choses, seroit-il possible d'employer le mot si usité, ou plutôt usé par les romanistes, celui de *servitude?* Je crains qu'il ne soit mis hors d'emploi par l'usage abusif qu'on en a fait. Il a pris une acception fausse; il est difficile de le régénérer.

Si l'on pouvoit s'en servir, voici l'usage que j'en voudrois faire. Le droit partiel d'occupation, soit quant à la substance de la chose, soit quant à l'usage, je l'appellerois *servitude positive*. Le droit d'exclusion, par rapport à telle ou telle partie de la substance, ou tel ou tel usage de la part du propriétaire principal, je l'appellerois *servitude négative*. Le droit sur les services positifs du propriétaire principal à exercer de sa part pour améliorer la chose au profit d'autres propriétaires subordonnés, je l'appellerois *servitude coactive*.

Autres erreurs des romanistes sur cette matière. S'il faut les en croire, il y a des cas où les droits ne subsistent que par les lois, et d'autres cas où ils ont subsisté et subsistent encore autrement que par les lois. — Distinction absolument vide de sens. — Ces droits, qu'on nous représente comme ne subsistant que par le droit naturel ou le droit des gens, ou telle autre phrase, ne subsistent point du tout, ou ne subsistent que par les lois civiles et par elles seules, exactement comme ceux dont on attribue l'existence à ces mêmes lois.

On a bien mal connu l'organisation légale : on est tombé dans d'étranges méprises sur la manière dont les fonctions de ce vaste corps s'accomplissent. Ces erreurs ne sont rien moins qu'indifférentes. Je ne finirois pas, si je voulois citer tous les faux raisonnemens appuyés sur ces fausses idées. Certains droits, a-t-on dit, ne sont pas fondés sur des lois civiles, donc il ne faut pas les changer par des lois civiles. — Certaine loi ne se feroit qu'aux dépens de la liberté naturelle : donc elle est une violation de la liberté naturelle; donc elle est injuste.

Dire qu'une loi est contraire à la liberté naturelle, c'est simplement dire que c'est une loi. Car toute loi ne s'établit qu'aux dépens de la liberté. — La liberté même ne s'établit qu'aux dépens d'une autre liberté, la liberté de Pierre qu'aux dépens de la liberté de Paul.

Quand on reproche à une loi de heurter la liberté; cet inconvénient ne fait pas contre elle un grief particulier, car c'est le propre de toutes les lois (1). Le mal qu'elle fait par là est-il plus qu'équivalent au bien qu'elle fait par d'autres voies? Voilà l'unique question à examiner.

Il est bien fâcheux que la liberté individuelle et la liberté politique aient reçu le même nom. Au moyen de cette équivoque, on peut avoir un motif perpétuel de se révolter. Loi établie, voilà liberté enfreinte. Liberté enfreinte, voilà tyrannie. Tyrannie, voilà un motif légitime de révolte.

Cette digression n'est pas étrangère au sujet : elle fait sentir l'importance de se faire des idées justes de l'origine et de la nature des *droits*.

---

(1) Les meilleurs esprits sont tombés dans cette erreur. Smith, en parlant de deux lois, qu'il désapprouve avec raison, dit « que » ces deux lois étoient des violations évidentes de la liberté natu- » relle, et *par conséquent* mauvaises. (*Richesses des nations*, » liv. IV, c. 1.) » Ce *par conséquent* anéantiroit toutes les lois.

Une table des droits est un travail bien aride et bien ingrat. Mais on ne peut se rendre utile à la science qu'à ce prix. Car il faut distinguer les parties d'un sujet les unes des autres, pour être en état d'établir quelques propositions vraies. On ne peut rien affirmer, on ne peut rien nier, tant que les objets, entassés pêle-mêle, ne forment que des assemblages hétérogènes. Pour faire entendre que telle plante est un aliment, telle autre un poison, il faut bien trouver des caractères qui les distinguent, et leur assigner des noms propres. Tant qu'il n'y a point de nom pour exprimer plusieurs droits, ou qu'il n'y a qu'un seul et même nom pour en exprimer de très-dissemblables, tant qu'on emploie des noms génériques sans avoir démêlé leurs parties constituantes, il est impossible de sortir de la confusion ; il est impossible de faire des propositions générales qui soient vraies. Cette observation a déjà été faite : mais elle se présente souvent dans une science où les plus grandes difficultés naissent des vices de la nomenclature.

Tableau des divisions des Droits.

I. *Sources.* Droits établis par absences d'obligations ; droits établis par obligations.

II. *Buts.* Liaison du droit avec l'intérêt de la partie.

1. Propriété.
2. Sûreté générale.
3. Liberté personnelle. Branche de la sûreté générale.
4. Tranquillité : union de la sûreté avec la sécurité.

III. *Sujet* sur lequel ils s'exercent.

1. Droits sur les *choses.*
2. Droits sur les *personnes.*

IV. *Étendue* par rapport au nombre des personnes qui en sont le sujet.

1. Droits *privés.*
2. Droits *politiques.*

V. *Personne* dont l'intérêt a servi de motif à la concession qui en a été faite.

1. Droits *propres.*
2. Droits *fiduciaires.*

VI. *Divisibilité* entre personnes.

1. Droits *intégraux.*
2. Droits *fractionnaires.*

VII. *Transmissibilité.*

1. Droits transmissibles.
2. Droits intransmissibles.

Chefs principaux.

1. Droits de propriété.
2. Droits de sûreté générale.
3. Droits de tranquillité générale.
4. Droits de liberté personnelle, soit individuelle.
5. Droits intégraux.
6. Droits fractionnaires.
7. Droits concaténés.
8. Droits propres.
9. Droits fiduciaires.
10. Droits privés.
11. Droits politiques.
12. Droits principaux.
13. Droits corroboratifs ou accessoires, ou subsidiaires, ou sanctionnatoires.
14. Droits transmissibles.
15. Droits intransmissibles.

Droits sur les choses.

1. Droits d'occupation de la chose.
2. Droits par exclusion d'autrui, soit par interdiction d'occupation d'autrui.
3. Droits d'interdire occupation.

4. Droits d'aliénation.
5. Droits de disposition occasionnelle.

Droits sur les personnes.

1. Droits de contrectation immédiate physique.
2. Droits de contrectation immédiate morale ou pathologique.
3. Droits de contrectation physique par intervention d'autrui.
4. Droits de contrectation morale ou pathologique par intervention d'autrui.
5. Droits de commander aux personnes individuellement.
6. Droits de commander aux personnes collectivement.

N. B. On ne place pas ici le tableau des pouvoirs politiques ou des droits exercés par le gouvernement.

CHAPITRE XV.

Septième titre général du Code civil. Des événemens collatifs et ablatifs.

Tous les droits que j'ai ont eu leur commencement, tous auront leur fin. Donner à tel événement la qualité *d'époque* pour en dater le commencement d'un droit, c'est rendre cet événement *collatif* par rapport à ce droit : donner à tel événement la qualité d'*époque* pour en dater la cessation d'un droit, c'est rendre cet événement *ablatif* par rapport à ce droit (1).

Le souverain a-t-il fait des lois ; il a donc donné à certains événemens la qualité d'événemens *collatifs*, et à d'autres celle d'événemens *ablatifs*. Voilà deux catalogues bien importans. Avez-vous dans le moment présent un certain droit, c'est que par rapport à ce droit il est arrivé en votre faveur un événement qui appartient au premier catalogue, et qu'il

(1) Ce que j'appelle *événement collatif* a été communément appelé *titre* ou *moyen d'acquérir*. Etre celui en faveur duquel un événement collatif est arrivé, c'est avoir un *titre*. — Je ferai voir bientôt la raison de changer cette dénomination.

Dans la première édition, on avoit employé deux autres termes, *investitifs* et *divestitifs*, qui étoient empruntés de la langue féodale, et qui exprimoient moins nettement le simple fait dont il s'agit.

n'en est point arrivé qui appartienne au second. — Que d'assertions comprises dans cette assertion, en apparence si simple « *Vous avez un certain droit!* »

Établir des articles appartenans à ces catalogues, c'est établir des lois. Avoir complété ces catalogues, c'est avoir achevé les lois. Distinguer tous ces événemens, leur donner une dénomination spécifique, c'est un travail de première nécessité, et cependant c'est une tâche toute nouvelle.

Je me bornerai ici à l'ébauche d'un tableau analytique des principaux *événemens*, pour faire voir ce qui les rapproche et ce qui les distingue. Ces événemens sont à peu près les mêmes que le catalogue usuel des *titres;* car des besoins communs ont donné une certaine uniformité, une certaine correspondance aux lois de tous les peuples, au moins dans les traits essentiels.

1. Un droit commence-t-il à m'appartenir : ce droit a déjà appartenu à quelque autre, ou il n'a encore appartenu à personne. Ai-je trouvé une île déserte; ai-je cueilli des fruits, abattu des bois, ramassé des minéraux, pris des animaux sur cette terre; me voilà, si les lois de mon pays le permettent, devenu propriétaire sans que personne ait cessé de l'être. *Découverte originaire :* premier événement collatif pour les choses nouvellement soumises à la domination de l'homme. Voilà comment tout a été acquis dans l'origine : mais de nos jours ces acquisitions sont plus rares : à mesure que le monde se peuple, les fortunes, en ce genre comme en tout autre, deviennent plus difficiles.

2. Les fruits que j'ai cueillis et semés en ont-ils produit d'autres; les oiseaux, les animaux que j'ai pris, ont-ils multiplié; voilà des richesses nouvelles. Second événement collatif. *Possession de choses productrices.*

3. Des arbres déracinés, de gros poissons déroutés sont-ils venus échouer sur mon île : troisième événement collatif. *Possession de chose recevante*, ou *servant de réceptacle.*

4. Ai-je employé mon travail sur des choses à moi; ai-je taillé le bois ou la pierre; ai-je façonné le métal ou filé le lin; ai-je perfectionné la matière brute par mon industrie : voilà de nouvelles jouissances. Quatrième événement collatif. *Amélioration de chose propre.*

Passons aux choses qui sont déjà sous main de maître. Il faut, pour en investir un nouveau possesseur, qu'il soit arrivé un événement ablatif par rapport à l'ancien. Cet événement peut être physique ou moral; — physique, s'il arrive sans intervention d'homme; — moral, s'il a lieu par la volonté d'un individu ou du législateur. Premier événement ablatif physique. *Mort du propriétaire.* Second, *oblitération fortuite du caractère distinctif de la chose*, comme dans les cas dont parlent les romanistes sous les mots de *confusion*, *commixtion*, etc. (1). Dans

(1) Par exemple, si en bâtissant une maison on avoit fait entrer de bonne foi quelques matériaux appartenans à autrui. — Si en fondant au creuset un métal à moi, il s'y est mêlé quelque portion de métal à vous, etc.

les deux cas, la perte est de nécessité : c'est l'homme qui ne peut plus posséder la chose, ou c'est la chose qui ne peut plus être possédée par lui, à moins qu'en même temps il n'en possédât d'autres sur lesquelles il n'a point de droit.

4 et 5. Ces deux événemens ablatifs peuvent s'exprimer l'un et l'autre par un événement collatif. Au lieu de dire *mort du propriétaire*, on peut dire *succession par cause de décès :* au lieu de dire *oblitération fortuite du caractère distinctif de la chose*, on peut dire, comme ci-dessus, *possession de chose recevante.*

L'intervention de l'homme entre-t-elle dans l'acte ablatif, alors c'est la loi toute seule qui agit pour donner cet effet à l'événement, ou c'est quelque individu qui agit de concert avec elle : cet individu ne peut être que le propriétaire antérieur ou le propriétaire nouveau, ou un tiers agissant pour eux.

6. Sixième événement collatif, *disposition privée.*

7. Septième : disposition de la part d'un magistrat, soit *adjudication.*

8. Autres événemens collatifs : *occupation* par voie de saisie faite à la charge d'un délinquant, ou *saisie juridique.* Occupation par voie de capture sur un ennemi étranger, ou *saisie hostile* (butin de guerre).

Dans les gouvernemens policés au point où le sont ceux de l'Europe, on n'accorde pas communément à ces deux actes la qualité d'événemens collatifs sans le concours de l'*adjudication.*

9. *Occupation de chose abandonnée.* Abandonner une chose c'est une manière d'en disposer; c'est s'en divestir soi-même sans en investir personne en particulier. Ce qui revient à la donner au premier venu.

10. La disposition est-elle réglée de façon à ne prendre effet que lors du décès du dispositeur, et à condition qu'il n'y ait point de sa part de disposition contraire? Voilà d'une part *donation par testament*, de l'autre, *succession testamentaire*.

11. La disposition a-t-elle eu pour objet la chose fictive appelée *charge*, *office*, *droit d'office;* elle s'appelle *nomination* ou *élection*. On se sert plus ordinairement de ce dernier mot, lorsque le droit de disposer se trouve réparti entre plusieurs propriétaires. On peut appeler *assomption d'office* la collation que je m'en fais à moi-même pour mon propre profit : *dismission*, l'acte par lequel j'en divestis un autre : *démission*, l'acte par lequel je m'en divestis moi-même.

12. La disposition a-t-elle pour objet un droit sur des services à rendre par le dispositeur lui-même, elle est ce qu'on entend quelquefois par les mots *convention*, *pacte*, *contrat*, etc. Je voudrois qu'on employât exclusivement à cet effet quelque appellatif nouveau, tel que *promesse obligatoire* (1).

---

(1) Le mot *contrat*, terme inventé et gâté par le droit romain, 'applique indifféremment à quantité de dispositions qui ne sont pas des promesses, tels qu'achats, ventes, prêts, etc.. D'ailleurs,

L'adjudication, acte du magistrat, conduit naturellement à la recherche de quelque autre événement qui a servi de motif à cet acte. A quelle fin la loi entend-elle que le juge exerce ses droits? Ce n'est pas pour son propre avantage : ce n'est que pour accomplir d'autres dispositions légales, pour donner leur effet à d'autres événemens collatifs et ablatifs.

Faire une disposition c'est appliquer à tel ou tel effet la puissance des lois, c'est commander les services du souverain ou des magistrats. Une disposition est-elle légitime, elle a les qualités de celles auxquelles le souverain prête son assistance. Est-elle illégitime, elle est du nombre de celles auxquelles il la refuse. Ainsi expliquée, une *disposition* peut s'envisager sous deux aspects : ou comme servant à modifier une loi générale, ou comme faisant d'elle-même, sous l'autorité du souverain, une loi particulière. Sous le premier aspect, il faut se figurer le souverain qui, en établissant une loi générale, laisse en blanc quelques mots que doit suppléer le particulier auquel il accorde le droit de le faire. Sous le second aspect, le particulier fait une loi, et la fait sanctionner par la force publique. Le prince devient à la lettre le serviteur du plus humble de ses sujets. Faire un contrat ce n'est pas implorer les services du magistrat, c'est lui commander ces mêmes services.

---

au lieu d'une seule disposition, il en indique toujours plusieurs à la fois, dispositions de part et d'autre. *Promesse* est le mot le plus clair, celui qui exclut le mieux toute idée fausse.

Pour marquer le commencement d'un droit, je n'ai assigné jusqu'ici qu'un seul événement; mais plusieurs peuvent y concourir. Il faut donc distinguer les événemens dispositifs en *simples* et *complexes*. Parmi les élémens d'un événement complexe, distinguons les uns sous le titre de *principaux*, les autres sous celui d'*accessoires*. S'agit-il, par exemple, d'une succession testamentaire; pour lui donner effet, il faut qu'il soit arrivé au moins deux événemens bien différens; 1° décès du propriétaire antérieur, 2° naissance du propriétaire nouveau. Ajoutez-y les démarches que l'héritier doit faire pour fournir les preuves de sa qualité, et celles qui sont nécessaires de la part du magistrat pour le mettre en possession, vous pouvez, dans cet événement complexe, donner aux deux premiers le nom d'*événemens principaux*, et aux actes requis de l'héritier et du magistrat, celui d'*événemens accessoires*.

Autant d'actes omis parmi ceux auxquels on a donné la qualité d'événemens collatifs accessoires, autant de *moyens de nullité*. Accorder à un acte une telle qualité, c'est prescrire une formalité à remplir, sous peine d'annuller la disposition dont il s'agit.

Analysez de même l'espèce de disposition nommée *élection*, par rapport à une place, soit dans la chambre des communes en Angleterre, soit dans le conseil d'état de Venise, où la jalousie aristocratique avoit épuisé tout l'art des combinaisons. Que d'événemens collatifs accessoires! Que de moyens de nullité à éviter! Que de formalités à remplir! Quelle série de moyens à parcourir avant d'arriver au dernier terme, l'établissement du droit !

13. L'adjudication, comme nous l'avons vu, est un événement collatif qui en suppose d'autres, sans lesquels celui-ci n'auroit pas lieu. Il en est de même à l'égard de la *possession ;* événement qui sert à prouver l'existence antérieure de ces autres événemens collatifs, et à les rendre inutiles.

La possession peut être *actuelle* ou *ancienne*. On peut appeler simplement actuelle la possession que j'ai, dans le cas où l'on veut qu'elle ne soit pour moi qu'une sûreté provisoire, autant qu'il ne se trouve aucun événement collatif qui opère en faveur de mon adversaire, ou, ce qui revient au même, aucun événement ablatif qui opère à mon préjudice.

On peut appeler *ancienne* cette possession, dans les cas où, en considération de sa durée, on veut qu'elle ait l'effet non-seulement de m'investir provisoirement, mais encore d'anéantir l'effet de tout événement collatif qui pourroit opérer en faveur de mon adversaire et à mon préjudice. C'est ce cas que les romanistes ont voulu caractériser par le mot *prescription*.

Mais qu'est-ce que *posséder ?* Voilà une question qui paroît bien simple. Il n'en est pas peut-être de plus difficile à résoudre, et c'est en vain qu'on en chercheroit la solution dans les livres de jurisprudence ; on n'en a pas même vu la difficulté ! Cependant ce n'est pas une vaine spéculation de métaphysique. Tout ce qu'il y a de plus précieux à l'homme peut dépendre de cette question : sa propriété, sa liberté, son honneur et même sa vie. En effet, je peux légitimement, pour défendre ma possession, frapper, blesser, tuer même si cela est nécessaire. Mais la chose étoit-elle en ma possession? Si la loi ne trace pas une ligne démarcative, si elle ne décide pas ce qui est *possession* et ce qui ne l'est pas, je pourrois, en agissant de bonne foi, me trouver coupable du plus grand crime, et ce que je prenois pour légitime défense seroit dans l'opinion du juge brigandage et assassinat!

Voilà donc une matière qui devroit être approfondie dans tous les codes : elle ne l'est dans aucun.

Pour sauver une équivoque perpétuelle, il faut distinguer soigneusement la *possession physique* de la *possession légale*. Il ne s'agit ici que de la première : elle ne suppose aucune loi, elle a existé avant qu'il y eût des lois : c'est la possession du sujet même, soit chose, soit service d'homme. La possession légale est tout simplement l'ouvrage de la loi : c'est la possession d'un droit soit sur cette chose, soit sur des services d'homme. Avoir la possession physique d'une chose, c'est avoir avec la chose une certaine relation, dont, s'il plaît au législateur, l'existence peut tenir lieu d'événement investitif pour donner commencement à des droits sur cette chose. Avoir la possession légale d'une chose, c'est avoir déjà des droits sur cette chose, soit à cause de la possession physique, soit autrement.

J'ai dit qu'avoir la possession physique d'une chose, c'est avoir avec cette chose une certaine relation.

— Voilà tout ce que j'ai dit, voilà tout ce que j'ai pu dire d'abord. Qu'est-ce que cette relation? C'est ici que la difficulté commence.

Définir la possession, c'est rappeler l'image qui se présente à l'esprit des hommes lorsqu'il est question de prononcer, entre deux concurrens, lequel est en possession d'une chose et lequel ne l'est pas. Mais si cette image est différente pour différens hommes; si plusieurs ne s'en font aucune, ou s'ils s'en font une différente pour différentes occasions, — comment trouver une définition fixe pour une image si incertaine et si variable?

L'idée de la possession sera différente selon la nature du sujet; selon qu'il s'agit de choses ou de services d'hommes, ou d'êtres fictifs, comme état de parenté, privilége, exemption de services, etc.

L'idée sera différente selon qu'il s'agit de choses mobilières ou immobilières. Que de questions pour savoir ce qui constitue un bâtiment, un logement! Est-ce d'être factice? Mais une caverne naturelle peut servir de demeure. Est-ce d'être immeuble? Mais une voiture dans laquelle on séjourne en voyageant, un vaisseau, ne sont pas des immeubles. — Mais ce terrain, ce bâtiment, qu'est-ce qui fait qu'on le *possède?* Est-ce l'occupation actuelle? Est-ce l'habitude de le posséder? Est-ce la facilité de le posséder, abstraction faite de toute opposition, et ensuite malgré l'opposition même?

Autres difficultés.—S'agit-il de possession exclusive ou de possession communale? S'agit-il de possession d'un seul, de plusieurs ou de tout le monde?

Difficultés ultérieures. — S'agit-il de possession par soi ou de possession par autrui ? — Vous êtes dans l'habitude d'occuper cette fabrique : vous l'occupez même seul à cette heure. — Je dis que vous n'êtes que mon régisseur : vous prétendez être mon locataire : un créancier soutient que vous êtes mon associé. Cela étant, est-ce vous qui êtes en possession de cette fabrique, ou moi, ou le sommes-nous tous les deux?

Un portefaix entre dans une auberge, dépose un fardeau sur la table et sort. — Une personne met la main sur le fardeau pour l'examiner : une autre y met la sienne pour l'emporter, en disant : c'est à moi. L'aubergiste accourt pour le réclamer contre tous les deux. Le portefaix revient ou ne revient pas. — De ces quatre hommes lequel est en possession de la chose ?

Dans la maison que j'habite avec ma famille est un secrétaire, habituellement occupé par mon clerc, et qui se trouve même lui appartenir. Dans ce secrétaire se trouve pour le moment une cassette à serrure, occupée habituellement par mon fils ; dans cette cassette, une bague confiée à sa garde par un ami. Lequel de nous est en possession de la bague, moi, mon clerc, mon fils ou son ami? — On peut doubler, on peut tripler le nombre de tous ces degrés : la question peut se compliquer autant qu'on le veut.

Comment résoudre ces difficultés ? Consultez d'abord l'utilité primitive : et si elle se trouve neutre, indifférente, il faut suivre les idées populaires, les recueillir lorsqu'elles sont décidées, les fixer lorsqu'elles chancellent, les suppléer quand elles manquent. Mais de manière ou d'autre, résolvez ces subtilités, ou, ce qui vaut encore mieux, prévenez le besoin d'y recourir. A la question très-épineuse de la *possession*, substituez celle de la *bonne foi* qui est plus simple. Dans le dernier cas que j'ai supposé, les jurisconsultes romains ne voudroient reconnoître qu'un seul des quatre pour être en possession. Cependant tous pourroient être dans la bonne foi. Et le possesseur ne peut-il pas être de mauvaise foi aussi bien qu'un autre? Dans ce dernier cas, faites dépendre la décision de la possession, vous aurez un coupable impuni, et trois personnes punies injustement : faites-la dépendre de la bonne foi, il n'y aura ni impunité ni punition injuste.

Observations sur la nomenclature.

Ce que j'appelle *événement dispositif*, c'est ce qui est appelé dans les écrits de jurisprudence *titre*. J'ai bien senti que ces termes d'*événemens collatifs et ablatifs* avoient le double inconvénient de la longueur et de la nouveauté; mais j'ai essayé de me servir du mot *titre*. Je l'ai trouvé équivoque, obscur, défectueux, répandant un nuage sur tout le champ de la jurisprudence, tandis que les deux autres termes sont clairs, compétens, et portant l'instruction avec eux-mêmes.

Pour faire sentir tout ce que le mot *titre* a de défectueux, il faudroit exposer un grand nombre de phrases où il rendroit fort mal l'idée que le terme *collatif* ou *ablatif* exprimeroit clairement. Je me borne à un seul. — Dire à un homme, *vous avez un titre*, c'est dire assez clairement qu'il est arrivé en sa faveur un des événemens *collatifs* : mais si je lui dis, *vous n'avez plus de titre*, cette manière de parler est bien peu satisfaisante ; elle n'explique point pourquoi et comment ce titre n'existe plus : il faut entendre qu'après un événement *collatif* il en est survenu un autre d'une nature opposée.

Le mot *titre* est surtout défectueux quand on veut parler des *obligations*. Comment faire savoir avec ce mot qu'un événement collatif est arrivé qui vous a assujetti à telle ou telle obligation, ou qu'un événement ablatif est arrivé, qui vous a affranchi de cette même obligation ? Le résultat est que de quatre où l'on a besoin du mot *titre*, il n'en exprime qu'un seul. Dans les trois autres cas, il est impropre, ou il ne s'applique point. Il faut le mettre à l'épreuve pour dévoiler son insuffisance.

En se servant du mot propre *événement*, vous pouvez en former une classe régulière d'appellatifs.

Un événement, par rapport à celui auquel il confère un droit, peut être appelé *collatif* : par rapport à celui auquel il impose une obligation, il peut être appelé *onératif*.

Un événement ablatif, par rapport à celui auquel il ôte un avantage, peut être appelé *destitutif* : par rapport à celui auquel il ôte une obligation, il peut être appelé *exonératif*.

Veut-on donner aux deux épithètes *ablatif* et *collatif* un nom générique, on peut dire événement *dispositif*.

Voilà une série de mots qui se correspondent : on a un nom pour *le genre* et des termes *spécifiques* subordonnés : *collatif*, *ablatif*, *onératif*, *exonératif*. — Prenez le mot *titre*, la ramification logique s'arrête au premier pas. Point d'espèces de titres : c'est un tronc absolument stérile.

L'objection radicale contre le mot *titre*, c'est qu'il est obscur : il ne fait pas voir les choses comme elles sont. Dire qu'un événement est arrivé, c'est parler le langage de la simple vérité : c'est annoncer un fait qui présente à l'esprit une image : c'est présenter un tableau qui pourroit se peindre. Dire que vous avez un *titre*, c'est parler le langage de la fiction: c'est proférer des sons qui ne présentent aucune image, à moins qu'ils ne soient traduits dans ces autres mots qu'on vient de voir. *Posséder*, *avoir*, dans le sens physique, voilà un fait véritable, énoncé d'une manière véritable; car c'est occuper la chose ou être à même de l'occuper (*posse*, *potes*, être en puissance de). *Posséder* une chose dans le sens légal, *avoir des droits* sur la chose, voilà un fait également véritable, mais énoncé d'une manière fictive : *avoir un titre*, *posséder un titre* par rapport à ces droits, voilà un fait toujours véritable, mais énoncé d'une manière encore plus fictive, encore plus éloignée de présenter une image vraie.

Je ne voudrois donc pas employer le mot *titre* comme terme fondamental. Mais une fois expliqué, une fois traduit de la langue fictive dans la langue réelle, je n'hésiterois pas à m'en servir. Il n'est point lumineux par lui-même, mais lorsqu'il a reçu la lumière, s'il est bien placé, il peut servir à la réfléchir et à la transmettre.

En faisant le catalogue des événemens dispositifs, on auroit dû prendre garde à trois choses : 1° de ne donner à tous que des noms faits sur le même plan ; 2° de ne leur donner que des noms qui fussent *espèces* du genre désigné par le mot *événement ;* 3° de ne pas mettre, sans en avertir, des noms spécifiques sur le même rang avec les noms génériques dont ils exprimeroient les espèces.

Les noms de titres n'auroient dû être que des noms d'événemens. Quelques-uns le sont : *occupatio, accessio, traditio :* mais la *prescription* ne l'est pas, non plus que les espèces dans lesquelles il a plu aux jurisconsultes de diviser la prescription. — Le même désordre se fait voir dans les *contrats.* Un contrat est un acte ou un assemblage d'actes : la passation d'un contrat est donc un événement : aussi quelques-uns des contrats ont des noms d'actes, *stipulatio, fidejussio ;* mais les noms donnés aux quatre contrats réels ne sont point des noms d'événemens ; *mutuum, commodatum, depositum, pignus* (ils ont quitté l'acte pour se rejeter sur la chose qui en a été le sujet) : il auroit été bien facile de dire *mutuatio, commodatio, depositio, pignoratio :* mais les romanistes n'ont pas même soupçonné les caractères d'une bonne nomenclature. — De leurs sept contrats qu'ils appellent *consensuels* (comme si les autres ne l'étoient pas), cinq sont des noms d'actes : *emptio, venditio, locatio, conductio, emphyteusis :* deux ne le sont pas : *societas, mandatum.* — Ils auroient dû dire : *societatis initio, mandatio.*

Avec une nomenclature qui confond à chaque pas ce qu'on a le plus besoin de distinguer, comment seroit-il possible de s'entendre ? Avec la nomenclature des romanistes, les plus beaux génies n'auroient jamais pu sortir du chaos.

Les naturalistes n'ont jamais peut-être méconnu au même point les premières règles de la logique. Linnée a réformé le système de la botanique ; mais il ne l'a pas trouvée dans l'état de confusion où est la jurisprudence. Avant lui, point de botaniste assez inepte pour avoir rangé de front la germination et la tulipe, le rameau et le blé, etc.

Je ne veux pas me jeter dans des détails infinis pour montrer ce que sont, dans les jurisconsultes, et la classification des titres, et les principes sur lesquels ils sont fondés. Les romanistes, Cocceji, Blackstone, ne nous offriroient que l'image du chaos. Ceux qui ne savent pas quel galimatias l'on trouve dans les livres des jurisconsultes doivent imaginer souvent que j'insiste trop sur des choses claires et communes. Il me semble entendre les lecteurs se dire à eux-mêmes : « Mais tout cela n'a-t-il pas été répété » mille fois ? » Que vous connoissez peu, lecteurs qui faites ce reproche, ces ouvrages profonds de jurisprudence que vous estimez par leur masse, comme les dépôts de la science des âges ! — Lorsque j'analyse les idées les plus simples, ce qui paroît trivial à des hommes sensés, est un paradoxe parmi les juristes. Vérité, utilité, nouveauté, jusqu'ici ces trois objets vont encore ensemble.

Table des événemens collatifs.

1. Découverte originaire, ou droit de premier occupant, à quoi l'on peut rapporter : liberté de pêche dans les grandes eaux ; liberté de chasse dans les terres non appropriées.
2. Possession de chose productrice.
3. Possession de chose recevante.
4. Possession de terres avoisinantes.
5. Amélioration de chose propre par le travail.
6. Possession de chose recevante, à cause de l'oblitération des caractères distinctifs de la chose accessoire.
7. Succession par cause de décès.
8. Occupation, 1° par saisie juridique, 2° par saisie hostile, 3° par saisie de choses abandonnées ou perdues.
9. Disposition privée qui comprend 1° aliénation ou abdication, 2° assomption ou acceptation.
10. Adjudication par voie de justice.
11. Formalités : événement *collatif* accessoire.

12. Possession actuelle : événement *ablatif* provisoire.

13. Possession ancienne : événement *collatif* définitif.

14. Nomination à office qui comprend 1° assomption d'office, 2° élection.

N. B. Je n'ai pas trouvé dans les manuscrits une table correspondante à celle-ci pour les événemens ablatifs.

CHAPITRE XVI.

Huitième titre général du Code civil. Des Contrats.

Les contrats sont des actes de collation ou d'investissement, des conventions, des lois plus ou moins éphémères que les particuliers proposent, et que le souverain adopte, pourvu qu'elles soient valides. Auxquels doit-il accorder le sceau de sa puissance? A tous. Voilà ma réponse. Car toutes ces conventions privées ne se font qu'en vue de quelque avantage réciproque, et on ne peut les restreindre, sans nuire dans la même proportion au bonheur des individus. Liberté entière pour les contrats; telle sera la règle générale. S'il en est auxquels il doive refuser sa sanction, ce sera toujours pour quelque raison particulière. Les raisons pour déclarer certains contrats invalides ou illégitimes seront tirées de la nature des conventions mêmes, en tant que contraires à l'intérêt public, ou à l'intérêt d'un tiers, ou à celui des parties contractantes.

Les exceptions doivent s'indiquer sous un titre à part: il faut qu'on trouve dans le code même le catalogue des contrats auxquels la loi refuse sa sanction, soit absolument, soit conditionnellement.

La loi doit agir avec franchise. Lorsqu'elle accorde sa sanction à un contrat, il ne faut pas la retirer secrètement par des conditions non avouées comme telles.

Aggraver les frais de procédure, c'est violer la promesse qu'on a faite de sanctionner les contrats. C'est rendre la justice inaccessible aux pauvres, c'est-à-dire à ceux qui en ont le plus grand besoin. Voilà une vérité qu'on n'osera pas nier, et qu'on aura honte de reconnoître.

Je me sers du mot *contrat* ou *transaction* pour exprimer indistinctement un acte d'investissement, une convention, ou un amas, un mixte de conventions fondues d'un seul jet.

Cela posé, les obligations peuvent se distinguer en *originelles* et *adjectices*. J'appelle *originelles* celles dont il est fait mention expresse dans le contrat même : j'appelle *adjectices* celles que la loi trouve à propos d'ajouter aux premières. Les unes portent sur des événemens que les parties contractantes ont prévus : les autres sur des événemens qu'elles n'ont pu prévoir (1). C'est ainsi qu'en tout pays la loi a suppléé aux vues trop courtes des individus, en faisant pour eux ce qu'ils auroient fait pour eux-mêmes, si leur imagination avoit su anticiper la marche de la nature.

---

(1) Prêt d'un cheval : il tombe malade : est-ce au prêteur ou au loueur à payer la cure? — Chambre louée sans faire mention du temps. — Quel délai doit-on donner au locataire depuis qu'il a été averti de la quitter? — Selon la variété des contrats et des choses qui en sont les sujets, il faut une variété correspondante d'obligations adjectices.

Le législateur éclairé, reconnoissant ces obligations factices pour ce qu'elles sont, c'est-à-dire pour être l'œuvre de ses mains, les appuiera sur des raisons simples et vraies, tirées du principe de l'utilité. Les jurisconsultes ont fondé ces obligations sur des fictions, c'est-à-dire sur des faits qui, selon eux-mêmes, n'ont jamais existé. Là où il n'y a point eu de convention, ils en supposent : là où il n'y en a eu qu'une ou deux, ils en supposent mille : ils ont l'effronterie ou la bêtise de vous prêter des volontés qu'eux-mêmes avouent que vous n'avez jamais eues : et voilà chez eux ce qui s'appelle *raisonner*.

Décomposer un tel contrat, démonter une à une toutes les pièces qui le forment, faire voir l'amas d'obligations renfermé dans ce contrat, c'est une espèce de mécanique jusqu'ici inconnue.

Ce n'est pas seulement à l'auteur de la convention fondamentale que la loi impose des obligations adjectices ; elle en impose également à d'autres personnes, en vertu de quelque liaison où elles se trouvent avec la personne principale. C'est ainsi que les obligations passent aux héritiers, et quelquefois aux créanciers. Pourquoi ? Parce que leurs droits respectifs ne s'étendent qu'à la valeur nette des biens du défunt.

Une perte arrive à un effet qui n'est que sous ma garde : en serois-je responsable ? C'est un cas qui se divise en une infinité d'autres. Ce peut être une valeur abstraite, une somme d'argent, une chose en nature. Seroit-elle censée ou non être sous ma garde ? L'ai-je à titre d'emprunt, de dépôt ou de gage ? et ainsi du reste. . . . . Observez que, quoique dans ces cas on parle toujours de contrat, il en est un grand nombre où je puis avoir la chose sans convention, sans promesse, sans aucun acte de volonté qui la concerne.

Le législateur a deux écueils à éviter, celui de gêner les services, et celui de favoriser la négligence. Donnez trop d'étendue à la responsabilité, vous courez le premier de ces dangers : donnez lui-en trop peu, vous courez le second.

Je ne veux pas entrer ici dans un examen critique des contrats romains, ce seroit un ouvrage d'un ennui mortel. Qu'on imagine dans leur division et dans leur nomenclature tous les défauts possibles, il seroit difficile d'exagérer. L'idée de *promesses réciproques*, de *dispositions mutuelles*, si familière à tout le monde, se trouve tellement obscurcie dans ce funeste et absurde système de jurisprudence, que les jurisconsultes, qui n'ont cessé de l'expliquer, sentent toujours le besoin d'explications nouvelles. Ils entassent en vain volume sur volume : jamais la lumière ne sortira de ce chaos.

Tout est ici à refaire : une langue prétendue savante à désapprendre ; une langue simple et familière à enseigner. Mais ceux qui ne savent rien ont une avance de plus de moitié sur ceux qui ont à oublier ce que les jurisconsultes appellent entre eux du nom de *science*.

SECTION II.

Division des Contrats.

Un contrat subsiste entre deux parties lorsqu'il existe entre elles une disposition soit de biens, soit de services, ou une promesse légale faite par l'une au profit de l'autre.

Une disposition ou un transport de biens est un acte en vertu duquel il se fait un changement dans les droits légaux de deux ou plusieurs personnes, par rapport à un certain objet.

Les contrats peuvent être ou momentanés, ou permanens.

On peut les diviser en trois classes.

1. Promesses.

2. Disposition ou transport de biens d'une partie à l'autre.

3. Contrats mixtes contenant des dispositions et des promesses.

Les dispositions et les promesses peuvent être *unilatérales* ou *bilatérales*, selon qu'il y a réciprocité d'engagement ou non.

I. Promesses unilatérales.

1. Cautionnement.
2. Pacte simple de donation, etc.
3. Promesse unilatérale de mariage.

II. Dispositions unilatérales.

1. Donation gratuite.
2. Legs.
3. Prêt gratuit en nature.
4. Dépôt à garde gratuit.
4. Hypothécation *in futurum.*

III. Promesses bilatérales.

1. Accord sur vente, achat.
2. Accord sur échange.
3. Gageure. (1)
4. Accord portant obligation de passer un autre contrat quelconque.
5. Promesses bilatérales de mariage.

---

(1) L'espèce de contrat nommé *gageure* doit être l'objet d'une attention particulière. Selon l'application qu'on en fait, il peut renfermer en soi toute la force d'une loi et d'une loi qui agiroit avec une double sanction, celle des peines et celle des récompenses. On pourroit s'en servir par manière de *subornation*, pour tous les crimes imaginables. Pariez, par exemple, que telle personne ne vivra pas au-delà de tel temps, et voyez les suites qu'un tel pari peut avoir.

Dans le cas des pertes qui peuvent arriver par le feu ou par les naufrages, l'*assurance* n'est qu'une espèce de gageure : et ses effets, comme moyen de subornation, ne sont que trop connus.

On peut en faire encore un usage malfaisant par son application à la loi *adjective*, à la *procédure*. Dans le temps que le sexe de la chevalière ou du chevalier d'Eon étoit douteux, il devint l'objet d'une gageure. L'action fut portée dans une des cours de Westminster, et plusieurs personnes furent appelées à paroître et à déposer sur ce sujet. On pourroit désigner cette espèce de gageure par le nom de gageure d'inquisition vexatoire.

IV. *Dispositions bilatérales.*

1. Echange.
2. Vente et achat.
3. Echanges de monnoie.
4. Achat de lettres-de-change.
5. Achat de rente sans hypothèque.
6. Achat de rente avec hypothèque.

Mixtes contenant des dispositions et des promesses.

1. Prêt d'argent gratuit ou à intérêt.
2. Assurance gratuite ou pour prime.
3. Louage de maison, etc.
4. Bail de maison, ferme, etc.
5. Mise en gage.
6. Contrat de mariage.
7. Contrat d'apprentissage.
8. Louage de domestique; d'ouvrier de manufacture ou d'économie rurale, ou autres travaux productifs ; de commis de marchand.
9. Enrôlement volontaire.
10. Donation en fidéi-commis.
11. Legs en fidéi-commis.
12. Contrat de société en fait de commerce.
13. Dépôt dans la voie du mandat.
14. Contrat de société en fait de manufactures.
15. Dépôt en garde pour prix à payer *in futurum* par le dépositeur.
16. Prêt d'effets à prix *in futurum*.
17. Adoption.

Dépôt. Espèces.

Les *Espèces* sont constituées par les différentes fins pour lesquelles le contrat s'établit.

I. *Pour le compte du dépositeur.*

1. Garder simplement la chose : concierge, — aubergiste.
2. Transporter simplement d'un endroit à l'autre : voiturier, — capitaine de vaisseau de transport.
3. Améliorer : dresseur de chevaux, — teinturier, — meunier, — tailleur.
4. Employer sans amélioration, mais sans consommation, c'est-à-dire destruction entière : comme outils, — capital fixe de fabrique, — domestiques.
5. Consommer : comme bois de chauffage, — drogues à teindre, — encre à écrire.

II. *Pour le compte du dépositaire.*

6. Dépôt de chose prêtée à titre gratuit.
7. Dépôt de chose louée à prix.

III. *Pour le compte du dépositeur et du dépositaire.*

8. Associé par rapport à choses acquises par un co-associé au profit de la société.

IV. *Pour le compte de l'un ou de l'autre, selon l'événement.*

9. Engagiste et receveur en gage.

CHAPITRE XVII.

Neuvième titre général du Code civil. Des états domestiques et civils.

On établira ce titre général pour servir comme de dépôt aux lois qui regardent les divers délits contre ces états respectifs. C'est ici que doit se trouver le catalogue des classes de personnes qui ont des droits ou des devoirs à elles, maîtres, serviteurs, tuteurs, pupilles, pères, enfans, mandataires, etc. Quant aux états politiques, c'est-à-dire ceux qui se fondent sur quelque pouvoir politique ou quelque devoir qui y est subordonné, on renverra pour eux au droit constutionnel.

Un *état* domestique ou civil n'est qu'une base idéale, autour de laquelle se rangent des droits et des devoirs, et quelquefois des incapacités. Il faut distinguer dans tous les états l'ouvrage de la nature ou de l'homme libre, d'avec l'ouvrage de la loi. L'état naturel, c'est le fond, la substance, la base : l'état légal, ce sont les droits, les obligations que la loi y a ajoutés. Connoître un état, c'est donc connoître séparément les droits et les obligations qui y sont réunis : mais quel est le principe d'union qui les rassemble pour en faire la chose factice qu'on appelle un *état* ou une *condition?* C'est l'identité de l'événement investitif, par rapport à la possession de cet état.

C'est ici qu'on peut voir les exemples les plus frappans de la variété et de l'étendue des obligations adjectices. Un garçon et une fille se marient : ils ne voient d'abord dans leur union que l'accomplissement du vœu qui en a été le motif. Au même moment la loi survient, et leur impose une foule d'obligations réciproques, dont jamais peut-être l'idée ne s'est présentée à leur esprit.

Il est vrai que cette distinction des obligations fondamentales et adjectices ne tient qu'à la négligence du législateur. Qu'il ait soin de faciliter la connoissance des lois, le citoyen, en se chargeant d'un état, connoîtra toutes les obligations qui lui sont attachées, et toutes, soit principales, soit accessoires, seront également volontaires.

Dans la notice des états civils, on comprendra tous les métiers, toutes les professions qui ont des droits ou des devoirs particuliers, ou qui sont soumis à des incapacités.

Dans l'article approprié à chaque état, voici l'ordre, des matières : 1° moyens de l'acquérir, 2° moyens de le perdre, 3° droits, 4° devoirs, 5° incapacités s'il y en a. Les droits doivent précéder les devoirs, paree que dans bien des cas ils en sont la source. S'il y a un ordre chronologique dans les événemens d'où les droits et les devoirs prennent date, il faut le suivre. Les effets qui découlent de chaque événement doivent être tenus distincts de ceux qui découlent de chaque autre.

CHAPITRE XVIII.

Dixième titre général du code civil. Des personnes capables d'acquérir, — de contracter.

Du mot *personne* et autres dont on se sert pour le représenter (un *tel*, un *tiers*, *celui*, *qui*, *etc.*) dérive un amas de titres qui auront leur centre commun dans celui-ci.

A qui la loi attribuera-t-elle la capacité d'acquérir et celle de contracter ? A tous, dira la règle générale. S'il y a des personnes à qui on la refuse, il faut que ce soit par quelque raison particulière. Aussi, sans les exceptions, n'y auroit-il pas lieu à la règle générale. Ce n'est que pour placer les exceptions qu'on en a besoin.

Ainsi la loi pourra ne pas laisser le droit d'investissement à l'égard d'un bénéfice à un juif, de peur qu'il n'en abuse au préjudice de l'église. — Elle n'accordera pas un droit pareil à l'égard d'un immeuble ou d'une somme considérable à un mineur, de peur qu'il n'en abuse à son préjudice. — Elle n'accordera ni ce droit ni même celui d'occupation à un insensé, de peur qu'il n'en abuse, soit à son préjudice, soit à celui d'autrui.

CHAPITRE XIX.

Des titres particuliers du code civil.

DANS le code pénal, les titres sont faciles à arranger, le catalogue répond à celui des délits. Il n'en est pas de même a l'égard du code civil. Les titres particuliers pourroient également se placer sous chacun des titres généraux qu'on vient de voir.

On ne peut pas rédiger un code pénal sans avoir déterminé le plan du code civil, car pour avoir un code pénal complet, il faut que tout le corps de droit s'y trouve enclavé, au moins par renvoi. Aussi est-il vrai que l'idée d'un code pénal complet renferme en soi l'idée complète de toutes les matières des autres codes. Mais quand on a tous les matériaux, il reste encore à assigner leur place.

Quel est le fil qui nous guidera dans cette distribution ? C'est encore le principe de l'utilité. Les lois étant données, pourquoi le législateur les fait-il écrire? La réponse est aussi simple qu'incontestable : « Afin » que chaque disposition soit présente à l'esprit de » tous ceux qui ont intérêt à la connoître, au mo- » ment où cette connoissance peut leur fournir des » motifs pour régler leur conduite.» Or, pour cela, il faut, 1° que le code des lois soit rédigé en entier dans un style intelligible pour le commun des individus; 2° que chacun puisse le consulter et trouver la loi dont il a besoin dans le moins de temps possible; 3° que pour cet effet les matières soient dégagées les unes des autres, en sorte que chaque état puisse trouver ce qui lui appartient, séparé de ce qui appartient à tout autre.

« Citoyen, dit le législateur, quelle est ta condi-
» tion? Es-tu père? ouvre le titre des pères. — Es-
» tu agricole? consulte le titre des agricoles. »

Cette règle est aussi simple que satisfaisante. Une fois énoncée peut-on ne pas la comprendre? Peut-on l'oublier? — Tous les législateurs ont dû suivre une méthode si naturelle, dira le philosophe. — Aucun d'eux n'y a jamais songé, répond le jurisconsulte.

L'inventaire de tous ces états pourroit se trouver dans le corps de la législation, sous deux ordres différens. Sous le titre général des états ou conditions civiles, il peut se trouver en forme analytique et systématique pour l'instruction des gens de loi. Dans l'index, il devroit se trouver par ordre alphabétique pour la commodité des citoyens.

Il y a bien des matières qu'on pourroit chercher indifféremment sous plus d'un titre : mais dans tous les cas où l'on pourroit donner au titre un nom *concret* ou un nom *abstrait*, il faut uniformément s'en tenir dans le texte aux noms concrets, et reléguer à l'index les noms abstraits. Ainsi on trouveroit dans le texte les titres des *époux*, des *épouses*, et non pas celui du *mariage*: le titre des *héritiers*, et non pas celui des *successions*.

Mais tous ces titres rejetés du texte doivent être

soigneusement recueillis dans l'index : car il en est de cet appendice du livre tout autrement que du livre même : plus il est volumineux, plus il est facile à consulter.

Après les titres tirés des *personnes*, viennent ceux des êtres matériels, des *choses*. On les préfère encore aux titres abstraits pour deux raisons, 1° parce qu'ils se présentent plus naturellement aux esprits les moins instruits, 2° parce que le catalogue en est plus ample et plus uniforme.

Viennent enfin les titres tirés des diverses espèces de *contrats* : il est vrai que les noms des contrats sont des termes abstraits, mais les contrats sont des actes de *personnes*, et il n'y a point de contrat qui ne donne un nom particulier aux personnes qui s'y engagent : il n'y a donc, pour s'en tenir aux titres concrets, qu'à les rapporter aux personnes mêmes; ainsi, au lieu de dire, *achat, vente, emprunt, prêt*, il n'y a qu'à dire *acheteur, vendeur, emprunteur, prêteur*. Cette méthode conservera mieux l'uniformité du plan, et le grand but de la distribution, qui est de présenter à chacun ce qui lui appartient dégagé de ce qui ne lui appartient pas. Car tous les contrats n'ont pas deux noms corrélatifs qui répondent à ceux des deux parties contractantes. La plupart n'en ont qu'un seul, par exemple, *dépôt, assurance*. Or, à propos de chaque contrat, il se peut qu'outre les obligations mutuelles il y en ait de particulières à une des parties : au lieu de tout cumuler sous le titre *assurance* ou *dépôt*, il vaut mieux faire deux articles à part, *assureur, assuré; dépositeur, dépositaire*.

Sous ce point de vue, les titres *contractuels* ne seroient qu'une suite, une sous-division des titres *personnels*.

Question à éclaircir. Il est peu de contrats qui ne se rapportent de façon ou d'autre à des choses. Tel contrat donné, le texte des lois qui le regardent se trouvera-t-il sous le titre des contrats ou sous celui des choses?

S'il s'agit des choses en général et de dispositions générales, on placera les matières sous le titre des contrats. S'il s'agit d'une espèce particulière de choses et d'une disposition qui ne s'applique qu'à cette espèce et non à une autre, ce sera sous le titre des choses. *Exemp.* Vente d'un cheval : le vendeur tenu de garantir contre certaines maladies, sauf stipulation contraire. La garantie ne s'appliquant pas à d'autres espèces d'animaux, il vaut mieux que cette obligation se trouve sous le titre des *chevaux* que sous celui des *vendeurs*, vu qu'elle ne s'attache à aucune autre espèce de vendeur, qu'au vendeur de chevaux.

Voici une idée des titres subordonnés qui pourroient trouver place sous un titre *réel*. Je prends pour exemple celui des *chevaux*.

(Observez qu'ici j'envisage uniquement l'arrangement et non la matière. Je cite les lois qui sont établies ou qu'on peut établir, sans juger si elles sont bonnes ou mauvaises. Ce sont des jetons dont je me sers pour compter. Ce seroit un travail déplacé que d'en examiner ici l'aloi.)

1. Personnes incapables d'en acquérir la propriété

ou à qui l'acquisition en est interdite. *Exemp.* Catholiques en Angleterre, pour les chevaux d'une certaine valeur. Loi écrite angloise. (Délit contre la souveraineté : délit préliminaire.)

2. Moyens particuliers de les acquérir. Arrestation d'un brigand à cheval et conviction du coupable. (Loi écrite angloise : loi rémunératoire.)

3. Limitations au droit d'occupation : cruautés défendues. — Défenses aux chrétiens de s'en servir pour monture. (Jurisprudence usitée dans quelques provinces de la Turquie.) Défenses d'exporter des chevaux propres à la guerre. (Délit contre la force publique.)

4. Actes d'occupation commandés. Marques à imprimer aux chevaux de louage pour faire reconnoître les brigands qui s'en seroient servis, ou pour constater l'individualité de l'animal, à dessein d'y asseoir un impôt. — Renvoi aux titres personnels — loueurs de chevaux, — voituriers, — aubergistes, etc.

5. Limitation au droit de propriété exclusive : droits accordés aux officiers publics de les employer à certaines conditions, — de les saisir pour le service militaire, — de les faire périr pour arrêter une épidémie, etc., etc.

6. Limitation au droit de disposition : *Exemple :* Défense d'exporter, etc.

7. Obligations adjectices attachées aux droits d'occupation. — *Ex.* Impôts à payer périodiquement. — Impôts à payer occasionnellement aux barrières. Obligations imposées à titre d'emprunt, de louage, de gage, de corvée, comme de nourrir, guérir, etc.

Renvoi au titres des contrats, emprunteurs, prêteurs, loueurs, voyageurs, etc.

8. Obligations adjectices attachées aux droits de disposition. — *Ex.* Garantie présumée contre maladie et autres défauts.

9. Droits adjectices sur services attachés aux droits d'occupation. — Droits de faire recevoir et soigner chevaux chez aubergistes, maréchaux, etc. Renvoi au titre personnel des gens de métier, où l'on exposera les obligations où ils sont d'exercer leurs métiers respectifs au service de quiconque le demande. (Délit, non-reddition de service.)

10. Droits adjectices sur services attachés au droit de disposition. — *Ex.* Droit de se faire assigner une place pour son cheval aux marchés de chevaux, par l'employé qui en a la garde. (Délit, non-reddition de service.)

On peut remarquer que les titres particuliers du droit civil ne le sont pas dans le même sens que ceux du droit pénal. Dans ceux-ci, le point de réunion c'est l'identité de l'espèce d'acte dont il s'agit; tout se rapporte, par exemple, au larcin, à l'homicide, à l'adultère. Dans les titres du co le civil, le point de réunion, c'est l'identité de la personne ou de l'état, tout ce qui se rapporte aux pères, aux époux, aux maîtres, aux tuteurs, etc. Il y a cependant un point de vue plus éloigné où toutes distinctions disparoissent. Si on suit jusqu'au bout le principe distinctif des codes personnels, on trouvera que les titres particuliers du droit pénal leur appartiennent; car, commettre une espèce de délit, c'est devenir une espèce de délinquant, voleur, séducteur, assassin, faussaire, etc. L'agent peut recevoir sa dénomination de l'acte.

Doute à éclaircir. Dans la plupart des cas, la même loi porte nécessairement sur deux personnes au moins à la fois : celle à qui elle impose une obligation, celle à qui elle confère en conséquence un droit. Sous ces deux titres, on ne manquera pas de faire mention de la loi. Mais sous lequel des deux seroit-il plus commode de l'exposer tout au long ? C'est ce qui dépend des circonstances, et le choix n'importe pas beaucoup.

Le procédé le plus naturel paroît celui-ci : présentez la loi tout entière à celle des deux parties qui a le plus grand intérêt à s'en instruire. Quelle est donc cette partie ? C'est ordinairement celle à qui le devoir est imposé, à cause des peines qui accompagnent l'infraction de ce devoir. Car les peines que la loi est forcée d'employer sont généralement plus fortes que les récompenses ou les avantages qu'elle confère.

Il y a encore d'autres raisons pour préférer cet arrangement.

1. Il y a bien des cas ou la partie favorisée n'est que le public entier, et non pas un individu. Par exemple, *les impôts.* Tout ce qu'on a besoin d'adresser au public dans le code penal général, c'est la définition du delit *non-paiement d'impots*, avec les renvois convenables. Ce qui sert à indiquer les divers impots etablis, les obligations accessoires ajoutées pour prevenir la frustration de ces mêmes impots,

sera renvoyé aux titres particuliers des diverses classes de contribuables, et des personnes chargées de la collection des impôts.

2. La partie à qui l'on veut imposer l'obligation est nécessairement facile à désigner, à démêler. Le législateur ne doit pas ignorer, sans doute, quels sont ceux qu'il veut favoriser, mais il peut y avoir plusieurs classes favorisées par le même droit, et il peut être plus difficile de les particulariser.

3. Il pourroit même se trouver des classes favorisées auxquelles le législateur n'auroit pas même pensé. —Qu'un impôt, par exemple, soit assis sur une certaine espèce de toile: — le but de cet impôt, comme tel, ne peut qu'être le bien général de l'état, en vertu des besoins qui rendent des contributions nécessaires. La partie qu'il aura voulu favoriser, sans penser à aucune autre, sera le public en général. Cependant il peut y avoir une classe d'hommes qui en retire un avantage plus immédiat : ce sont des personnes établies dans une fabrique rivale, manufacturant une autre espèce de toile plus ou moins propre aux mêmes usages.

Je ne suis entré dans ce détail que pour jeter plus de jour sur le plan de la distribution : car, d'ailleurs, il importe peu que la loi soit couchée sous tel ou tel titre, pourvu que les renvois soient assez nombreux et bien choisis, et que la masse soit morcelée de manière que chaque classe ne soit chargée que des matières qui l'intéressent particulièrement.

Tel est le plan de distribution que je proposerois pour les matières du droit civil. Il m'a paru qu'il étoit le plus clair, celui dans lequel toutes les molécules des lois s'arrangeoient le plus facilement auprès de leur centre particulier, par une attraction qui paroîtroît comme naturelle à force d'être simple. L'idée de ce plan n'est pas assez détaillée pour ceux qui n'auroient point une certaine connoissance des matières de la jurisprudence : mais ceux qui ont étudié ce qu'on honore du nom de *système*, ceux qui ont pénétré dans le labyrinthe des lois civiles, sentiront d'abord combien ce plan de distribution est nouveau, et que, s'il a quelque mérite, c'est celui d'introduire un principe uniforme qui préside à tout l'arrangement.

CHAPITRE XX.

Des pouvoirs politiques élémentaires.

Le Code constitutionnel est principalement employé à conférer à des classes particulières de la société ou à des individus des *pouvoirs*, et à leur prescrire des *devoirs*.

Les pouvoirs sont constitués par des exceptions à des lois impératives. Je m'explique.

Toute loi complète est par sa nature *coercitive* ou *discoercitive*. La loi coercitive commande ou défend : elle crée un délit, ou, en d'autres termes, elle convertit un acte en délit. « Tu ne tueras point. — Tu » ne déroberas point ». La loi discoercitive crée une exception, elle ôte le délit ; elle autorise une certaine personne à faire une chose contraire à cette première loi. « Le juge fera mourir tel ou tel indi- » vidu. — Le collecteur des impôts exigera telle » somme ».

Les devoirs sont créés par des lois impératives adressées à ceux qui ont les pouvoirs. « Le juge im- » posera telle peine après telles formes prescrites ».

Le code constitutionnel renfermera une partie explicative, servant à indiquer les événemens par lesquels tels individus sont investis de tels ou tels pouvoirs : succession, nomination, présentation, concession, institution, élection, achat de place, etc., et les événemens par lesquels tels individus sont divestis de tels ou tels pouvoirs, dismission, amotion, déposition, abdication, déréliction, résignation, etc.

Analyser, dénombrer tous les pouvoirs politiques possibles, voilà un travail métaphysique de la plus haute difficulté, mais de la plus grande importance. En général, ces droits, ces pouvoirs ne différeront pas beaucoup des droits, des pouvoirs domestiques. S'ils étoient placés dans une seule main, ils n'en différeroient que par l'étendue, c'est-à-dire par la multitude des personnes et des choses sur lesquelles ils doivent s'exercer. Mais leur importance les a fait ordinairement diviser pour les répartir en plusieurs mains, de façon que pour l'exercice d'une seule espèce de pouvoir il faut le concours de plusieurs volontés.

Jusqu'ici les pouvoirs politiques d'un gouvernement sont à l'égard des pouvoirs politiques d'un autre gouvernement des objets qui n'ont point de mesure commune. Ils ne se correspondent point. On n'a pour les exprimer que des dénominations purement locales. Tantôt ce sont les noms mêmes qui diffèrent; tantôt les mêmes noms expriment des objets tout-à-fait différens. Point d'almanach de cour qui puisse servir dans toutes les cours. Point de grammaire politique universelle.

Les titres d'offices sont des mixtes, des aggrégés dissemblables, qu'on ne sauroit comparer entre eux, parce qu'on n'a jamais tenté de les décomposer, parce qu'on n'en connoît pas les *élémens primordiels*. Ces élémens, si on parvenoit à les saisir, seroient la clef jusqu'ici inconnue de tel système politique donné, et la mesure commune de tous les systèmes actuels et possibles. Maintenant, comment pourrois-je faire un plan uniforme pour distribuer les pouvoirs politiques d'un état quelconque? De quelle langue emprunterois-je le vocabulaire des offices? Si j'employois le françois, il ne serviroit qu'à exprimer la distribution des pouvoirs dans le gouvernement françois. Quel rapport entre le premier consul de France et les consuls de Rome, ou les consuls de commerce? entre le roi d'Angleterre, le roi de Suède, le roi de Prusse? entre l'empereur d'Allemagne et l'empereur de Russie? entre l'ancien duc et pair françois, le duc et pair anglois, le grand duc de Russie, le grand duc de Toscane? entre le procureur général françois, le procureur général anglois, le procureur général de Russie? entre le maire de Bordeaux et le maire de Londres? etc. etc. Un volume ne suffiroit pas pour exposer toutes ces disparates.

Telle est la première difficulté. Elle fait le tourment de ceux qui ont à rendre compte d'une constitution étrangère. Il est comme impossible d'employer une dénomination à laquelle les lecteurs n'attachent des idées différentes de celles qu'on voudroit leur donner.

Cette confusion cesseroit si l'on pouvoit faire une nouvelle nomenclature qui ne fût pas composée de noms d'office, mais qui exprimât les *pouvoirs politiques élémentaires* renfermés dans ces différens offices.

On peut s'y prendre de deux manières pour cette

décomposition; 1° en considérant le but vers lequel ils sont dirigés : but de sûreté intérieure ou extérieure : but de sûreté contre les délits ou contre les calamités, etc.; 2° en considérant les diverses manières dont on peut opérer pour atteindre ce but : la manière d'opérer a pour objet les personnes ou les choses. Cette méthode d'analyser les pouvoirs politiques donne les résultats suivans :

1. *Pouvoir immédiat sur les personnes.* C'est celui qui s'exerce sur les facultés passives : c'est le pouvoir de faire de sa propre main des actes dont l'effet se termine sur la personne d'autrui, soit sur le corps, soit sur l'âme : c'est le pouvoir de faire de ces actes qui seroient des délits contre la personne, de la part d'un individu qui ne seroit pas autorisé. Dirigé à une certaine fin, c'est le pouvoir de punir : dirigé vers une autre fin, c'est le pouvoir de restreindre et de contraindre. Ce pouvoir est la base de tous les autres.

2. *Pouvoir immédiat sur les choses d'autrui.* C'est le pouvoir de faire servir à l'usage du public des choses dont la propriété principale appartient aux particuliers. Par exemple, le pouvoir d'un ministre de la justice de se faire ouvrir la maison d'une personne non accusée pour y chercher un accusé. — Le pouvoir d'un courrier public, en cas de besoin, de faire usage du cheval d'un particulier.

3. *Pouvoir immédiat sur les choses publiques :* c'est-à-dire celles qui n'ont que le gouvernement pour propriétaire.

4. *Pouvoir de commandement sur les personnes*

prises individuellement. C'est celui qui s'exerce sur les qualités actives. Il a pour base ordinaire le pouvoir immédiat sur la personne, sans lequel celui qui commande ne seroit pas sûr de trouver des motifs pour se faire obéir. Dans le commencement des sociétés politiques, ces deux pouvoirs ont dû être réunis dans la même main, comme ils le sont encore aujourd'hui dans les sociétés domestiques. L'habitude de l'obéissance une fois établie, on a presque perdu de vue la dépendance où se trouve le pouvoir le plus élevé à l'égard de celui qui en est la racine. Le premier est seul exercé par les rois et les ministres : ils ont laissé le second à des hommes qui n'en sont que plus avilis. Ulysse châtioit de sa main le pétulant Thersite. Pierre I étoit encore l'exécuteur de ses propres décrets; il abattoit avec fierté, de ses mains impériales, la tête des malheureux qu'il avoit condamnés. L'office de bourreau ne dégrade point les empereurs de Maroc, et leur dextérité dans ces supplices est là une des pompes de la couronne. Dans les états civilisés, le pouvoir noble ne dépend pas moins du pouvoir ignoble que dans les contrées barbares; mais la disposition à l'obéissance étant une fois établie, tout s'opère sans qu'on pense à la contrainte qui en est la première base.

5. *Pouvoir de commandement sur les personnes prises collectivement.* Il faudroit qu'un état fût bien petit pour régir les individus un à un; cela ne se peut que dans la société domestique. Une compagnie de soldats ne peut manœuvrer qu'autant qu'un chef lui donne de l'ensemble. C'est dans ce pouvoir de

faire agir les hommes par *classe* que consiste la force du gouvernement.

6. *Pouvoir de spécification.* J'appelle ainsi le pouvoir de déterminer les individus dont seront composées les classes particulières sur lesquelles le commandement s'exerce. Ce pouvoir très-étendu n'est, par rapport aux personnes, que le pouvoir d'investissement et celui de divestissement à l'égard de telle ou telle classe: classe des nobles, classe des juges, classe des militaires, classe des matelots, classe des citoyens, classe des étrangers, classe des délinquans, classe des alliés, classe des ennemis.

Le pouvoir de spécification se subdivise en deux branches principales ; spécification des personnes, spécification des choses.

Le pouvoir *sur les personnes* se subdivise en droit de placer dans une classe et d'en déplacer.

Le pouvoir *sur les choses* consiste à leur assigner quelque usage, et à ériger en délit tout ce qui s'en écarte.

Spécifier un *temps*, un *jour*, comme devant être une fête religieuse où il est défendu de travailler.

Spécifier un *lieu* comme consacré, par exemple, une église, un asile (1).

---

(1) Qu'un tel pouvoir existât sans limites (celui, par exemple, de spécifier des *lieux* comme asiles); il n'en faudrait pas davantage pour détruire l'effet de toutes les lois emportant peine afflictive considérable.

Un jour les gens d'église alloient s'emparer de toute l'Angleterre, en changeant les biens-fonds en cimetières. La législature arrêta cette métamorphose. *Voyez* Blackstone. *Comment,*

Spécifier un *métal* comme la monnoie légale du pays.

Spécifier un *habillement* comme approprié à un état, etc. — Le droit de spécification *sur les choses* embrasse la totalité des choses.

Il faut se souvenir que chacun de ces pouvoirs peut se subdiviser indéfiniment selon le nombre des mains dans lesquelles on le place, le nombre de volontés dont on exige le concours pour que l'exercice en soit légitime. De là droit *initiatif* ou droit de proposer un pouvoir : droit *négatif* ou droit de rejeter. — Les copossesseurs peuvent ne former qu'un seul corps, ou autant de corps séparés qu'on veut. — Le concours de plusieurs corps peut être nécessaire à la validité d'un acte de commandement, comme le concours de plusieurs individus dans un seul corps

Tous ces pouvoirs on peut les posséder en chef, ou dans un rang plus ou moins subordonné.

La subordination d'un pouvoir politique à un autre est établie 1° par la cassabilité des actes; 2° par la sujétion aux ordres qu'il en reçoit.

7. *Pouvoir attractif.* J'appelle ainsi le pouvoir de récompenser ou de ne pas récompenser : — pouvoir d'influence qui est en partie rémunératoire, et en partie pénal. L'influence est une source de motifs. Dans le gouvernement, elle est constituée :

1°. Par le pouvoir de placer à l'égard d'offices désirables. Récompense.

2°. Par le pouvoir de déplacer à l'égard d'offices désirables. Peine.

3°. Par le pouvoir de placer à l'égard d'offices indésirables. Peine.

4°. Par le pouvoir de déplacer à l'égard d'offices indésirables. Récompense.

Il y a trois autres sources d'influence moins directe :

1. Emploi libre des richesses.

2. Pouvoir de rendre ou de ne pas rendre toutes sortes de services libres.

3. Influence fondée sur la réputation de sagesse.

Le pouvoir attractif, qui s'exerce par les récompenses, est plus dangereux que le pouvoir coercitif : c'est parce qu'il est plus sujet à l'arbitraire. Tout homme riche en a sa part, en vertu de sa richesse, sans posséder aucun pouvoir politique en titre. Ce n'est que dans un petit nombre de cas qu'on a pu assujétir l'exercice de ce pouvoir à des règles fixes. Les lois contre la corruption active en sont un exemple : et tout le monde sait combien les lois contre l'achat des suffrages dans les élections, ou contre la vénalité des personnes en place, sont difficiles à exécuter. On réussit mieux par des moyens indirects que par des moyens directs. Il faut s'attacher à rendre le délit plus difficile, à en diminuer la tentation, à lui ôter les moyens de se cacher, à cultiver les sentimens d'honneur, etc.

Résumé. Analyse des pouvoirs politiques, élémentaires, abstraits.

1. Pouvoir immédiat sur les personnes.

2. Pouvoir immédiat sur les choses d'autrui.

3. Pouvoir immédiat sur les choses publiques.

4. Pouvoir de commandement sur les personnes prises individuellement.

5. Pouvoir de commandement sur les personnes prises collectivement, ou sur les classes.

6. Pouvoir de spécification ou de classification :

   1°. A l'égard des personnes.

   2°. A l'égard des choses.

   3°. A l'égard des lieux.

   4°. A l'égard des temps.

7. Pouvoir attractif : pouvoir d'accorder ou de ne pas accorder des récompenses.

CHAPITRE XXI.

Suite. Pouvoirs politiques élémentaires.

Ce dénombrement des pouvoirs politiques présente une nomenclature nouvelle qui a besoin d'être justifiée, et qui ne peut l'être qu'autant qu'on fera voir que les divisions les plus généralement adoptées jusqu'à présent laissent tous ces pouvoirs dans un état de confusion et de désordre.

Les uns divisent les pouvoirs élémentaires en deux classes; 1° pouvoir *législatif*; 2° pouvoir *exécutif*: les autres y ajoutent une troisième branche, *pouvoir de lever les impôts*: les autres une quatrième, *pouvoir judiciaire*.

Quand on a adopté un de ces plans, sans s'embarrasser peut-être beaucoup de leur différence, on croit avoir assez défini, et l'on se met à raisonner. Je vais montrer combien tous ces termes sont vagues et obscurs:

On entend par chacun d'eux tantôt une chose, tantôt une autre. Il est tel pouvoir, qu'on ne sait auquel de ceux-là on doit rapporter. Personne ne fait entrer les mêmes idées dans ce qu'on appelle *puissance législative* ou *puissance exécutive*.

Entre l'état de la science et l'état de la nomenclature, il y a une liaison naturelle. Cependant, avec la nomenclature la mieux ordonnée, on peut raisonner mal : mais avec une nomenclature aussi mal ordonnée que celle-ci, il n'est pas possible de raisonner juste.

Pouvoir législatif.

Tout le monde s'accorde à entendre par là le pouvoir de commandement. On se fait moins de scrupule de se servir de cette expression lorsque ce pouvoir ne s'exerce que sur des espèces, surtout lorsque l'étendue de ces espèces est considérable. On accorde plus volontiers ce titre à un pouvoir dont les ordres sont capables de durer toujours, qu'à un pouvoir dont les ordres sont périssables par leur propre nature. On s'accorde à supposer que l'exercice de ce pouvoir est libre des entraves qui caractérisent le pouvoir judiciaire. Quelquefois on suppose qu'il est exercé en chef, quelquefois on se sert du même mot pour des cas où il ne s'exerce qu'en sous-ordre. On est très-porté à appeler *pouvoir législatif* celui qu'on voit s'exercer par un corps politique, et *pouvoir exécutif* celui qu'on voit s'exercer par un seul.

Pouvoir judiciaire.

Parmi les auteurs qui ont considéré ce pouvoir comme distinct du pouvoir législatif, je n'en trouve aucun qui ait paru en connoître la différence.

Les ordres du législateur portent à la fois sur une classe nombreuse de citoyens : — mais ceux du juge ne font-ils pas de même? Ne juge-t-on pas des communautés, des provinces?

Ceux du législateur sont capables d'une durée perpétuelle : mais ceux du juge ne le sont-ils pas aussi?

Ceux du juge portent sur des individus : mais parmi les actes qui émanent de la puissance appelée *législative*, n'en est-il pas qui font de même ?

Pour que le juge puisse émettre des ordres comme juge, il faut le concours de circonstances qui ne sont pas nécessaires pour légitimer les actes du législateur.

1. Il faut qu'une partie intéressée vienne demander au juge d'émettre l'ordre en question. Voilà donc un individu à qui appartient l'initiative, le droit de mettre en activité la puissance judiciaire (1).

2. Il faut que les parties à qui les ordres du juge pourroient porter préjudice aient la faculté de s'y opposer. Voilà d'autres individus qui ont une espèce de pouvoir négatif, pouvoir d'arrêter les actes de la puissance judiciaire.

3. Il faut qu'il y ait preuve produite de quelque fait particulier sur lequel la plainte est fondée, et que la partie adverse soit admise à fournir des preuves contraires. Voilà donc la personne accusée dont le concours est requis.

4. Là où règne la loi écrite, il faut que l'ordre du

(1) Cette première condition peut manquer dans le cas où le juge agit d'office, par exemple, s'il faisoit arrêter un particulier qui pendant l'audience lui auroit manqué de respect.

juge soit conforme à ce que cette loi lui prescrit : ordre à l'effet de punir, s'il s'agit d'un cas pénal : ordre à l'effet d'investir la partie de tel droit, ou de l'en divestir, s'il s'agit d'un cas civil (1).

Pouvoir exécutif.

On peut distinguer au moins douze branches de ce pouvoir.

1. Pouvoir subordonné de législation sur des districts particuliers, sur des classes de citoyens, même sur tous, lorsqu'il s'agit d'une fonction particulière du gouvernement. Moins le district est étendu, moins l'ordre a de durée; moins la chose est considérable, plus on est porté à soustraire ce pouvoir de l'espèce *législative*, pour le transporter à celle qu'on nomme *exécutive*. Dès que la puissance suprême ne s'oppose pas à ces ordonnances subalternes, c'est comme si elle les adoptoit : ces ordres particuliers sont, pour ainsi dire, en *exécution* de sa volonté générale. Quoi qu'il en soit, c'est le pouvoir de commandement.

2. Pouvoir d'accorder à des classes d'hommes, à une fraternité, une corporation, des pouvoirs de législation, le pouvoir de faire des lois inférieures. — C'est encore le pouvoir de commandement. Dire, je

(1) Cette quatrième condition peut manquer dans le cas où il n'y a point de loi écrite, où on suit l'usage par conjecture : dans les cas nouveaux, il n'y a point d'usage à suivre : or tous les cas ont été d'abord nouveaux.

maintiendrai les lois que fera un tel, c'est la même chose que les faire soi-même.

3. Pouvoir d'accorder des priviléges aux individus, des titres d'honneur, etc. C'est le pouvoir de spécification *in individuos*.

4. Pouvoir de pardonner. S'il s'exerce en connoissance de cause, c'est négative sur le pouvoir judiciaire : s'il s'exerce arbitrairement, c'est pouvoir de législation. — Pouvoir de commandement exercé en opposition aux ordres judiciaires.

5. Pouvoir de placer et déplacer les officiers subordonnés. C'est une branche du pouvoir de spécification.

6. Pouvoir de faire battre monnoie, de la légitimer, d'en fixer la valeur. Spécification *in res*.

7. Pouvoir militaire : celui d'enrôler et licencier est une branche du pouvoir de spécification *in personas*. Celui de les employer est une branche du pouvoir de commandement : ce qui en fait un pouvoir séparé, c'est l'usage pour lequel il est établi.

8. Pouvoir fiscal : ce pouvoir, en lui-même, ne diffère pas de celui que possède le caissier d'un particulier à l'égard de l'argent qui lui est confié. Ce qui en fait un pouvoir public, c'est la source d'où cet argent provient et le but auquel on le destine.

9. Pouvoir de régie sur les magasins, munitions de guerre et autres choses publiques. C'est comme l'intendance dans une maison : l'objet seul en fait un pouvoir politique.

10. Pouvoir de police : spécification — commandement.

Observez que, pour exercer les pouvoirs militaires, ceux de police et même d'intendance, il faut une certaine quantité de pouvoir immédiat et sur les personnes et sur les choses des citoyens en général. Pour exploiter tout pouvoir quelconque, il faut que l'officier supérieur ait un pouvoir immédiat sur ses inférieurs, soit par la faculté de déplacer, soit par quelque autre moyen.

11. Pouvoir de déclarer la guerre et de faire la paix. C'est une branche du pouvoir de spécification. Déclarer la guerre, c'est transférer une classe d'étrangers amis dans la classe d'étrangers ennemis.

12. Pouvoir de faire des traités avec les puissances étrangères. Les obligations du traité s'étendent à la masse des citoyens : le magistrat qui fait le traité exerce donc un pouvoir de législation. Quand il promet à un autre souverain que ses sujets ne navigueront pas dans un certain parage, il défend à ses sujets d'y naviguer. C'est ainsi que les *conventions* entre les nations deviennent lois *internes* (1).

Je ne sais jusqu'où l'on pourroit porter cette subdivision des branches de la puissance exécutive : le rapport de chacune de ces branches à chaque autre n'est rien moins que déterminé. On leur suppose toujours des limites fixes, et on ne leur en assigne jamais.

Ce mot, *pouvoir exécutif*, ne présente qu'une

---

(1) Ceux qui rangent ce pouvoir parmi les attributs de la puissance exécutive n'ont pas fait attention qu'il étoit purement un pouvoir de commander, un pouvoir de législation.

seule idée claire ; c'est celle d'un pouvoir subordonné à un autre, qu'on désigne par l'apellation corrélative, *pouvoir législatif.*

Faut-il s'étonner qu'il y ait tant d'opposition entre les écrivains politiques, lorsque tous les ouvrages n'ont porté que sur des termes si vagues, si mal définis, auxquels on suppose des idées en attendant qu'on leur en trouve !

Il ne s'agit pas absolument d'exclure ces mots adoptés dans le vocabulaire de toutes les nations de l'Europe ; mais il falloit montrer combien ils sont éloignés de représenter les véritables élémens des pouvoirs politiques.

La nouvelle analyse que j'ai tentée a bien des endroits foibles : c'est une matière qui est presque encore à créer. J'ai ébauché l'ouvrage. Il faudroit bien du travail et de la patience pour le finir.

CHAPITRE XXII.

Plan du Code politique.

SI on détache du corps de droit une partie qui s'appellera le *droit constitutionnel*, voici en peu de mots les matières qui peuvent s'y rapporter.

1. Les moyens d'acquérir les divers offices établis dans l'état, et de suite, les moyens d'en sortir. Plus la part que le peuple aura dans le gouvernement sera grande, plus cette partie-ci occupera d'espace.

2. L'exposé des pouvoirs annexés à ces offices. Cette partie ressemblera pour la forme aux matières du droit civil.

3. L'exposé des devoirs attachés à ces mêmes offices. Cette partie ressemblera pour la forme aux matières du droit pénal.

4. L'exposé des formalités qui doivent accompagner l'exercice des pouvoirs attachés à ces offices, dans les cas où ils sont exercés par des corps politiques. Cette partie se présentera tantôt sous une face pénale, tantôt sous une face civile : sous la première, lorsqu'il y a des peines prononcées contr les individus : sous la seconde, lorsqu'il n'y a

d'autre peine que celle de nullité pour les actes du corps (1).

5. On y consignera les lois qui portent directement sur l'office du souverain. Les lois de cette espèce exposent clairement certains actes sous le caractère d'actes ordonnés ou prohibés. En cette qualité elles ont un aspect de lois pénales : d'autre côté il n'est pas naturel qu'elles articulent aucune peine en cas de contravention. — Qui la feroit infliger cette peine? Ceci contraste avec le droit pénal.

Parmi ces lois on pourra distinguer les espèces suivantes :

1. Priviléges accordés ou réservés à la masse originaire de la nation, comme liberté de culte, droit de port d'armes, droit de confédération.

2. Priviléges accordés aux provinces acquises, lors de leur réunion au corps de l'état, soit par succession, soit par union volontaire, comme celui de n'être imposées que par elles-mêmes, etc.

3. Priviléges accordés aux districts conquis lors de la capitulation, et confirmés par traité de paix.

4. Priviléges accordés aux districts cédés par traités, sans avoir été conquis.

---

(1) En Angleterre, le roi ne peut faire aucun acte sans qu'il y ait quelque individu ou quelque officier qui en soit responsable. Il ne peut pas même mettre un particulier aux arrêts. De cette manière le pouvoir du chef est limité par la responsabilité de ceux qui en sont les instrumens nécessaires, et c'est ainsi qu'on attache la peine de nullité à des actes qu'on veut prévenir.

Quoiqu'il ne soit pas facile d'appliquer des peines positives contre le souverain délinquant, cependant il ne faut pas regarder de telles lois comme étant de nulle valeur. Il s'en faut beaucoup que les peines naturelles soient sans force : peines immédiates, déshonneur du souverain, mécontentement d'une partie de ses sujets : peine ultérieure, révolte, souveraineté perdue. Aussi voyons-nous, en plusieurs états de l'Europe, les souverains respecter scrupuleusement les priviléges des sujets ou des provinces.

CHAPITRE XXIII.

Plan du Code international.

Le code international seroit le recueil des devoirs et des droits du souverain envers chaque autre souverain.

Il peut se diviser en code universel et en codes particuliers.

Le premier embrasseroit tous les devoirs que le souverain se seroit imposés, tous les droits qu'il se seroit attribués à l'égard de tous les autres sans distinction. Il y auroit un code particulier pour chaque état, envers lequel, soit en vertu de conventions expresses, soit pour des raisons d'utilité réciproque, il se reconnoît des devoirs et des droits qui n'ont pas lieu à l'égard des autres états.

Le code universel contiendra d'une part des concessions, d'autre part des demandes. Ordinairement la réciprocité aura lieu.

Ces devoirs et ces droits entre souverains ne sont proprement que des devoirs et des droits *moraux* : car on ne peut guère espérer de voir entre toutes les nations du monde des conventions universelles et des tribunaux de justice nationale.

Division des lois qui composent un code particulier.

1. Lois exécutées — lois à exécuter. Les premières

sont celles qui regardent les deux souverains dans leur qualité de législateurs respectifs, lorsqu'en vertu de leurs conventions réciproques ils font, dans le recueil des lois internes, des dispositions qui y sont conformes. Tel souverain s'engage à empêcher ses sujets de naviguer dans certains parages : il faut donc qu'il fasse un changement dans les lois internes pour défendre cette navigation.

Les lois à exécuter sont : 1° celles qu'on accomplit en s'abstenant simplement d'établir telle ou telle loi interne ; 2° celles qu'on accomplit en exerçant ou en s'abstenant d'exercer une certaine branche du pouvoir souverain, par exemple, d'envoyer ou de s'abstenir d'envoyer des secours de troupes ou d'argent à telle autre puissance étrangère ; 3° celles dont l'accomplissement ne regarde que la conduite personnelle du souverain donné, par exemple, celles par où il s'oblige de se servir ou de ne pas se servir de tel ou tel formulaire en s'adressant au souverain étranger.

Seconde division. Lois de paix, — lois de guerre, — celles qui règlent la conduite du souverain et de ses sujets, en temps de paix ou de guerre, à l'égard du souverain étranger et de ses sujets.

La même distribution qu'on a suivie pour les lois internes, soit pénales, soit civiles, peut guider pour l'arrangement des lois entre les nations.

Dans le civil, par exemple, les démarcations de droits de propriété pour des immeubles peuvent être les mêmes. Il y a des propriétés qui appartiennent en commun aux sujets du souverain donné. Il peut y en avoir qui appartiennent en commun au souverain donné et à tel souverain étranger, comme les mers, les grands fleuves, etc. Ainsi la république de Hollande avoit acquis une espèce de *servitude négative* à la charge de l'Autriche sur le port d'Anvers. Ainsi, par la paix d'Utrecht, l'Angleterre en avoit acquis une autre à l'égard du port de Dunkerque. Le droit de faire marcher des troupes à travers le pays d'un souverain étranger est une espèce de *servitude positive.*

La guerre peut se considérer comme une espèce de procédure par laquelle on cherche de part et d'autre à se mettre en possession des avantages qu'on s'est respectivement adjugés. C'est un exploit par lequel on fait exécuter tout un peuple. Le souverain attaquant, c'est le demandeur; le souverain attaqué, c'est le défendeur. Celui qui soutient une guerre offensive et défensive ressemble à un particulier qui, engagé dans un procès réciproque, soutient en même temps les deux rôles contraires. Ce parallèle n'est d'aucun secours pour la forme ou l'arrangement des lois, mais on peut en tirer parti pour introduire des principes d'humanité qui adouciroient les maux de la guerre.

Quand deux souverains sont en guerre, l'état de leurs sujets change respectivement ; d'étrangers amis ils deviennent étrangers ennemis. Cette partie du droit des gens rentre dans le plan des codes particuliers où les souverains ont pu stipuler des clauses relatives à ce changement.

CHAPITRE XXIV.

Plan du Droit maritime.

Le droit maritime a plusieurs parties qui se rapportent au droit pénal, au droit civil, au droit militaire, au droit des gens.

1. *Pénal.* Lorsque le brigandage se commet sur mer ou par des gens qui viennent par mer pour le commettre, on lui donne en certains cas un nom particulier : c'est la *piraterie.* Mais que ces délits aient pour théâtre la terre sèche ou un terrain couvert d'eau, qu'importe, et pourquoi leur donner des noms différens ?

2. *Civil.* Des révolutions qu'éprouve cet élément, et de celles qu'il occasionne, naissent plusieurs moyens d'acquérir et de perdre. Rivages abandonnés, — îles laissées à découvert, — effets naufragés rejetés. . . . . Il en résulte un grand nombre de conventions particulières.

Les vaisseaux sont à la fois maisons et voitures; les grands vaisseaux sont des châteaux flottans. La mer, si on peut employer une expression contradictoire en apparence, est une espèce d'immeuble toujours en mouvement, dont la valeur est en certains endroits très-considérable, en d'autres nulle; ici elle est féconde, là stérile ; ici c'est une garenne, là elle recouvre des prairies : partout c'est un chemin et un chemin qui se répare de lui-même. Dans de grands éloignemens, c'est comme une lande qui ne mène nulle part et qui ne rapporte rien.

Ce n'est pas tout : elle n'est que trop souvent un champ de bataille; et c'est par là que le droit maritime a une partie commune avec le droit militaire.

On voit à l'instant la matière qu'elle offre au droit des gens. Le droit de chasse, le droit de récolte, ou comme on l'appelle en parlant de la mer, le *droit de pêche*, ne sauroitappartenir partout à tout le monde. Il s'ensuit donc qu'on pourroit établir de certaines propriétés sur mer comme sur terre. Mais pour le droit de passage, il peut être commun à tous sans nuire à personne. Reste à examiner comment tous ces points doivent se régler pour l'utilité commune.

Le droit maritime vient aboutir au droit politique par les pouvoirs accordés aux officiers militaires, aux chefs de la marine, amiraux, capitaines, patrons de navire, etc.

Un vaisseau est une petite province ambulante comme l'île de Laputa. Tel vaisseau de guerre contient plus de monde qu'il n'y a de citoyens dans la république de Saint-Martin.

Jusqu'ici la distinction entre le droit maritime et le droit *terrestre*, si on peut se servir de ce terme, n'a pas paru porter sur des fondemens bien solides. Cependant il est convenable, à cause des circonstances particulières où se trouvent les marins, qu'il y ait des lois à part, des lois distinctes pour eux : c'est même un moyen de simplification dans le code.

Les vaisseaux sont sujets à s'entre-heurter : ce n'est qu'un cas particulier de dégât dans lequel il peut y avoir, comme dans tout autre, mauvaise foi, faute plus ou moins légère ou pur accident. On peut faire des règlemens particuliers sur ces points, et renvoyer au code des marins, ou se contenter dans le code pénal général, en traitant des dommages, de rappeler les événemens les plus communs par rapport aux navires.

La police des ports peut trouver sa place naturelle dans ce code particulier.

CHAPITRE XXV.

Plan du Code militaire.

Les fonctions du militaire représentent celles de la justice et celles de la police : tantôt il s'agit de prévenir le mal, tantôt de le punir ; quelquefois les deux objets sont réunis.

Autrefois le droit militaire avoit plus de rapport avec le civil qu'il n'en a aujourd'hui. C'étoit sous les lois féodales. Les biens-fonds servoient de salaires. La convention à l'égard des services militaires étoit le principal moyen d'acquérir de ces biens-fonds : la non-reddition de ces services étoit un des principaux moyens de les perdre. Chaque baron exerçoit un pouvoir presque sans bornes sur ses malheureux vassaux. Tous les droits flottoient dans l'incertitude. Un homme puissant, qu'étoit-il dans ces temps d'anarchie? Devoit-on l'appeler souverain ou sujet, brigand ou militaire, magistrat ou tyran ? — Pour la multitude, son sort n'étoit que trop bien décidé : c'étoit l'esclavage le plus dur.

Quelque libre que soit la constitution de l'état, il faut nécessairement donner aux défenseurs de la patrie des pouvoirs à exercer en certaines occasions sur les peuples qu'ils ont à protéger. Mais ces pouvoirs, toujours suspects, le sont d'autant plus qu'ils restent indéfinis. Il s'agit d'abord de les renfermer dans les bornes, les plus étroites que leur destination puisse comporter, ensuite d'indiquer ces mêmes bornes avec la plus grande clarté possible : et dussent-ils en certaines occasions être illimités, il vaut mieux l'énoncer dans la loi que garder un silence timide. L'occasion même qui fait naître ce pouvoir peut lui servir de bornes s'il n'en a point d'autres. Témoin la dictature des Romains. Les mêmes procédés qui, autorisés par les lois, ne feroient aucune sensation, paroîtroient le comble de la tyrannie s'ils étoient arbitraires. Dans le premier cas, ils auront un terme, et l'honneur des lois restera intact : dans le second, on ne voit pas quel terme ils doivent avoir, et l'autorité des lois est foulée aux pieds. Or, dans un système complet, tout pouvoir qui ne vient pas des lois est une infraction des lois. *Qui non sub me, contra me.*

Voici un exemple. On aura soin de pourvoir à l'entretien des troupes par des arrangemens généraux, de manière à ne pas grever les individus. Mais il peut arriver par mille accidens imprévus, à tel ou tel corps de troupes, grand ou petit, que le nécessaire lui manque, surtout en temps de guerre. Or, quoi qu'en disent les lois, on ne se laissera pas mourir de faim les armes à la main, si on peut se procurer de quoi vivre. Il vaut mieux envisager courageusement cette nécessité, et donner au moindre sergent le droit de faire les réquisitions convenables, que de se taire par crainte, pour laisser tout faire au hasard et à la violence. Point de formalités raffinées : accordez franchement un pouvoir qu'on prendroit au mépris des lois, et réservez-vous de constater les faits pour punir l'abus, et dédommager les parties lésées.

Même parti à prendre à l'égard des pouvoirs extraordinaires qu'il peut être nécessaire de confier aux commandans pour la défense soit de la campagne soit des villes. Emporter les provisions, rompre les ponts, couper les arbres, brûler les maisons, inonder la campagne. — Toutes ces extrémités peuvent devenir nécessaires, et ne le seront ni plus ni moins pour avoir été authentiquement permises. Au défaut d'une permission claire et précise, tantôt par dépit on outre-passera la nécessité au détriment des individus, tantôt par crainte on s'arrêtera à des demi-mesures au péril de la chose publique.

Voilà les points par où le droit militaire s'enchaîne avec le droit pénal et le droit civil : on sent bien qu'il a une liaison continuelle avec le droit des gens. Il faudra mettre ces rapports dans le jour le plus clair, par une suite de renvois réciproques.

S'agit-il d'opérations militaires, c'est une loi à exécuter, c'est une espèce de procédure contre les perturbateurs étrangers de l'état. Comme la procédure ordinaire a son but principal et son but accessoire, la procédure militaire a de même les siens, le but principal de dompter l'ennemi, le but accessoire de ne pas fouler le citoyen paisible. Relativement au premier, indiquer les moyens qui s'y rapportent, ce seroit faire un traité de l'art de la guerre : travail dont je crois qu'on me dispensera volontiers. Cependant si du côté des idées il appartient aux hommes du métier, du côté de la méthode et du style il appartient au législateur ordinaire. Quant aux moyens d'atteindre le but accessoire, le plus efficace est, comme je l'ai indiqué, d'accorder une grande latitude de pouvoirs, en constatant tous les faits, et en rendant les chefs responsables.

CHAPITRE XXVI.

Plan du Code ecclésiastique.

Les matières du droit ecclésiastique peuvent se rapporter partie au droit pénal, partie au droit civil, partie au droit constitutionnel, partie même au droit international.

On a vu dans le *catalogue des délits* un ordre composé de ceux dont la tendance est d'abuser du motif de la religion, ou d'en affoiblir la puissance dans les cas où elle s'emploie au service de l'état. Voilà pour le pénal.

Dans la plupart des religions, il s'est établi une classe d'hommes dont l'état consiste à cultiver et diriger dans l'âme des autres citoyens l'influence de ce même motif. Les personnes revêtues de cet état ont quelquefois pour salaire des biens-fonds qui se trouvent, pour remplir leur objet, assujettis à d'autres règlemens que ceux des autres citoyens. C'est par là que le droit ecclésiastique se rapporte au droit civil.

Presque partout on a annexé à cet état des pouvoirs politiques, soit sur tout le corps du peuple, soit sur les membres mêmes de cette fraternité. Voilà pour le droit constitutionnel.

Les principes qui doivent régler leurs salaires sont

les mêmes que ceux qui doivent régler tous les autres services de l'état. Ceci tient aux lois rémunératoires.

En accordant à cette classe des droits et des pouvoirs, en les assujettissant à certaines obligations, on a pu les assujettir encore à certaines incapacités. Ces incapacités sont quelquefois civiles, comme l'interdiction du mariage; quelquefois politiques, comme l'exclusion de certains emplois militaires, publics ou judiciaires.

Il se peut que la classe ecclésiastique d'un pays ait un chef étranger, et que le souverain politique laisse exercer des pouvoirs en matière de religion à ce chef étranger. Il se peut que ces pouvoirs exercés par des étrangers, soient entre les mains d'un grand pontife, ou qu'ils résident dans une assemblée, comme les conciles, etc., etc. Voilà la liaison de ce code avec le droit international.

Dans cette partie, les principes qui doivent guider le législateur sont en petit nombre. Pour le droit pénal *tolérance :* pour le droit politique *soumission* à l'égard du souverain; *égalité* avec les autres citoyens, et, s'il est possible, entre eux-mêmes; pour ce qui regarde les salaires, *économie.*

CHAPITRE XXVII.

Plan des Lois rémunératoires.

Le système de ces lois ne sauroit avoir aucun plan qui lui appartienne en propre. Elles se trouvent semées çà et là dans le code pénal, sans aucune correspondance régulière avec les délits, car on ne peut pas appliquer une récompense à toutes les lois comme on y applique une peine. Le plaisir, c'est-à-dire celui qui est à la disposition du législateur, est un mobile dont la force est trop précaire, et la quantité disponible trop petite, pour en faire dépendre des objets de première nécessité. C'est un auxiliaire utile; mais il faut, pour le service des lois, une force régulière et permanente, telle qu'on ne peut la trouver que dans les peines. Seule, la récompense ne peut guère être employée que pour produire des services extraordinaires, des œuvres de surérogation. Quelquefois une même loi principale a pour appui deux lois subsidiaires de nature opposée ; l'une punitive en cas de désobéissance, l'autre rémunérative en cas de soumission. Ainsi une loi sage, en ordonnant à tout individu qui parvient à la connoissance d'un crime de le révéler au magistrat, menace d'une peine celui qui le cache, et propose une récompense à celui qui le découvre. Quelquefois c'est la récompense qui se présente de front, et la peine est, pour ainsi dire, placée à l'arrière-garde pour la soutenir. Ainsi veut-on remplir certains emplois onéreux? on y attache un salaire pour amener des personnes à s'en charger de bon gré; mais si ce moyen manque, il faut user de contrainte. Pour avoir des soldats, des matelots, on commence par des gratifications; on finit par des enrôlemens forcés.

Les lois qui adoptent, qui garantissent les conventions, les dispositions de biens entre particuliers, sont des espèces de lois rémunératoires dans les cas où ces conventions, ces dispositions ont pour objet des services rendus ou à rendre. Les lois rémunératoires appartiennent sous ce rapport au droit civil.

Le champ le plus étendu pour le système rémunératoire, c'est l'économie politique. — L'instruction publique peut aussi en faire un grand usage. Combien les moyens qui élèvent l'âme et donnent à l'esprit l'élasticité du plaisir, sont préférables, dans le traitement de la jeunesse, à ceux qui l'attristent et l'accoutument à n'agir que par la crainte!

Les récompenses se distribuent tantôt en vertu des lois générales et permanentes, tantôt selon le bon plaisir de ceux qui en gouvernent les fonds. Une récompense accordée sans avoir été promise, ressemble exactement pour la forme à ce qu'on appelle dans le pénal une loi *ex post facto*. Je dis pour la forme, car tout le monde voit d'abord qu'une loi pénale, portée après coup, est d'une injustice révoltante : une récompense dans le même cas est précisément l'opposé. Est-elle bien appliquée? c'est un acte d'autant mieux entendu de la part du gouvernement, qu'il ressemble à une invitation générale faite à tous les individus d'étendre leurs services à tous les objets d'utilité, sans craindre, en cas de succès, que leurs avances soient perdues.

CHAPITRE XXVIII.

Économie politique.

La distinction marquée par le mot *économie*, s'applique plutôt à une branche de la science de la législation qu'à une division des lois. Il est bien plus aisé de dire quelle branche de cette science s'appelle économie politique, que de dire quelles lois sont des lois économiques.

Les moyens les plus puissans pour augmenter la richesse nationale, sont ceux qui maintiennent la sûreté des propriétés, et qui favorisent doucement leur égalisation. Tel est le but du droit civil et pénal. Des dispositions tendantes à augmenter la richesse nationale par d'autres moyens que la sûreté et l'égalité, pourroient être considérées comme appartenant à la classe des lois économiques, s'il y en a de telles.

On peut dire qu'il y a une science distincte de toute autre, qui s'appelle *économie politique*; car l'esprit peut envisager abstraitement tout ce qui concerne la richesse des nations, et en faire une théorie générale. Mais je ne vois pas qu'il puisse exister un code de lois d'économie politique distinct et séparé de tous les autres codes. Le recueil des lois sur cette matière ne seroit qu'un amas de lambeaux imparfaits, tirés indistinctement de tout le corps de la législation.

L'économie politique, par exemple, se rapporte aux lois pénales qui donnent naissance aux espèces de délits que j'appelle *délits contre la population* et *délits contre la richesse nationale.*

L'économie politique se trouve liée au droit des gens par les traités de commerce, à la finance par les impôts et leurs effets sur la richesse publique, etc.

CHAPITRE XXIX.

Plan d'un Code de Finance.

La matière de ce code peut se rapporter en partie au droit civil, en partie au droit pénal, en partie au droit constitutionnel, en partie au droit international.

Les conditions auxquelles les propriétés ou l'industrie sont soumises pour les impôts, appartiennent au droit civil. — Pour ce qui regarde les devoirs des contribuables, la finance se rapporte au droit pénal, et à cette espèce de délits que j'appelle *non-paiement d'impôts.* — Pour les droits et les devoirs des officiers préposés à cette branche d'administration, la finance est liée avec le droit constitutionnel, et quelquefois avec le droit international.

La perception des impôts est à leur assiette ce qu'est la procédure au droit substantif. L'un répond au *quoi,* l'autre au *comment.* La finance a ses lois indirectes ainsi que ses lois directes. Celles-ci consistent simplement à dire : « Payez tel impôt en telle » occasion ». Les indirectes se rapportent aux précautions qu'on prend pour empêcher les individus de se soustraire à ce paiement des impôts. Si les lois fiscales sont généralement si compliquées, c'est à cause de celles qui portent sur les délits accessoires.

Quant aux principes qui doivent régler les impôts, ils font partie de la science de l'économie politique. Un traité sur les finances devroit commencer par deux tableaux. 1° Tableau de tous les inconvéniens qui peuvent résulter de toutes les espèces d'impôts possibles. 2° Tableau de tous les impôts rangés dans l'ordre le plus commode, pour en faciliter la comparaison et manifester les qualités particulières de chacun d'eux.

Premier objet de la finance : Trouver de l'argent sans contrainte, sans faire éprouver à personne la peine de perte et de privation (1). *Second objet :* Faire en sorte que cette peine de contrainte et de privation soit réduite à son moindre terme. *Troisième objet :* Eviter de faire naître des maux accessoires à l'obligation de payer l'impôt.

Un objet essentiel dans un traité de finance, c'est d'en simplifier la langue, d'en bannir les expressions fausses, métaphoriques et obscures, de tout ramener à la clarté et à la vérité. On ne sauroit croire combien les termes techniques ont contribué à voiler les erreurs, à masquer la charlatanerie, et à renfermer la science dans un petit nombre d'adeptes, qui en ont fait une espèce de monopolé. La connoissance de

(1) Cet objet ne peut s'accomplir que rarement. Le canton de Berne ne levoit point d'impôts : il vivoit de son domaine. C'étoit un cas à peu près unique, et peut-être ne seroit-il pas à désirer qu'il fût général. Dans les gouvernemens où le peuple n'a aucune part, la nécessité de ménager la solvabilité des contribuables est pour eux une espèce de sauve-garde.

ce jargon est devenue un signe cabalistique auquel les associés se reconnoissent : et les obscurités du langage ont servi aux financiers à tromper les simples, jusqu'à un certain point, sur des procédés horribles. Ils disent, par exemple, une *retenue*, et non pas un *vol*. Ces ménagemens de style sont à leur place en matière de procédés : il vaut mieux dire d'un ministre qu'il a été remercié que congédié. Mais quand on traite des principes de la législation, il faut employer le mot propre, le mot qui exprime le véritable fait sans aucun détour.

Combien de questions paroissent très-difficiles à résoudre ou même sont insolubles, parce qu'on y fait entrer des termes qui n'ont point de sens ou qui ne présentent que des idées fausses !

CHAPITRE XXX.

Plan de Procédure.

Pour arranger les matières de procédure, il faut avoir sous les yeux quatre principes : 1° Ordre des *délits* qu'il s'agit de combattre, ou des droits non accomplis qu'il s'agit de faire accomplir. 2° Ordre des *fins* qu'on peut se proposer en combattant les mauvais effets de chaque délit. 3° Ordre *chronologique* des démarches qui peuvent avoir lieu, de part et d'autre, dans la poursuite de ces fins. 4° Pouvoir à exercer provisoirement pour s'assurer de la *justiciabilité* de l'accusé.

1. On commencera donc par le système de procédure qui convient à chaque délit.

2. *Arrêter*, *dédommager*, *prévenir* ; ces trois objets du législateur font naître trois branches distinctes : de procédure *ad compescendum* (1), *ad compensandum*, *ad prævenienduin*. Ces trois

(1) La fameuse loi angloise d'*habeas corpus* est un exemple de la procédure *ad compescendum* à l'égard des délits qui portent contre la personne. Ce qui la rend fameuse, c'est que les ministres qui agiroient par ordre du roi, y étant soumis comme les autres, il n'y a point d'emprisonnement arbitraire. L'action *ad exhibendum* du code Frédéric opère un effet semblable à l'égard des choses.

branches n'ont pas lieu à l'égard de chaque délit, comme on peut s'en assurer en les essayant un à un.

Quant aux précautions pour soumettre la partie à la justice, il y a deux choses à faire, s'assurer de la personne de l'accusé ou de ses biens, — ou l'admettre à donner caution. Le besoin de ces précautions se mesure sur l'intensité de la peine. La peine attachée au délit dont il est accusé est peut-être telle qu'il aimeroit mieux indemniser ses garans ou les laisser souffrir à sa place, que de s'y exposer. — Dans ce cas, on ne sauroit avoir d'autre sûreté que celle de sa personne. Mais peut-on présumer, soit d'après ses biens, soit par les autres motifs de sa résidence, qu'il aimeroit mieux s'exposer à subir le sort de son jugement que s'y soustraire par la fuite? L'emprisonnement seroit une rigueur inutile. Ce n'est pas tant la nature du délit, que la responsabilité de l'accusé, qui doit déterminer ces précautions. On arrêtera un homme sans fortune, surtout un étranger, dans un cas où on n'arrêteroit point un homme riche ou un domicilié. Non que l'étranger doive être plus maltraité que le naturel du pays, le pauvre plus que le riche, mais c'est que les circonstances des uns offrent une garantie que celles des autres refusent. La nécessité seule peut autoriser le degré le plus léger de contrainte.

La distinction entre *procédure criminelle — petit criminel* et *civil*, peut se conserver ou se représenter ous d'autres termes : — Procédure de rigueur, — procédure de moindre rigueur, — procédure sans rigueur.

Le code de la procédure sera bien abrégé par sa distribution en titres généraux et en titres particuliers.

Tous les délits à l'égard desquels on pourra suivre la même procédure, seront placés ensemble et désignés par un titre commun.

L'action *pénale* se rapporte directement à des délits; l'action *pétitoire*, communément appelée action *civile*, se rapporte directement à des droits, et indirectement à des délits.

On aura soin de rédiger des formules pour toutes les choses qui en sont susceptibles; c'est-à-dire, tout ce qui peut se faire dans le cours de l'instruction par une règle générale.

CHAPITRE XXXI.

De l'intégralité du corps de Droit.

Il ne suffit pas qu'un corps de droit soit bien rédigé eu égard à son étendue, il faut encore qu'il soit *complet*. Pour atteindre à ce but, il falloit d'abord embrasser l'ensemble de la législation, et cet objet principal n'avoit jamais été rempli. J'ai osé l'entreprendre, et j'ai, pour ainsi dire, aplani la sphère des lois pour présenter sous un seul aspect toutes ses parties.

Le recueil des lois, fait sur ce plan, seroit vaste; mais ce n'est pas une raison pour en rien omettre. Qu'une loi soit écrite ou non, il n'est pas moins nécessaire de la connoître. Fermer les yeux sur la masse d'un fardeau qu'on est obligé de porter, ce n'est pas un moyen d'en alléger le poids. D'ailleurs, quelle partie faudroit-il exclure? A quelles obligations faut-il assujettir le citoyen à son insu? Quel piége pour lui que des lois qu'il ignore? Ce seroit de la part des gouvernemens le plus grand des crimes, si ce n'étoit l'effet de l'incapacité et de l'ineptie. Caligula suspendit bien haut les tables de ses lois pour en rendre la connoissance difficile; combien d'états où les choses vont plus mal encore! Les lois ne sont pas même sur des tables; elles ne sont pas même écrites. On fait par indolence ce que l'empereur romain faisoit par tyrannie.

Rédaction complète, voilà donc la première règle. Tout ce qui n'est pas dans le corps de lois ne sera pas loi. Il ne faut rien référer, ni à l'usage, ni à des lois étrangères, ni au prétendu droit naturel, ni au prétendu droit des gens. Le législateur qui adopte, par exemple, le droit romain, sait-il ce qu'il fait? Peut-il le savoir? N'est-ce pas un champ éternel de disputes? N'est-ce pas d'un seul mot rendre à l'arbitraire tout ce qu'on a prétendu lui ôter? Cet amalgame ne suffit-il pas pour corrompre tout un code? Qu'on mette ensemble deux quantités, l'une finie, l'autre infinie, la somme en sera infinie : c'est un axiome de mathématiques.

Je ne dis pas que si parmi les états d'un souverain il se trouvoit une province, une ville, qui eût des coutumes, des lois non écrites, à la conservation desquelles il se trouvât obligé, soit par des conventions, soit par l'usage, il dût les abolir. Non sans doute : mais en s'y prenant avec les ménagemens nécessaires, il pourra les homologuer, les fixer par écrit. C'est ainsi qu'en agit Charles-Quint à l'égard du Hainaut.

On objecte à une rédaction des lois qu'il n'est pas possible de prévoir tous les cas qui peuvent arriver. — Je conviens qu'on ne sauroit les prévoir *individuellement*, mais on peut les prévoir dans l'*espèce* : on peut s'assurer, par exemple, que tous les genres de délits sont compris dans les tableaux que cet ouvrage renferme, quoiqu'on ne puisse pas s'assurer qu'on ait prévu tous les délits individuels possibles.

Avec une bonne méthode, on devance les événemens au lieu de les suivre : on les domine au lieu d'en êtrele jouet. Un législateur borné et timide attend que les maux particuliers aient pris naissance pour leur préparer un remède. Un législateur éclairé sait les prévoir et les prévenir par des précautions générales. Il a bien fallu commencer par faire les lois civiles ou pénales en tâtonnant, à mesure que les circonstances en ont fait sentir la nécessité. On a comblé les brèches avec le corps des victimes. Mais ce procédé des âges de barbarie ne doit pas être suivi dans l'âge de la civilisation.

De tous les codes que les législateurs ont considérés comme *complets*, il n'en est aucun qui le soit. Le plus ancien, c'est le code danois : il est de 1683. Le code suédois est de 1734. Le code Frédéric est de 1751. Le code sarde est de 1770.

Dans la préface du code danois, il est expressément déclaré qu'il est complet, cependant il ne contient rien de ce qui concerne les impôts; rien sur les réglemens des professions; rien sur la succession de la couronne; rien sur les pouvoirs des officiers subalternes, excepté ceux de la justice; rien sur le droit des gens. Point de formulaires, ni pour les contrats, ni pour les dispositions des biens, ni pour les pièces de procédure. —Cependant c'est le moins incomplet de tous les codes.

Le code suédois manque de toutes les parties qui manquent au code danois : mais il lui manque de plus le droit politique ou constitutionnel.

Le code Frédéric, donné dans le titre pour universel, est absolument borné à la partie civile. Il s'en faut même beaucoup qu'elle soit complète; car on y parle d'un droit féodal qu'on se propose de rédiger dans la suite, d'une partie du droit canonique à laquelle on ne touche pas, de plusieurs statuts des villes et des provinces qu'on se réserve d'examiner, etc.

Le code sarde reconnoît le droit romain pour sa base, il y renvoie fréquemment sous le nom de droit commun. Il n'en faut pas davantage pour tout replonger dans l'incertitude.

Je ne dis rien de la méthode suivie dans ces codes. La science législative étoit trop peu avancée pour fournir des modèles d'arrangement et de distribution.

Ces observations n'ont rien moins pour objet que de déprécier les présens que ces souverains ont faits à leurs peuples. Celui qui a le moins réussi dans la composition d'un code a fait un bien immense. En rédigeant un corps de droit, ils ont fait disparoître, au moins en grande partie, les lois qui se répètent et les lois qui se contredisent. Ils ont délivré leurs peuples du droit non écrit, ce droit incertain par essence, droit sans commencement et sans fin, droit par lequel on gouverne les animaux, et qui n'est pas digne des hommes.

La loi écrite est la seule qui puisse mériter le nom de *loi*. La loi non écrite est à proprement parler une loi conjecturale, une fiction de loi. A la loi écrite il y a une base assurée, manifeste; il y a un législateur, il y a une volonté, il y a une expression de cette volonté, une époque connue de sa naissance. Une loi non écrite n'a rien de tout cela. Son origine est ignorée: elle va toujours en croissant: elle ne peut jamais être finie: elle se modifie sans qu'on s'en aperçoive.

Si elle a un législateur, c'est le juge lui-même ; législateur dont les lois sont toutes particulières, et toujours et nécessairement *ex post facto :* législateur qui ne promulgue ses lois que par la ruine des individus sur qui elles portent.

La grande utilité de la loi, c'est la certitude ; il n'y en a point, il ne sauroit y en avoir dans la loi non écrite. Le citoyen, ne pouvant la trouver nulle part, ne peut la prendre pour son guide : il est réduit à des consultations, il assemble des avocats, il recueille autant d'opinions que sa fortune peut le lui permettre, et tout ce procédé ruineux n'aboutit le plus souvent qu'à créer de nouveaux doutes.

Il n'y a que la plus grande intégrité dans un tribunal qui puisse empêcher les juges de faire d'une loi non écrite un moyen continuel de faveur et de corruption.

Mais partout où elle existe, les hommes de loi en seront les défenseurs, et peut-être innocemment les admirateurs. On aime un moyen de puissance, un moyen de réputation, un moyen de fortune. On aime la loi non écrite, par la même raison que les prêtres d'Égypte aimoient leurs hiéroglyphes : par la même raison que les prêtres dans toutes les religions aiment les dogmes et les mystères.

CHAPITRE XXXII.

De la pureté dans la composition d'un corps de Droit.

J'APPELLE *pureté* dans la composition d'un corps de droit l'absence de toute matière hétorogène, de tout mélange étranger, de tout ce qui n'est pas la loi, de tout ce qui n'est pas l'expression pure et simple de la volonté du législateur. Les lois, faites pour les siècles, doivent être au-dessus des petites passions. Elles doivent commander et instruire; elles ne doivent pas descendre sur l'arène et disputer avec les individus. *Leges non decet esse disputantes*, dit Bacon, *sed jubentes*. Il auroit dû ajouter *et docentes*.

Je vois avec peine le rédacteur (1) du code d'une grande nation s'occuper sans cesse à triompher des jurisconsultes. Le sceptre royal dans ses mains devient un instrument de combat. On y trouve à tout moment ces formules : « On a mis en question ». — « Quelques jurisconsultes ont prétendu ». — « Les » uns l'ont nié, les autres l'ont affirmé, mais nous

(1) Cocceiji. *Code Frédéric.*

» voulons et ordonnons. » — « Nous abolissons par
» ces présentes ces distinctions tout-à-fait destituées
» de fondement, etc., etc., etc. »

Les hommes, les choses, les opinions, tout doit être vu en grand. La conciliation doit être l'objet du législateur, et non le triomphe. Il doit s'élever au-dessus de tous les démêlés éphémères.

Une autre forme non moins vicieuse, c'est d'envelopper la volonté du législateur dans une volonté étrangère. Dans le même code on trouve fréquemment ces expressions : « Les lois civiles déclarent. » — « Les lois excluent. » — « Les lois ont accordé. » De quelles lois s'agit-il? de qui sont-elles? et cette loi antérieure, cette loi naturelle, à laquelle on se réfère et dont on fait la base du droit, n'est-ce pas une source d'obscurité? n'est-ce pas un voile qui intercepte la volonté du législateur positif?

Les rédacteurs du code Justinien avoient donné l'exemple de toutes ces fautes. Au lieu de faire dire au législateur, *je veux*, ils lui font dire à tout moment, *ce me semble*. L'empereur méconnoît sa dignité au point de dire : « C'est ainsi qu'a pensé Tatius
» ou Sempronius. » Il la méconnoît bien davantage quand il va jusqu'à rester en suspens entre deux autorités opposées : « C'est ainsi qu'a pensé Tatius, mais
» Sempronius a pensé le contraire. »

Les dissertations historiques ne doivent point avoir de place dans le recueil général des lois. Il ne faut point citer ce qu'ont fait les Romains. Si ce qu'ils ont fait est bien, faites comme eux, mais n'en parlez pas.

La grande utilité d'un corps de droit, c'est de faire oublier et les débats des jurisconsultes et les mauvaises lois des temps antérieurs.

CHAPITRE XXXIII.

Du style des Lois.

Il faut distinguer dans le style des lois les perfections essentielles et les perfections secondaires.

Les premières consistent à éviter les défauts qui le corrompent.

Les secondes à saisir les beautés qui lui conviennent.

Le but des lois est de rédiger la conduite du citoyen. Deux choses sont nécessaires à l'accomplissement de ce but : 1° que la loi soit claire, c'est-à-dire qu'elle fasse naître dans l'esprit une idée qui représente exactement la volonté du législateur; 2° que la loi soit concise, afin qu'elle se fixe aisément dans la mémoire. *Clarté, brièveté*, voilà donc les deux qualités essentielles.

Tout ce qui contribue à la brièveté, contribue à la clarté.

Quidquid præcipies esto brevis : ut citò dicta
Percipiant animi dociles, teneantque fideles.

La volonté du législateur ne se sera point placée dans l'esprit du citoyen, ou n'y sera pas exactement, 1° lorsque les paroles de la loi ne présentent pas des propositions intelligibles ; 2° lorsqu'elles ne présentent qu'une partie de l'idée qu'on a voulu faire naître ; 3° lorsqu'elles présentent une proposition différente de celle qui étoit dans l'intention du législateur ; 4° lorsqu'elles renferment des propositions étrangères conjointement avec la proposition principale.

Les défauts du style peuvent donc se rapporter à quatre chefs : proposition inintelligible, proposition équivoque, proposition trop étendue, proposition trop restreinte.

Je me servirai pour exemple d'une loi citée par Puffendorf, et qui avoit été faite, si je ne me trompe, pour un pays où le délit de l'assassinat étoit devenu fréquent. « Quiconque aura tiré du sang dans les » rues, dit la loi, sera puni de mort ». Un chirurgien trouve dans une rue un homme évanoui et lui fait une saignée. Cet événement fit sentir le besoin d'interprétation, c'est-à-dire il mit à découvert un des vices de la loi.

Cette rédaction étoit vicieuse par excès et par défaut : par excès, en ce qu'elle n'admettoit point d'exception pour les cas où l'action de tirer du sang dans les rues n'avoit rien que d'utile ou d'innocent : par défaut, en ce qu'elle ne s'étendoit pas aux meurtrissures et autres manières de blesser non moins dangereuses que des plaies sanglantes.

L'intention du législateur étoit de comprendre dans sa prohibition toutes les espèces d'injures graves qui peuvent se commettre dans les places publiques. Il n'avoit point su exprimer clairement cette intention.

Un juge, en s'attachant au texte, y comprend des accidens légers, et même des œuvres de bienfaisance.

Un autre juge, également fidèle au texte, laisse dans l'impunité des actes de violence plus nuisibles que des coups qui ont fait couler le sang.

La loi qui présente différentes significations au juge ne peut pas avoir plus de clarté pour les individus.

L'un trouve un passant frappé d'apoplexie, et le laisse mourir par prudence.

Un autre, dans un cas semblable, n'écoute que l'humanité, et secourant le malade en violant la lettre de la loi, il s'expose à être condamné par un juge inflexible.

Un autre, se confiant au sens littéral, laisse son adversaire à demi-mort de coups, à la manière de cet archevêque qui, pour ne pas verser le sang chrétien, se servoit d'une massue.

Qu'ils daignent réfléchir sur cet exemple, ces beaux esprits en législation qui croiroient déroger aux droits du génie en s'abaissant scrupuleusement au soin des mots. Tels mots, telle loi. Fait-on des lois autrement qu'avec des mots? Vie, liberté, propriété, honneur, tout ce que nous avons de plus précieux dépend du choix des mots.

La clarté dans le style dépend donc de la logique et de la grammaire : deux sciences qu'il faut posséder à fonds pour faire une bonne rédaction de lois.

Quand à la brièveté, il faut distinguer. Le corps

des lois, fût-il réduit par une bonne méthode à la moindre dimension possible, fera toujours un ensemble trop considérable pour se fixer en entier dans la mémoire des citoyens. Il faudra donc diviser le code général en codes particuliers, pour l'usage des différentes classes qui ont besoin de connoître une partie des lois plus spécialement que toutes les autres.

La brièveté dans le style dont il s'agit ici ne concerne que le texte des lois, la composition des phrases et des paragraphes.

Les longueurs sont particulièrement vicieuses, lorsqu'elles se trouvent dans l'endroit même où le législateur devroit exprimer sa volonté.

Les défauts les plus contraires à la brièveté dans un paragraphe sont 1° les phrases incidentes, les parenthèses qui auroient dû faire des articles distincts; 2° la tautologie, par exemple, lorsqu'on faisoit dire au roi de France: « *Voulons, ordonnons et nous plaît* »; 3° la répétition des mots spécifiques, au lieu du mot générique; 4° la répétition de la définition, au lieu du terme propre qu'il falloit définir une fois pour toutes; 5° le développement des phrases, au lieu de se servir des ellipses usuelles : par exemple, lorsqu'on fait mention des deux sexes, là où le masculin les auroit marqués tous les deux, ou lorsqu'on met le singulier et le pluriel dans les cas où l'un des deux nombres auroit suffi; 6° détails inutiles : par exemple, à l'égard du temps, lorsque pour marquer une époque, au lieu de se borner à l'événement dont on se sert à cet effet, on s'appesantit sur les événemens antérieurs.

C'est par l'ensemble de tous ces défauts que les statuts anglois acquièrent cette prolixité démesurée, et que la loi est offusquée sous le verbiage de la rédaction.

Il est essentiel de ménager à l'esprit de fréquens repos; non-seulement par la distinction des paragraphes, mais encore par la coupe des phrases dont le paragraphe est composé. Cette circonstance importe également pour l'intelligence et pour la mémoire.

C'est encore là un défaut bien choquant des statuts anglois. Il faut souvent parcourir des pages pour arriver à un sens déterminé, et le commencement de la phrase est oublié avant qu'on soit parvenu au milieu.

Il ne suffit pas que les articles soient courts. Ils doivent être numérotés. Il faut quelque moyen pour les séparer et les distinguer. Celui des numéros est le plus simple, le moins sujet à méprise, le plus commode pour les citations et les renvois.

Les actes du parlement britannique sont encore en défaut à cet égard. La division en sections, et les numéros qui les désignent dans les éditions courantes, ne sont point authentiques. Dans le parchemin original, texte de la loi, l'acte entier est d'une seule pièce, sans distinction de paragraphe, sans ponctuation, sans chiffre. Comment fait-on connoître le commencement et la fin d'un article? Ce ne peut être qu'en répétant ces clauses introductoires — et *de plus il est ordonné* — et *de plus il est ordonné par l'autorité ci-dessus mentionnée*, ou telle autre phrase du même genre. C'est, pour ainsi dire, une algèbre en sens contraire. Dans l'algèbre, une lettre tient lieu d'une ligne de mots : ici une ligne de mots ne remplit que très-imparfatement la fonction d'un chiffre. Je dis *imparfaitement*; car ces mots servent à la division, mais ils ne peuvent pas servir aux renvois. Veut-on amender ou révoquer un article d'un acte? Comme il est impossible de désigner cet article par un renvoi numérique, on est réduit à des périphrases et des répétitions toujours longues, et par conséquent obscures. Aussi un acte du parlement britannique est une composition inintelligible pour ceux qui n'ont pas acquis par une longue habitude la facilité de les consulter.

C'est l'effet d'un attachement superstitieux aux anciennes coutumes. Les premiers actes du parlement sont d'un temps où la ponctuation n'étoit pas en usage, où les chiffres arabes n'étoient pas connus. D'ailleurs, les statuts, dans leur état de simplicité et d'imperfection originale, étoient si courts et si peu nombreux que le défaut de division n'avoit pas d'inconvénient sensible. Les choses sont restées sur le même pied par négligence, par habitude ou par une opposition secrète et intéressée à toute réforme. Nous avons vécu des siècles sans connoître les points, les virgules et les chiffres. Pourquoi les adopter aujourd'hui? Argument au-dessus de toute réplique.

Quant aux perfections du second ordre, on peut les réduire à trois, *force*, *harmonie*, *noblesse*. La force et l'harmonie dépendent en partie des qualités mécaniques du langage dont on se sert, en partie de l'arrangement des mots. La noblesse dépend principalement des idées accessoires qu'on a soin d'écarter ou d'introduire.

Les lois sont susceptibles d'une sorte d'éloquence qui leur est propre, et qui a bien son utilité, ne fût-ce que pour leur concilier la faveur populaire. C'est dans cette vue que le législateur peut placer quelques sentences morales, pourvu qu'elles réunissent à une parfaite convenance le mérite de frapper l'esprit par leur brièveté. Il est aussi très-convenable que les lois portent le cachet de la tendresse paternelle, et qu'on y laisse des marques sensibles de la bienveillance qui les a dictées. Pourquoi le législateur rougiroit-il d'être père? Pourquoi ne montreroit-il pas que ses sévérités mêmes sont des bienfaits? Ce genre de beauté, qui n'appartient qu'au pouvoir suprême, se voit dans les instructions de Catherine II, et dans les préambules de quelques édits de Louis XVI, sous les ministères de deux hommes qui ont honoré la France et l'humanité.

Après ces notions générales, voici les règles qui doivent diriger la pratique.

1°. Il faut, autant qu'il est possible, ne mettre dans un corps de lois que des termes de droit familiers au peuple.

2°. Si l'on est forcé de se servir de termes techniques, il faut avoir soin de les définir dans le corps des lois mêmes.

3°. Les termes de la définition doivent être des mots connus et usités; ou au moins la chaîne des définitions, plus ou moins longue, doit toujours finir par un chaînon où il ne se trouve que de tels mots.

4°. *Mêmes idées, mêmes paroles :* Ne vous servez jamais que d'un seul et même mot pour exprimer une seule et même idée. C'est d'abord un moyen d'abréger, parce que l'explication d'un terme peut servir une fois pour toutes ; mais l'identité des mots contribue encore plus à la clarté qu'à la briéveté : car s'ils varient, c'est toujours un problème que de savoir si on a voulu exprimer les mêmes idées; au lieu qu'en vous servant des mêmes mots vous ne laissez pas douter que votre intention ne soit la même. Enfin, moins vous employez de mots différens, plus vous pourrez leur donner d'exactitude et de soin. Ceux qui prodiguent les paroles connoissent bien peu le danger des méprises : et en matière de législation le scrupule peut-il aller jusqu'à l'excès? Les paroles de la loi doivent se peser comme des diamans.

La composition d'un corps de lois sera d'autant plus savante qu'il demanderoit moins de science pour être compris. Dans les ouvrages de goût, la perfection de l'art consiste à cacher l'art. Dans une législation qui s'adresse au peuple et à la partie la moins intelligente du peuple, la perfection de la science est de ne pas se faire sentir. Une noble simplicité est son plus beau caractère.

Si dans cet ouvrage on trouve de la science, et

même une science épineuse et abstraite, il faut considérer que j'avois à combattre une multitude d'erreurs créées par une fausse science; à établir des principes si anciens et si nouveaux, qu'aux yeux des uns ils ne paroîtroient pas même des découvertes, tandis qu'aux yeux des autres ils auront tout le tort des paradoxes; à débrouiller le chaos des nomenclatures à l'égard des droits, des délits, des contrats, des obligations; à substituer à un jargon incohérent et confus une langue très-imparfaite encore, mais cependant plus claire, plus vraie, plus conforme à l'analogie. En un mot, je ne crains pas de le dire, j'ai trouvé que dans la partie scientifique du droit on avoit tout à désapprendre et tout à refaire. Qui oseroit être satisfait de soi-même en se comparant à une tâche si difficile et si neuve? Je n'ai pas atteint le but, mais je crois l'avoir montré. Je me flatte que l'obscurité, s'il en reste encore, ne tient qu'à la nouveauté, tandis que dans les livres de droit elle tient à l'absurdité. Ils sont hérissés d'une science aussi rebutante qu'inexacte et inutile. Ce qu'il y a de difficile et d'abstrait dans cet ouvrage n'a pour objet que d'aplanir la route et de simplifier la recherche de la vérité. Autant ce projet abonde en formes scientifiques, autant le texte des lois en seroit épuré. Il ne faudra point d'écoles de droit pour l'expliquer, point de professeurs pour le commenter, point de glossaires pour l'entendre, point de casuistes pour en dénouer les subtilités. Il parlera la langue familière à tout le monde. Chacun pourroit le consulter au besoin. Ce qui le distinguera des autres livres, c'est une plus grande simplicité et une plus grande clarté. Le père de famille, le texte des lois à la main, pourra sans interprète les enseigner lui-même à ses enfans, et donner aux préceptes de la morale particulière la force et la dignité de la morale publique.

FIN DU TOME TROISIÈME ET DERNIER.

TABLE DES MATIÈRES.

TOME PREMIER.

PRINCIPES GÉNÉRAUX DE LÉGISLATION.

Accord apparent des hommes sur le principe de l'utilité. — Diversité des idées qu'ils s'en font. — Trois conditions à remplir pour faire de ce principe une base commune de raisonnement. Causes de dissentiment. — Deux faux principes. Les hommes gouvernés par le plaisir et la douleur. Définition des termes *utilité*, — *bien*, — *mal*, — *bien particulier*, — *bien public*, — *principe*, — *principe de l'utilité*, — *partisan du principe de l'utilité.*

Sur quoi il mesure son approbation ou sa désapprobation. — Ce qu'il appelle *juste*, *injuste*, — *moral*, *immoral*, — *bon*, *mauvais*, — *peine*, *plaisir*, — *vice*, *vertu.*

Principe inverse de l'utilité. —Définition. —Deux sortes d'ascétisme. — Celui des dévots. — Celui des philosophes. — Origine de l'ascétisme. — Méprise d'utilité. — Note. Exemples de l'ascétisme philosophique, tirés de Pline l'ancien et de Senèque.

Définition. — Persuasion intérieure. — C'est plutôt la négation de tout principe qu'aucune chose positive. — Manière de le voiler sous différentes phrases. — Systèmes de philosophie morale fondés sur ce principe. 1. Sens moral. 2. Sens commun. 3. Entendement. 4. Règle éternelle et immuable de droit. 5. Loi de la nature. 6. Vérité. 7. Doctrine des élus.

PRINCIPES DU CODE CIVIL.

PREMIÈRE PARTIE.

Objets de la Loi civile.

SECONDE PARTIE.

Des Moyens légaux par lesquels les Droits de propriété commencent et finissent.

TOME II.

PRINCIPES DU CODE PÉNAL.

PREMIÈRE PARTIE.

Des Délits.

Plus le motif est commun, c'est-à-dire, plus il est de nature à agir sur un grand nombre d'hommes, plus l'alarme résultant du délit aura d'étendue.

Réfutation de la doctrine vulgaire qui considère les motifs comme étant exclusivement *bons* ou *mauvais*. — Point de motif qui ne puisse produire de bonnes et de mauvaises actions.

Nouvelle division des motifs en quatre classes. — 1. Motif purement social, 2. motifs demi-sociaux, 3. motifs anti-sociaux, 4. motifs personnels.

Autre classification des motifs : motifs *tutélaires*, — motifs *séducteurs*.

L'alarme est d'autant plus grande que le crime paroît plus difficile à empêcher. — Considération particulière sur les vols domestiques.

Les circonstances qui cachent le délinquant rendent l'alarme plus grande.

Moyens d'aggravation à tirer de cette source : 1. Foiblesse opprimée. 2. Détresse aggravée. 3. Respect envers des supérieurs violé. 4. Cruauté gratuite. 5. Préméditation. 6. Conspiration. 7. Fausseté. 8. Violation de confiance.

SECONDE PARTIE.

Remèdes politiques contre le mal des Délits.

TOME TROISIÈME.

PANOPTIQUE.

PROMULGATION DES LOIS.

PROMULGATION DES RAISONS DES LOIS.

DE L'INFLUENCE DES TEMPS ET DES LIEUX EN MATIÈRE DE LEGISLATION.

VUE GÉNÉRALE D'UN CORPS COMPLET DE LÉGISLATION.

FIN DE LA TABLE DES MATIÈRES DES TROIS VOLUMES.

Printed in Dunstable, United Kingdom

91220120R00261